ZWISCHEN SENDER UND EMPFÄNGER

Eine Einführung in die Semiotik der Kommunikationsgesellschaft

von
Hermann Sottong und Michael Müller

ERICH SCHMIDT VERLAG

Die Deutsche Bibliothek – CIP-Einheitsaufnahme

Sottong, Hermann:
Zwischen Sender und Empfänger : eine Einführung in die Semiotik der Kommunikationsgesellschaft / von Hermann Sottong und Michael Müller. – Bielefeld : Erich Schmidt, 1998
ISBN 3-503-04902-9

ISBN 3 503 04902 9

Umschlagentwurf: Erasmi & Stein, Graphik Design

Druck: Danuvia Druckhaus Neuburg GmbH, Neuburg/Do.

Dieses Buch ist aus säurefreiem Papier hergestellt
und entspricht den Frankfurter Forderungen zur Verwendung
alterungsbeständiger Papiere für die Buchherstellung.

Inhalt

Vorwort

Dieses Buch wendet sich an alle, die unsere Kommunikationskultur besser verstehen wollen. Das betrifft das Was und das Wie von Kommunikation gleichermaßen: Was wird eigentlich wirklich gesagt, welches Gewicht haben populäre Diskurse, wie (be-)nutzen Massenmedien, Künstler, Subkulturen,Wirtschaft und Politik die grundlegenden Mechanismen der Kommunikation?
Es richtet sich also zunächst an Studierende und Wissenschaftler derjenigen Disziplinen, die sich ihren Gegenstandsbereich über die Analyse von Äußerungen erschließen müssen – seien es Alltagsäußerungen oder Kunstwerke, Werbung oder Mode, Medienbeiträge oder politische Programme. Nicht nur Philologen, sondern auch Sozial- und Geschichtswissenschaftler und Psychologen werden hier sicher wichtige Anregungen für ihr jeweiliges Fachgebiet finden.
Darüber hinaus wendet sich diese Einführung in die Semiotik der Kommunikationsgesellschaft auch an alle, die sich in unserer Kultur besser orientieren wollen; und nicht zuletzt an Kommunikationsprofis, die in Werbung, Medien und Unternehmen direkt mit Kommunikation befaßt sind.
Wir möchten einen Zugang zu den grundlegenden Methoden semiotischer Analyse und damit auch eine Hilfe zu konstruktiver Kommunikation bieten. Aus diesem Grund haben wir weitgehend das übliche Fachchinesisch vemieden, das in akademischer Literatur leider häufig genug zum Kommunikationshindernis gerät.
„Zwischen Sender und Empfänger" bietet eine zeitgemäße, praxisorientierte Theorie, die wir aufgrund der Verknüpfung unserer beruflichen Tätigkeit als Medienmacher und Kommunikationsberater mit der wissenschaftlichen Auseinandersetzung mit semiotischen Theorien und aus eigener Forschung entwickelt haben.
Was dieses Buch nicht will, ist summarisch Material über semiotische Theorien und Kontroversen der Vergangenheit zusammenzutragen. Wer sich in die Geschichte der Semiotik einarbeiten will, findet in den einzelnen Kapiteln entsprechende Zusammenfassungen und Hinweise auf die zahlreichen bereits existierenden Einführungen und Handbücher zur Semiotik.
Das Buch führt den Leser Schritt für Schritt in ein semiotisches Denken ein: Zeichen- und Äußerungbegriff, Referenz auf Realität, Ko- und Kontexte, der Modus von Äußerungen und vieles mehr werden an Beispielen so erklärt, daß eine kritische Beschäftigung mit der zeitgenössischen Kultur möglich wird. Eine umfassende Beispielanalyse aus dem Gebiet der politischen Werbung am Ende dieses Buches führt vor, wie die vorgestellten theoretischen Modelle für die Analyse und Optimierung komplexer Äußerungen angewandt werden können.

Hermann Sottong und Michael Müller Januar 1998

Einleitung: Zeichentheorie in der Kommunikationsgesellschaft

Die Frage danach „welche Theorie die Zeichen brauchen“ wird jenseits rein akademischen Interesses erst dadurch relevant, daß wir Zeichen in ihrer Funktion für die fortgeschrittene und fortschreitende Kommunikation zwischen Menschen, Gruppen und Gesellschaften betrachten. Man könnte die Relevanz der Zeichentheorie, der gesamten modernen Semiotik daher etwa auf folgende Formel bringen: „Je besser wir die Zeichen und ihre Funktionen verstehen, desto besser können wir uns untereinander verständigen.“

Wir sagen ganz bewußt „verständigen“, weil die Kommunikation vermittels Zeichen, das Äußern von Zeichen natürlich nicht die einzig existierende Form von „Kommunikation“ ist, die die Evolution hervorgebracht hat. Aber im Gegensatz zu den vielfältigen Formen biochemischer Informationsübertragung, die innerhalb von Organismen und zwischen Lebewesen möglich sind, funktioniert der Zeichenaustausch nur aufgrund des Vorhandenseins gemeinsamer Regeln und Elemente, über die sich Individuen und Gruppen im Verlauf einer gemeinsamen Geschichte „geeinigt“ haben.

Zeichen und Kodes sind immer das Ergebnis sozialer und kultureller Entwicklungen und Prozesse, sie beruhen auf abgestuft starken oder schwachen Übereinkünften, sie sind (egal, ob dies dem einzelnen bewußt ist oder nicht) Setzungen – also arbiträr – und sie sind daher immer auch potentiell wandelbar. Sie müssen sich sogar wandeln, weil die Verwendbarkeit, Kombinierbarkeit und die Bedeutung von Zeichen immer auch mit anderen kulturellen Kodes verknüpft ist: mit sozialen Konventionen, mit Machtstrukturen, die auch die Verfügbarkeit von Zeichen reglementieren, mit kulturellen Wahrnehmungskonventionen, mit dem Wissen, den Vorurteilen und Ideologemen einer Gesellschaft. Beispielsweise kannte unsere Kultur bis ins 19. Jahrhundert hinein zwar einen zunehmenden Wechsel der Moden, hatte aber gleichzeitig streng reglementierte Kleiderkodes, die eng mit dem System hierarchisch strukturierter Schichten und Klassen korreliert waren. In mittelalterlichen Gesellschaften war beispielsweise das Tragen bestimmter Pelzverbrämungen an der Kleidung nur ganz bestimmten Personen vorbehalten. Ein Verstoß gegen solche Kleidervorschriften konnte unter Umständen hart sanktioniert werden. Schnitt, Stil und Materialien der Kleidung in dieser Kultur generierten in Verbindung mit sozialen Kodes also tatsächlich ein gut kodiertes Zeichensystem „Kleidung“, das für jedes Mitglied der Kultur klar erkennbare Bedeutungen transportierte.

Heute hat sich der Zeichenstatus von Mode aufgrund der Demokratisierung, der Industrialisierung und Kapitalisierung von Kleidung und Mode entscheidend verändert: Man kann heute aufgrund der Wahrnehmung eines bestimmten „Outfits" nicht mehr definitiv entscheiden, ob jemand Bankier, Lehrer oder Schauspieler ist. Ich kann allenfalls unter Hinzuziehung weiterer Beobachtungen und je nach Kontext mehr oder weniger sichere Hypothesen über Stand, Herkunft und Gruppenzugehörigkeit der jeweiligen Person bilden.

Der Wandel sozialer Kodes und Konventionen hat im Bereich Kleidung / Mode auf der semiotischen Ebene also einen Wandel von einer eindeutig denotativen zu einer zunehmend konnotativen Zeichenkultur bewirkt. Der Zeichenstatus und damit die semiotischen Kommunikationsmöglichkeiten vermittels Kleidung/Mode werden dabei zunehmend aufgeweicht.

Der Wandel von der denotativen zur konnotativen Zeichenkultur und weiter zu Kommunikationsstrategien, die das Anzeichen dem Zeichen und damit die Andeutung der Bedeutung vorzieht, läßt sich auch auf anderen Gebieten beobachten. Sie sind es wahrscheinlich auch, die Baudrillard u.a. veranlassen, vom Ende des Signifikats und von einer Kultur der Simulation zu sprechen.[1]

Anstatt jedoch, wie Baudrillard dies tut, tendenziell den Zeichenbegriff aufzugeben, muß die Semiotik vielmehr Erklärungsmodelle für den historischen Wandel von Zeichen und Zeichengebrauch liefern. Sie muß dazu u.a. in der Lage sein, Grenzen und Übergänge zwischen verschiedenen Arten der Kommunikation hinreichend genau zu beschreiben und Erklärungsmodelle für solche Übergänge zu liefern. D.h., sie muß beschreiben können, was die Spezifika der Kommunikation vermittels Zeichen sind und in welcher Relation diese semiotische Kommunikation zu anderen Kommunikationsformen der Kultur steht. Voraussetzung hierfür ist eine genaue Definition des Gegenstandsbereichs einer semiotischen Wissenschaft. Wie eine solche Definition des Gegenstandsbereichs der Semiotik aussehen könnte, dazu hier in aller gebotenen Kürze ein Vorschlag.[2]

Was die Semiotik interessiert, ist nicht, was in den Köpfen der beteiligten Personen vorgeht, sondern das „Dazwischen": Die Struktur und Bedeutung dessen, was geäußert wurde. Die Semiotik interessiert sich also für Kommunikation vermittels Zeichen und nicht für alles, was sonst noch interpretierbar ist oder der Informationsübertragung dienen kann. Vor dem Hintergrund biologischer und physiologischer Grundlagen von Wahrnehmung und Erkennen setzt sie da an, wo es um Kommunikation geht: Sie fokussiert also auf einen Teilaspekt aller denkbaren sozialen und kulturellen Phänomene.

Damit behaupten wir selbstverständlich nicht, der Gegenstandsbereich der Semiotik sei identisch mit dem Gegenstandsbereich einer in dieser Form noch nicht existenten Disziplin der „Kommunikationsforschung" – die etwas anderes sein müßte als die eher aufs journalistische ausgerichtete Kommunikationswissenschaft, wie sie heute an den Universitäten gelehrt wird. Es gibt wie gesagt verschiedene Formen von Kommunikation, und es gibt verschiedene Aspekte von Kommunikation, nicht nur den semiotischen – der allerdings insofern der wichtigste Aspekt ist, als die Semiotik die Frage der Bedeutung von kommunikativen Akten zu klären hat. Selbstverständlich ist es für bestimmte Fragestellungen wichtig und interessant, zu erfahren, was beispielsweise bei der

Kommunikation in den Köpfen der Kommunikationspartner geschieht, in welcher Weise neuronal die Informationen verarbeitet werden, oder was ein konkreter kommunikativer Akt psychisch auslöst. Doch das sind keine semiotischen Fragestellungen, sondern physiologische bzw. psychologische. Wollte sich die Semiotik mit diesen Fragen beschäftigen, müßte sie physiologische und psychologische Methoden anwenden oder in philosophischen Spekulationen Zuflucht suchen – und wäre dann bei der Untersuchung dieses speziellen Problems nichts anderes als Physiologie oder Psychologie, oder eben Philosophie. Ein Beispiel dafür, was geschehen kann, wenn man sich diesem Bereich semiotisch zu nähern versucht, ist das Schicksal des Peirceschen Begriffs des Interpretanten. In der Literatur wurde er oft so verstanden, als bezeichne er etwas im Kopf einer abstrakten Kommunikanten-Instanz. Ebenso häufig wurde dieser Auslegung widersprochen. Recht haben beide Seiten: Das Problem des Interpretanten-Begriffs besteht eben darin, daß er auf etwas abzielt, das mit semiotischen Mitteln letztlich nicht zugänglich ist.

Es ist also nicht sinnvoll, alles, was in irgend einer Weise irgendwie mit Kommunikation zu tun hat, der Semiotik zuzuschlagen. Sinnvoll ist dagegen ein Zusammenwirken von Semiotik und anderen Disziplinen. So kann etwa die Semiotik gemeinsam mit der Psychologie untersuchen, welche Rückschlüsse die Bedeutung konkreter Äußerungen eines Patienten auf seine psychische Verfaßtheit zuläßt,[3] oder die Soziologie kann mit semiotischen Methoden die spezifische Zeichenproduktion bestimmter sozialer Gruppen analysieren und auf der Basis dieses Ergebnisses etwa ein soziologisches Lebensstilmodell entwickeln.[4]

Die Semiotik, wie wir sie verstehen, hat also ein klares Aufgabenfeld, das sich von den Gegenstandsbereichen anderer Disziplinen abgrenzen läßt: Semiotik untersucht das Funktionieren von Zeichen in der Kommunikation.

Innerhalb dieses Aufgabenfeldes erarbeitet die Semiotik eine Grundlagentheorie, auf die andere mit Kommunikation in irgendeiner Weise beschäftigte Disziplinen aufbauen können. Diese Disziplinen können das theoretische und begriffliche Inventar der Semiotik benutzen, um darauf komplexere Theorien in ihrem jeweiligen Interessengebiet zu entwickeln – ähnlich, wie in der Mathematik oder in den Naturwissenschaften die Mengentheorie als Grundlagentheorie benutzt wird. Der Vergleich hinkt natürlich insofern, als der theoretische Status von Mengentheorie und Semiotik unterschiedlich ist: Eine Zeichentheorie muß auf empirische Daten reagieren, sie muß ihr theoretisches Inventar den Veränderungen im Zeichengebrauch bzw. der Etablierung neuer Zeichentypen in einer Kultur – wie sie evtl. durch die Einführung neuer Medien geschieht – anpassen können. Zudem existiert eben noch keine durchformulierte und konsensfähige Theorie der Semiotik, die eine ähnliche Rolle wie die Mengentheorie in den mit Kommunikation beschäftigten Disziplinen übernehmen könnte.

Die Semiotik untersucht nicht „alle kulturellen Vorgänge (...) als Kommunikationsprozesse“, wie Eco postulierte.[5] Sie untersucht nicht mehr und nicht weni-

ger als einen zentralen Bereich der Kultur, das Funktionieren von Zeichen und Kodes in der menschlichen Kommunikation.
Welche Forderungen muß nun eine Zeichentheorie erfüllen, um diesem ihrem Gegenstandsbereich gerecht zu werden? Wir sind der Überzeugung, daß hier folgende sechs Punkte zentral sind:

1. Die Zeichentheorie muß klar unterscheiden können zwischen Zeichen und anderen in kommunikativen Kontexten vorkommenden Größen und Phänomenen.

Das Problem bei sehr vielen Zeichentheorien ist, daß sie alles mögliche, von medizinischen Symptomen über natürliche Phänomene bis hin zu den Trägern genetischer Informationsübermittlung als Zeichen behandeln.[6] Das Mißverständnis dabei ist, daß Informationsentnahme verwechselt wird mit Kommunikation: Wenn ich Rauch sehe, dann schließe ich daraus auf das Vorhandensein von Feuer; aus dem Phänomen des Rauchs schließe ich auf das des Feuers. In diesem Sinne entnehme ich dem Rauch eine Information: Er ist ein Anzeichen für Feuer, aber er ist kein Zeichen im semiotischen Sinne, durch das mir das Feuer irgend etwas kommunizieren würde. Wenn etwa unsere Kultur beschließen würde, nicht mehr Rauch, sondern zum Beispiel bestimmte Formen des Kaffesatzes in einer Tasse als Signal dafür anzusehen, daß irgendwo in der Nähe ein Großbrand ausgebrochen sei, hätte sie ihr naturwissenschaftlich-rationalistisches Realitätssystem durch ein magisches ersetzt. Wenn Eco behauptet, auch „Symptome" seien Gegenstand der Semiotik, weil wir ihnen Informationen aufgrund kultureller Interpretationskonventionen entnehmen,[7] so macht er genau den Fehler, Information mit Kommunikation zu verwechseln. Natürlich ist auch die Entnahme von Informationen aus der Natur konventionalisiert, sie funktioniert auf der Basis der Realitätskonzeption einer Kultur. Wenn jedoch sämtliche Formen der Informationsentnahme zur Semiotik gerechnet würden, so wäre die Semiotik letztlich eine Disziplin, die das gesamte Wissens- und Realitätssystem einer Kultur, das natürlich konventionalisiert ist, zu ihrem Gegenstand macht – und damit wäre sie letztlich die gute alte Philosophie in neuem Gewande. Eine derartigen Universaltheorie tut sich äußerst schwer, die spezifischen Merkmale von Kommunikation im eigentlichen Sinne klarzulegen. Nicht umsonst beruft sich Eco an der oben erwähnten Stelle auf Peirce, dessen semiotischer Ansatz ja deutliche Tendenzen dazu hat, eine solche Universaltheorie zu sein.[8]
Die Zeichentheorie muß jedoch nicht nur unterscheiden können zwischen echten Zeichen und Anzeichen, sondern auch zwischen Zeichen und anderen Phänomenen, die in kommunikativen Kontexten vorkommen können. Als Beispiel dafür möchten wir nur die von uns so genannten Äquizeichen[9] anführen. Diese Phänomene treten besonders deutlich in komplexen Kommunikationskontexten auf wie sie etwa die künstlerische Kommunikation darstellt.

Eine leere Tasse ist eine leere Tasse, kein Zeichen. Im Kontext einer Theateraufführung kann jedoch diese leere Tasse zu etwas Zeichenähnlichem werden; durch die kontextuelle Verbindung mit echten Zeichen wird die leere Tasse in diesem Theaterstück zum Symbol für, sagen wir einmal, die Leere der menschlichen Existenz. Im Verlauf des Theaterstücks geschieht also ein Prozeß der semantischen Aufladung, der aus einer einfachen Tasse etwas Zeichenähnliches macht; die Tasse ist damit noch kein echtes Zeichen, sie ist nur in dem konkreten Kontext dieser einen Theateraufführung ein Äquizeichen.
Die Frage ist nun, worin das fundamentale Kriterium liegt, mit dem die Zeichentheorie Zeichen von Nicht-Zeichen unterscheidet. Wir sind der Überzeugung, daß es dafür nur ein praktikables Kriterium gibt:

2. Das Kriterium für die Unterscheidung von Zeichen und Nicht-Zeichen ist die kulturelle Kodierung.

Kulturelle Kodierung bedeutet dabei nicht Konventionalisierung. Wir haben bereits erwähnt, daß auch Prozesse der puren Informationsentnahme über das Wissens- und Realitätssystem der Kultur konventionalisiert ist. Kulturelle Kodierung bedeutet in unserem Sinne, daß bestimmte Phänomene – seien dies nun Laute, Gesten, Dinge oder Abbildungen – mit einer Bedeutung versehen werden, und zwar – und das ist der zentrale Punkt – einzig zu dem Zweck, der Kommunikation zu dienen; Kommunikation zu ermöglichen ist das einzige Ziel dieses Prozesses. Ein Kode als eine Menge von Zeichen und Verknüpfungsregeln basiert also auf einer sozialen Übereinkunft. Das bedeutet, daß es Zeichen nur in sozialen Kontexten gibt: Eine rein individuelle Zuordnung einer Bedeutung zu einem bestimmten Phänomen ist – solange sie in keinem kommunikativen Kontext auftaucht – kein Zeichen; sie mag für das betreffende Individuum einen bestimmten – vielleicht psychischen – Sinn ergeben, sie zielt jedoch nicht auf Kommunikation ab, ist nicht Bestandteil eines semiotischen Kodes.

3. Der Zeichenbegriff muß spezifisch genug formuliert sein, um Zeichen von anderen kulturellen oder natürlichen Phänomenen unterscheiden zu können.

Andererseits muß er auch hinreichend allgemein sein, um auf die Elemente aller Systeme, die als Kode fungieren, zuzutreffen. Es ist wenig sinnvoll, bereits von vornherein zu unterscheiden zwischen sprachlichen, bildlichen, gestischen etc. Zeichen: die Basisdefinition des Zeichens muß auf sie alle zutreffen. Natürlich gibt es spezifische Unterschiede zwischen diesen verschiedenen Zeichensorten, die jedoch aufbauend auf einer Basisdefinition beschrieben werden können. In der bisherigen Semiotik dominiert oft die Tendenz, für jede spezifische Fragestellung – ob nun Bildsemiotik, Literatursemiotik oder etwas wie Computersemiotik betrieben wird – einen eigenen

Zeichenbegriff zu konstruieren, der dann die Schwäche hat, nur auf die spezielle Zeichensorte, um die es dem jeweiligen Wissenschaftler geht, zuzutreffen.

Eine Semiotik jedoch, die vor den Unterschieden der verschiedenen Zeichensorten kapituliert und unter Verzicht einer allgemeinen Zeichendefinition einen speziellen Zeichenbegriff für jeden Anwendungsfall konstruiert, gibt letztlich das Projekt auf, eine allgemeine Basistheorie für alle mit Kommunikation befaßten Disziplinen zu sein. Mit der Aufgabe dieses Projekts würde die Semiotik jedoch ihre Existenzberechtigung verlieren und sich gewissermaßen in den Einzeldisziplinen auflösen.

4. Eine Zeichentheorie muß Zeichen und ihre Bedeutungen als kulturrelativ auffassen.

Das heißt, daß ein bestimmter Kode nur für eine bestimmte Kultur beschrieben werden kann: Ein Signifikant hat in der Kultur a die Bedeutung x, in der Kultur b dagegen die Bedeutung y, oder gar keine. Dies klingt zwar selbstverständlich, doch wird in vielen Zeichentheorien implizit gegen diese Bedingung verstoßen.[10] Das führt dann zu einer tendenziellen Ontologisierung des Zeichenbegriffs, so, als ob es bestimmte Zeichen oder Zeichenarten als überkulturelle Realitäten gäbe. Gerade der von Peirce stammende Begriff des Icons, dessen Hauptmerkmal in seiner Ähnlichkeit mit einem bezeichneten Objekt bestehen soll, verführt oft zu der stillschweigend-impliziten Annahme, daß „Ähnlichkeit" eine überkulturelle, beinahe ontologische Konstante sei. Es kann natürlich sein, daß ein bestimmter Satz von Ähnlichkeitskriterien sich für alle Menschen evolutionär entwickelt hat. Bevor das jedoch nicht geklärt ist, sollte man sich nicht darauf verlassen und den Ähnlichkeitsbegriff – falls man überhaupt einen Begriff wie „Ähnlichkeit„ in die Zeichentheorie einbringen will oder muß – ebenfalls kulturrelativ konzipieren: In einer bestimmten Kultur wird ein Objekt x als einem anderen ähnlich betrachtet, in einer anderen nicht.
Die Forderung, daß die Zeichentheorie das Zeichen und seine Bedeutung als kulturrelativ betrachten muß, bedeutet also letztlich, daß die Semiotik keine expliziten oder impliziten ontologischen Prämissen enthalten darf.

5. Die Zeichentheorie muß auch die Relation der Referenz, der Anbindung der Zeichen an die Realität, kulturrelativ konzipieren.

Mittels Zeichen beziehen wir uns nicht auf die Realität, sondern auf das spezifische Realitätskonstrukt derjenigen Kultur, in der diese Zeichen verwendet werden. Gerade dem Problem der Referenz wird in den meisten Zeichentheorien zu wenig Aufmerksamkeit geschenkt, oder aber sie „lösen" es naiv mit der einfachen Behauptung, Referenten seien die Objekte, auf die sich die Zeichen beziehen – was immer das im einzelnen bedeuten mag.[11] Dabei ist gerade die Klärung der Frage, in welcher Weise die Kommunikation mittels Zeichen an die Realitätskonzeption der jeweiligen Kultur angebunden ist, von entscheidender Bedeutung, will man bestimmte Formen der Kommunikation in unserer Kultur verstehen: Die Stichworte Simulation, Cyberspace, Virtuelle Welten und teilweise auch die Diskussion über die Wirkung elektronischer Medien und der Werbung zeigen, daß es bezüglich der Relation „Kommunikation – Realität" in unserer sogenannten Kommunikationsgesellschaft offenbar ein Problem gibt.

6. Die Zeichentheorie muß Anschlußmöglichkeiten bieten für weiterführende Fragestellungen, und das bedeutet, sie muß anwendbar sein für andere Disziplinen, die sich mit Kommunikation beschäftigen.

Dazu ist es nötig, das Zeichen nicht nur als solches, losgelöst von konkreten Kommunikationssituationen zu betrachten, sondern man muß es auch in seinem Funktionieren in konkreten Äußerungen, in konkreten kommunikativen Situationen beschreiben können.
Jede einzelne Äußerung steht in einem sozialen, kommunikativen oder medialen Kontext, der ihr Zusatzbedeutungen verleiht oder die konkrete Bedeutung erst verstehbar macht. Die Semiotik muß daher über ein Instrumentarium verfügen, das die Relationen zwischen Zeichen, Äußerungen und ihren Kontexten beschreibbar macht. Erst dadurch wird sie anwendbar für weiterführende, z.B. sozialwissenschaftliche oder medientheoretische Untersuchungen.
Diese Forderungen an eine Zeichentheorie bedeuten letztlich, daß eine semiotische Basistheorie nicht im stillen Kämmerlein konstruiert werden kann, sondern nur interdisziplinär, im Austausch mit allen Disziplinen, die mit Kommunikation zu tun haben und die potentielle Anwender der Semiotik sind. Wir halten daher das zur Zeit im „semiotischen Wissenschaftsbetrieb„ übliche nebeneinander von Pseudo-Disziplinen wie „Literatursemiotik" „Bildsemiotik", „Semiotik sozialer Systeme" und wie sie alle heißen mögen, für kontraproduktiv – zumindest, solange es noch keine annähernd konsensfähige Basistheorie gibt. Die Semiotik muß endlich aus den Kinderschuhen zerstrittener Richtungen und kleinteiliger Pseudo-Theoriebildungen, kurz: der Beliebigkeit dessen, was unter Semiotik verstanden werden soll, heraus. Denn wenn die Auguren recht haben und sich unsere Kultur immer stärker in Richtung auf eine „Kommunikations- und Informationsgesellschaft„ hinbewegt – wer anders als die Semiotiker sollen dann die Analyseinstrumente für die Abläufe in einer solchen Gesellschaft liefern?
Das betrifft beispielsweise einen Punkt, in dem sich die Wissensgebiete von Semiotik, Soziologie und Psychologie überschneiden: Es geht um die Frage, wie verschiedene Kodes und Konventionen in komplexen Gesellschaften interagieren und sich überlagern. An unserem Beispiel von Kleidung und Mode wurde deutlich, daß Transformationen sozialer Normen und Rollendefinitionen

auch Auswirkungen auf Zeichensysteme und Kommunikationsmöglichkeiten haben.
Ähnliches gilt aber auch für Transformationen auf anderen Gebieten. Für unser Thema besonders virulent sind wohl die Änderungen auf dem Gebiet der Kommunikations- und Informationstechnolgie und der Medien.
Im Moment sieht es so aus, als seien Medientechnologie und Zeichengebrauch systemtheoretisch ausgedrückt auf verschiedenen Ebenen positiv rückgekoppelte Systeme: Übertragungsgeschwindigkeit und -kapazität sowie die Quantität der Kanäle gehen nicht nur mit beschleunigtem und vermehrtem Zeichengebrauch und wachsender Äußerungsquantität einher, sondern auch mit einer beschleunigten und vermehrten Neuproduktion von Zeichen und einer erhöhten Frequenz der Substitution von Zeichen.
Dieser Prozeß scheint wiederum Beschleunigung und Wachstum der Medien selbstbeschleunigend voranzutreiben. Wie auf anderen Gebieten vorher haben wir es auch hier mit einem positiv rückgekoppelten System zu tun, das exponentielles quantitatives Wachstum erzeugt. Und wie bei der Industrieproduktion, die Ressourcenschwund und Entsorgungsprobleme hervorbrachte, haben wir auch durch das Wachstum der Anzahl der Medien und Äußerungen mittlerweile Probleme bekommen. Um nur einige Beispiele zu nennen: Zunahme an Redundanz, Probleme der Selektion der jeweils individuell und/oder gesamtkulturell relevanten Informationen, größerer Widerstand für relevante Äußerungen, wahrgenommen zu werden, abnehmende Strukturiertheit des Kommunikationsraums (Verschwimmen der Grenzen von Medien, Modi, Inhalten), statistische Abnahme der Komplexität von Äußerungen etc.
Mit anderen Worten: offenkundig sind die Strukturen, die man in bezug auf wirtschaftliche, ökologische und politische Phänomene mit dem Begriff der „globalen Wachstums- und Beschleunigungskrise" zusammengefaßt hat, auch auf dem Gebiet der Zeichen und der Kommunikation zu beobachten.
Aus dieser Situation heraus ergibt sich für die Semiotik mehr denn je die Notwendigkeit, eine umfassende Theorie der Interpretation zu entwickeln, die folgende Bereiche umfassen muß: Sie soll nicht nur für die Anwendung auf bestimmte Zeichen- und Äußerungsbereiche gültig sein – wie beispielsweise literaturwissenschaftliche Interpretationstheorie(n) –, sondern Regeln für die Interpretation verschiedenster semiotischer Äußerungsformen angeben können – also auch alltagssprachliche Äußerungen, Werbung, Film, Theater etc. mit einbeziehen können. Darüber hinaus sollte sie in Zusammenarbeit mit anderen Disziplinen prüfen, inwieweit Maßstäbe für eine konsensfähige und kulturell objektive „Interpretation" auch für solche Bereiche hilfreich werden können, die nur teilweise semiotisch sind wie beispielsweise soziale Interaktion.
Eine semiotische Grundlagentheorie sollte also in der Lage sein, inmitten wachsender Kommunikationsquantität Kriterien für die Verbindlichkeit, Verläßlichkeit und Komplexität von semiotischen Äußerungen zu entwickeln und zu gezielt qualitativer und effizienter gesellschaftlicher Kommunikation beitragen.

Anmerkungen

1 Baudrillard 1982.

2 Die Diskussion um den Gegenstandsbereich der Semiotik ist so alt wie die Semiotik selbst. Quantitativ durchgesetzt hat sich in der Nachfolge von Peirce (vgl. Peirce 1983) eine eher philosophisch orientierte Auffassung, nach dem grob gesprochen alles, was Menschen wahrnehmen können, auch semiotisch – also zeichenhaft – sei. Hier wird Semiotik als Universalwissenschaft betrieben. Eco beschränkt den Gegenstandsbereich der Semiotik immerhin auf die Summe aller kulturellen Hervorbringungen (vgl. Eco 1972, 32ff). Im Gegensatz dazu entwickelte sich im Gefolge des Strukturalismus eine eher anwendungs- und interpretationsorientierte Semiotik, die die Sphäre kultureller Äußerungen als Gegenstandsbereich der Semiotik definiert und eingrenzt (vgl. Lotman 1990, Titzmann 1972; 1998).

3 z.B. Wernz/Sottong 1993

4 Karmasin 1993

5 Eco 1972, S. 32

6 Eco 1972, S. 30

7 Vgl. Sebeok 1984; die Problematik wird auch in Eco 1972 thematisiert, S. 57ff.

8 Vgl. Peirce 1983, S. 7ff

9 Unser Konzept des Äquizeichens basiert auf der Beobachtung, daß künstlerische Texte häufig durch spezifische Verknüpfungsoperationen ursprünglich nicht-zeichenhaften Phänomenen einen kontextspezifischen zeichenhaften Status verleihen. Zur Auseinandersetzung mit der semiotischen Tradition zu diesem Punkt vgl. Sottong/Müller 1990, S. 55ff.

10 Dies ist zwangsläufig für die erwähnten peirceianischen Ansätze einer universalistischen Semiotik der Fall.

11 Vgl. das Kapitel „Äußerung und Realität: Die Referenz“.

Die Semiosphäre: Der Raum der Zeichen in der Kultur

Im Kommunikationsdschungel?

Wir haben uns in den letzten Jahrzehnten daran gewöhnt, in einer Kommunikationsgesellschaft zu leben – oder sollte man besser sagen, wir haben uns daran gewöhnt, in den Medien ständig die Behauptung zu hören und zu lesen, wir lebten in einer Kommunikationsgesellschaft? Denn daß wir in einer Kommunikationsgesellschaft leben, haben wir zuerst durch die Medien erfahren: aus Büchern von Medientheoretikern, aus Artikeln in Feuilletons und in letzter Zeit auch aus dem Wirtschaftsteil der Zeitungen. Leben wir nun in einer Kommunikationsgesellschaft, oder behaupten das nur diejenigen, die in irgendeiner Weise von Kommunikation leben, und das sind eben vor allem die Medienunternehmer, Medienmacher und Medienkommentatoren?
Oder leben wir gerade deshalb in einer Kommunikationsgesellschaft, weil es die (Massen-)Medien gibt, weil sie expandieren und diese Expansion selbst als die ständige Ausbreitung von Kommunikation und die Etablierung einer Kommunikationsgesellschaft interpretiert wird?
Sicher ist, daß das Schlagwort von der Kommunikationsgesellschaft erst durch die Medien und die Diskussion in ihnen Verbreitung gefunden hat und zu einem Allgemeinplatz geworden ist. In unserem privaten oder auch beruflichen Umfeld – wenn wir nicht gerade in der „Kommunikationsindustrie" beschäftigt sind – wären wir nie auf die Idee gekommen, von der Kommunikationsgesellschaft zu sprechen. Wir kommunizieren zwar ständig, wir sprechen mit Familienmitgliedern, Freunden und Kollegen, aber das haben wir schon immer getan, und auch die Generationen vor uns haben dies getan. Vielleicht kommunizieren wir auf dieser direkten Ebene ein wenig anders als früher, vielleicht sind wir oberflächlicher geworden und nehmen uns weniger Zeit, wie manche behaupten, oder wir haben im Gegenteil größere Kommunikationskompetenz und Ausdrucksfähigkeit erworben, wie andere meinen. Lassen wir einmal dahingestellt, welche der beiden Thesen nun zutrifft (oder ob keine von ihnen zutrifft) – sicher ist, daß in der direkten Face-to-face-Kommunikation wohl kaum so große Veränderungen im subjektiven Empfinden zu spüren sind, daß man das große Wort von der Kommunikationsgesellschaft bemühen müßte.
Im Bereich der Medien, der Massenkommunikation dagegen gab es definitiv Veränderungen: einerseits was die Menge und Diversifikation bereits bestehender Medien betrifft – immer mehr Fernsehkanäle, ständig neue Zeitungen und Zeitschriften –, andererseits, was die Art der Medien und Übertragungskanäle anbelangt, durch die Einführung und Popularisierung digitaler Medien. CD-ROM, World Wide Web, Internet und Electronic Mail sind innerhalb kurzer Zeit

zumindest in der Diskussion über Medien zum festen Bestandteil des Paradigmas der Massen-Medien geworden, auch wenn die tatsächliche Anzahl der Nutzer dieser digitalen Medien gemessen an der Nutzeranzahl von Zeitung und Fernsehen immer noch einen vergleichsweise geringen Stellenwert einnimmt. Dabei ist eine Entwicklung nicht eingetreten, die manche Fachleute vor Jahren prognostiziert hatten: Die „neuen", digitalen Medien haben die „klassischen" Medien nicht nur nicht verdrängt, sondern sie lösten, parallel zu ihrem eigenen Wachstum, auch eine Ausweitung des traditionellen Mediensektors aus. Man braucht sich beispielsweise nur die Fülle von Buchpublikationen anzuschauen, die seit einiger Zeit den vermeintlichen Siegeszug des Internet kommentieren, oder sich zu vergegenwärtigen, daß jede Publikation, die im WWW „online" geht, ihre traditionelle Erscheinungsform und ihren herkömmlichen Vertriebsweg ja damit nicht aufgibt, sondern einen zweiten hinzufügt, und sich damit gleichsam „verdoppelt".

Wenn von der Entwicklung unserer Kultur hin zur „Kommunikationsgesellschaft" gesprochen wird, dann ist in der Regel diese Ebene der Medien, der alten wie der neuen, und ihres Wachstums gemeint. Jenseits der damit häufig verbundenen Behauptungen, diese Entwicklung verändere fundamental die Qualität der individuellen wie gesellschaftlichen Kommunikation (zum Guten oder zum Schlechten), läßt sich in diesem Zusammenhang ein Trend zweifelsfrei beobachten: die mediale Ebene unserer Kultur wächst quantitativ an, sowohl was die Art der Medien betrifft – neue technische Speicherungs- und Übertragungsvarianten für Äußerungen in Wort, Schrift und Bild treten hinzu –, als auch was die Anzahl der Publikationen und damit der Äußerungen betrifft. Innerhalb der einzelnen Sparten wiederum vermehrt sich die Zahl der Kanäle, auf denen „Botschaften" gesendet und/oder empfangen werden können. Im Klartext heißt das nun nicht unbedingt, daß unsere Kultur insgesamt pauschal kommunikativer geworden ist, wir können noch nicht einmal behaupten, daß die Zahl der individuellen Äußerungen insgesamt zunimmt (wenn wir jedes Gespräch, jeden Brief, jede Tagebucheintragung etc. als Äußerung betrachten), aber es heißt, daß die Zahl der veröffentlichten Äußerungen (vom Leitartikel in der Tageszeitung über den Redebeitrag in der TV-Talkshow, den Ansagetext im Bürgerradio bis hin zum Beitrag in einer der vielen Usegroups oder Chatlines des Internet) stetig anwächst.

Auf dieser Ebene bestätigt sich der Eindruck, unsere Kultur sei eine Kommunikationsgesellschaft: Es sieht so aus, als sei (massen-)mediale, öffentliche Kommunikation eines der zentralen Merkmale unserer Gesellschaft.

Dieser Eindruck wird noch dadurch verstärkt, daß Medien offenbar dazu tendieren, sich selbst zum bevorzugten Gegenstand medialer Kommunikation zu machen. So stellt Clifford Stoll beispielsweise fest, daß diejenigen, die mit Hilfe des Computers über das Netz kommunizieren, am liebsten über Computer sprechen: „Das alles andere in den Schatten stellende gemeinsame Interesse der Netznutzer ist das Medium selbst."[1] Und Douglas Rushkof liefert in seinem Buch „media virus" eine Fülle von Belegen dafür, daß Medien dazu tendieren, ihre Themen und Inhalte wiederum aus Medien zu beziehen.[2] Und schließlich haben Medien offenkundig die Tendenz, sich auch auf der formalen Ebene jeweils an historischen Vorgängermedien zu orientieren: das TV-Movie kopiert den Kinofilm auf sein Format herunter, das Nachmittagsprogramm kopiert das Boulevardblatt, die gehobene Talkshow die Podiumsdiskussion und das „Expertenhearing", die home page einer Firma im Internet den Werbeprospekt und die Tageszeitung im World Wide Web kopiert sich gleich selbst.

Auf den verschiedenen Ebenen – der inhaltlich, thematischen, der formalen – haben Medien also die Tendenz zur Selbst-Vervielfältigung. Diesem Prinzip entsprechend wird die Relevanz eines Mediums und/oder einer „Botschaft" in der Kommunikationsgesellschaft ebenfalls primär quantitativ ermittelt: durch Auflage, Quote oder Anzahl der Erwähnungen in Medien. „Erfolgreich" scheint eine „Kommunikation" zu sein, die möglichst viele Rezipienten pro medienspezifischer Zeiteinheit erreicht: Zuschauer zu bestimmten Sendezeiten, Auflage pro Tag, Woche, Monat. Das wiederum hat Rückwirkungen auf den Selbst-Reproduktionsprozeß der Medien insgesamt. Kopiert wird genau das, was nach Maßgabe dieses Kriteriums relativ erfolgreich ist. Das Wachstum moderner Medien in der Kommunikationsgesellschaft verläuft daher tendenziell entropisch – als quantitatives Wachstum sich einander ständig ähnlicher werdender Subsysteme – und nicht etwa evolutionär unter Hervorbringung neuer Möglichkeiten und unterschiedlicher, alternativer Varianten. Insofern ist es weder sachlich angemessen noch besonders gerecht, im Zusammenhang mit der Ausbreitung vor allem der digitalen Medien davon zu sprechen, wir befänden uns im „Datendschungel" – denn die zeitgenössische Kommunikationsvegetation tendiert eher zum Großflächenbewuchs in Form von Monokulturen (wobei noch ganz und gar nicht ausgemacht ist, welche Überlebenschancen dem unterhalb dieses Mainstrams sprießenden Wildwuchs bleiben werden).

Wenn trotz der geschilderten Lage Metaphern wie die vom „Dschungel" die Runde machen können und der Mythos von der „Informationsvielfalt" in der Kommunikationsgesellschaft sich so hartnäckig halten kann, so liegt das wohl eher daran, daß die reine Menge der Medien und Äußerungen bereits suggeriert, daß in ihr doch viel Spezifisches verborgen sein müsse, das man bloß nicht finden kann, weil man hier – in Umkehrung des alten Sprichwortes – vor lauter Wald den einzelnen Baum nicht mehr sieht. Für den einzelnen ist nicht mehr überprüfbar, ob das Versprechen, die steigende Zahl der Kommunikationsakte enthielte eine steigende Fülle von für ihn nützlichen und fruchtbringenden Informationen, tatsächlich eingelöst wird oder nicht. Findet er nichts Entsprechendes, kann es daran liegen, daß er nicht intensiv und clever genug gesucht hat (oder nicht über das entsprechende Equipment verfügt) – eine frustrierende Erfahrung, die sich in Metaphern wie der von der „Informationsflut" artikuliert: Man wird von etwas überrollt, das zu groß für einen ist.

Der Mythos von „Naturwüchsigkeit" und Vielfalt wird allerdings vor allem durch ein fundamentales Mißverständnis genährt, das uns von eher medientheoretischen Überlegungen weg und zu spezifisch semiotischen Einsichten hin-

führt: Es ist nämlich ein Irrtum, wenn man glaubt, von der Verschiedenartigkeit der Medien auf die Vielfalt oder gar Heterogenität der durch sie verbreiteten Äußerungen und Inhalte schließen zu können. Eine triviale Nachricht wird nicht dadurch interessanter, daß sie mich per e-Mail erreicht. Ebensowenig bürgt die reine Anzahl der Kommunikationsakte für einen hohen Grad an Komplexität, Originalität oder Informationsdichte.
Wäre aber dies nicht genau das, was wir uns von einer Kommunikationsgesellschaft erwarten: Verständigung über wichtige Dinge (oder darüber, was uns wichtig sein sollte), Koordination von Handlungen, Vermittlung von Inhalten und Ideen, Erfassung und Beschreibung von Komplexität, Austausch von unterschiedlichen Seins- und Sichtweisen? Um diese Funktionen erfüllen zu können, haben Menschen von jeher vermittels Zeichen kommuniziert, sie haben unterschiedliche komplexe Systeme sinnlich wahrnehmbarer Phänomene geschaffen und immer weiter verfeinert, die jedes Individuum in die Lage versetzten, sich jederzeit und an den unterschiedlichsten Orten anderen Menschen mitzuteilen. Ausgestattet mit den verschiedensten Verständigungssystemen, die aber alle auf gemeinsamen – nämlich semiotischen – Grundlagen basieren, sind menschliche Gesellschaften immer auch eines gewesen: Kommunikationsgesellschaften, die eine gemeinsame Sphäre von Zeichensystemen teilen. Gehen wir also back to the roots und ergründen wir die Prinzipien der Kommunikation vermittels Zeichen näher, die auch heute noch die Grundlage jeglicher Kommunikation ausmachen – wie unmittelbar oder medial vermittelt sie auch immer sei.

Eine erste Exkursion in die Semiosphäre

Man kann in Analogie zur „Biosphäre", gewissermaßen der Schicht von pflanzlichem und tierischem Leben, die unseren Erdball umgibt, von einer „Semiosphäre"[3] (von griech „semeion" = „Zeichen") sprechen, von einer Schicht von Kommunikation, von Äußerungen, die den menschlichen Lebensraum wie eine mehr oder weniger unsichtbare Hülle umgibt. Diese Semiosphäre – wenn wir sie einmal als theoretisches Konstrukt annehmen – gibt es natürlich nicht erst seit ein paar Jahren; sie ist nur in den letzten Jahrzehnten dichter geworden – im Gegensatz zur Biosphäre, die durch die Ausrottung von Arten qualitativ ausgedünnt wurde, wenn sie auch durch das krebsartige Wachstum der Menschheit vermutlich quantitativ – in ihrer absoluten Zahl – gleichgeblieben ist. Aber seit es Menschen gibt, gibt es immer schon Kommunikation, auch wenn die Semiosphäre vielleicht in grauer Vorzeit, als die Menschheit kaum mehr war als eine Ansammlung herumstreifender Stämme, aus einzelnen Oasen in einer riesigen Wüste bestand.
Fast überall, wo wir uns im Raum der Kultur bewegen, bewegen wir uns auch im Raum der Semiosphäre. Wir brauchen nur die Straße einer Stadt entlanggehen, um ständig von Kommunikationsakten umgeben zu sein. Eine Plakatwand

schreit uns einen Werbeslogan entgegen, garniert mit dem Bild eines Produktes oder von Menschen, die dieses Produkt benutzen. Wir schnappen Gesprächsfetzen zufällig vorbeigehender Passanten auf. Eine rote Ampel fordert uns auf, stehenzubleiben, ein Durchfahrt-verboten-Schild sagt uns, daß wir beim Überqueren einer anderen Straße unsere Aufmerksamkeit nur nach links richten müssen, denn aus der anderen Richtung können keine Autos kommen (falls sich die Automobilisten an die durch die Verkehrsschilder kommunizierten Regeln halten). Trotzdem haben wir einen ankommenden Wagen übersehen; der Fahrer muß scharf bremsen und tippt sich mit dem Zeigefinger an die Stirn. Wenn wir nicht so gebildete und guterzogene Menschen wären, würden wir ihm jetzt vielleicht den ausgestreckten Mittelfinger zeigen; wir tun dies natürlich nicht, zucken nur die Schultern. Vorbei an Schildern über Geschäften, die uns den Namen der Inhaber oder die Art der dort erhältlichen Waren mitteilen, passieren wir schließlich das Hochhaus einer Bank, aus dessen Architektur wir sofort schließen, daß hier Macht und Geld zu Hause sind. Ein Straßenmusikant singt und spielt ein bekanntes Lied. Vielleicht ziehen wir den Stadtplan aus der Tasche, weil wir fremd in dieser Gegend der Stadt sind, und versuchen, auf ihm die Straße, in die wir müssen, zu finden. Und vielleicht ist der Stadtplan alt und verschlissen, es fehlt das Stück, das wir bräuchten. Wir fragen also einen Passanten und bekommen auch eine Antwort. Er lenkt unsere Aufmerksamkeit auf eine merkwürdige Ansammlung roher Steine auf einem Platz, die er als Skulptur eines berühmten Künstlers identifiziert, und sagt, in die Straße dahinter müßten wir einbiegen. So finden wir die richtige Straße und die Kneipe, in der wir mit Freunden verabredet sind. Bevor wir eintreten, lesen wir die Speisekarte, die neben der Tür in einem Schaukasten hängt. In der Kneipe schließlich reden wir mit unseren Freunden über dies und das, wir erzählen zum Beispiel unser Erlebnis mit dem wütenden Autofahrer und ahmen dabei seine Geste des Vogel-Zeigens nach. Zwischendurch werfen wir einen Blick auf den laufenden Fernseher in der Ecke und bekommen gerade noch mit, daß Bremen schon wieder verloren hat, bevor der Sohn des Wirtes auf MTV umschaltet und ein Musikvideo losrockt. Dann heben wir das leere Glas in die Höhe, die Kellnerin versteht, daß wir noch etwas trinken wollen. Als wir schließlich wieder nach Hause gehen, kaufen wir uns unterwegs noch eine Zeitung, überfliegen kurz die Schlagzeilen. Gerade, als wir unsere Wohnung betreten, läutet das Telefon; ein Bekannter ist am Apparat und macht uns auf eine interessante Radiosendung aufmerksam, die gerade begonnen hat. Wir schalten das Radio ein, lehnen uns bequem zurück und hören zu: eine wirklich interessante Sendung über die Entwicklung unserer Gesellschaft zur Kommunikationsgesellschaft.

Was auf den ersten Blick wie eine amorphe Menge von Kommunikationsakten aussieht, die auf uns hereinprasseln und die wir selbst produzieren, ist, wenn man genauer hinsieht, sehr komplex. Zunächst sind die genannten Äußerungen sehr verschieden bezüglich der Mittel, die sie benutzen. Da sind einerseits rein sprachliche Äußerungen, wie die Gespräche, die Zeitung, die Speisekarte, der Telefonanruf oder die Radiosendung. Dann gibt es Äußerungen, die ausschließlich mit visuellen Elementen arbeiten, wie etwa die Farbe des Lichts in der Verkehrsampel, das Durchfahrt-verboten-Schild oder die Architektur des Bankgebäudes. Es gibt Äußerungen, die aus Bewegungen bestehen, wie etwa das Hochheben des Glases oder das Tippen an die Stirn des Autofahrers. Und schließlich gibt es Äußerungen, die aus einer Kombination mehrerer dieser Mittel bestehen: Das Werbeplakat und die Sportsendung im Fernsehen bestehen aus sprachlichen und visuellen Elementen, das Lied des Straßenmusikanten aus sprachlichen und musikalischen (bzw. akustischen), das Musikvideo aus visuellen, sprachlichen und musikalischen Elementen. Natürlich gibt es in der Semiosphäre noch weitere, vielschichtige Kombinationen von semiotischen Mitteln – eine Theateraufführung etwa ist eine Kombination aus sprachlichen, musikalischen, visuellen, mimischen, motorischen und evtl. noch weiteren Elementen. Doch die Beispiele mögen an dieser Stelle genügen – man sieht, daß schon die einfachsten Kommunikationsakte, denen wir täglich begegnen oder die wir selbst ausführen, sehr vielfältige Mittel und Zusammensetzungen aus ihnen benutzen.

Die Äußerungen unseres Beispiels unterscheiden sich jedoch nicht nur in den Mitteln, die sie benutzen, sondern auch darin, ob sie direkt, technisch verstärkt oder medial vermittelt sind. In unserem Stadtspaziergang wären etwa der Stadtplan, die Fernseh- und Radiosendung, das Werbeplakat und die Zeitungsschlagzeilen medial vermittelt; das Telefongespräch ist ein „technisch verstärkter" Kommunikationsakt, während die Gespräche, der „Vogel", den uns der Autofahrer zeigt, die Geste des Bierbestellens unmittelbare und nicht-mediale Kommunikationsakte sind.

Ein weiterer Unterschied zwischen den in unserer Geschichte aufgeführten Kommunikationsakten besteht in dem Kriterium, ob diese Akte ausschließlich der Kommunikation dienen oder – unter anderem – auch kommunikativ sind. Ein sprachlicher Text, oder die Gesten, dienen nur der Kommunikation; sie haben in der Regel keine andere Funktion.[4] Das Bankgebäude dagegen hat zunächst die Funktion, ein Gebäude zu sein, also Räume für bestimmte Zwecke bereitzustellen, Schutz vor der Witterung zu bieten etc. Daneben kommuniziert das Gebäude jedoch auch etwas, wie wir gesehen haben: Durch seine Höhe etwa „Macht", durch sein imposantes Portal Wohlstand und so weiter. Diese kommunikativen Elemente sind jedoch nicht trennbar von den funktionalen des Gebäudes; wenn irgendwo nur das Portal ohne das Gebäude stehen würde, wäre dies allenfalls ein (künstlerisches?) Zitat eines Bankportals, würde jedoch nicht das gleiche ausdrücken wie das wirkliche Portal; es würde auf einer anderen Ebene etwas anderes kommunizieren.

Schließlich unterscheiden sich die einzelnen Kommunikationsmittel hinsichtlich des Reichtums des durch sie Ausdrückbaren. Während mit sprachlichen Äußerungen nahezu alles, was überhaupt sagbar oder denkbar ist, ausgedrückt werden kann, sind zum Beispiel mit alltäglichen gestischen Äußerungen diesseits der Gebärdensprache nur äußerst rudimentäre Sachverhalte kommunizierbar – etwa elementare Gefühle wie Wut oder Zuneigung, Hinweise, Warnungen

etc. Ein komplexer philosophischer oder wissenschaftlicher Sachverhalt oder komplexe Gefühle sind damit nicht kommunizierbar – wenn man nicht gerade die Gehörlosensprache beherrscht, die sich zwar gestischer Mittel bedient, jedoch dem Modell der natürlichen Sprache nachgebildet ist. Und auch mit Hilfe der Verkehrszeichen lassen sich nur ganz bestimmte Inhalte – das geforderte Verhalten in einer konkreten Verkehrssituation – kommunizieren.
Ein letztes Unterscheidungskriterium zwischen Äußerungen, das wir hier nennen wollen und das an unserem Beispiel deutlich wird, ist das des Kontextes. Dieses Kriterium hat mit der Bedeutung der Äußerung zu tun. In unserer Geschichte kommt zweimal die gleiche Äußerung vor: das Tippen mit dem Zeigefinger an die Stirn. Im ersten Fall vollzieht diese Äußerung der Autofahrer, und wir reagieren daraufhin wütend auf ihn, oder zumindest verärgert. Im zweiten Fall erzählen wir von dem Autofahrer und ahmen seine Geste nach, und unsere Zuhörer sind alles andere als wütend, zumindest nicht auf uns. Warum? Weil wir eine Äußerung nur zitieren, sie steht in einem Kontext, dem der Erzählung, durch den klar wird, daß wir mit dem Vogel-Zeigen unsere Freunde nicht für dumm verkaufen wollen. Die Geste funktioniert also je nach Kontext anders.

Die äußere Grenze der Semiosphäre

Schon unser erster Spaziergang durch die Semiosphäre hat eine große Menge verschiedener und verschiedenartiger Äußerungen zu Tage gefördert. Andererseits war dieser Gang natürlich auch ein ganz normaler Spaziergang durch die Stadt – wir haben nur unser Augenmerk auf ganz spezielle Phänomene, nämlich Phänomene, die irgend etwas mit Kommunikation zu tun haben, gelenkt. Natürlich haben wir auf dieser Wanderung auch andere Dinge wahrgenommen: Hunde etwa, die von ihren Besitzern an der Leine geführt werden, einen Papierkorb, eine Wartebank an der Bushaltestelle, den grauen Asphaltbelag der Straße, Bäume, Menschen etc. All diese Dinge haben wir nicht in unseren Exkursionsbericht aufgenommen. Der Leser wird zu Recht vermuten, das liege daran, daß wir diese Dinge nicht als Kommunikationsakte betrachten und damit nicht als Elemente der Semiosphäre. Aber warum eigentlich nicht? Denn ebenso wie wir der vor einem Restaurant ausgehängten Speisekarte Informationen über die im Lokal angebotenen Gerichte entnehmen, entnehmen wir dem Gesicht der Menschen, denen wir begegnen, Informationen über ihr Alter, den Bäumen über ihre Gattung und der Färbung ihrer Blätter, ob sie gesund sind oder schon Opfer des Baumsterbens geworden sind, oder den Löchern im Asphaltbelag, daß er schon alt ist. Was unterscheidet diese Akte der Informationsentnahme von denen der Kommunikation? Diese Frage zielt also auf eine Definition von Kommunikation im semiotischen Sinne, und das wiederum heißt auf eine Bestimmung der äußeren Grenze der Semiosphäre.[5] Denn offenkundig unterscheidet sich die Kommunikation durch Zeichen von anderen

Formen der Informationsübermittlung, seien es nun Reiz-Reaktion-Schemata, biochemische Informationsübermittlung durch Botenstoffe oder der genetische Kode. Zur Verdeutlichung der Funktion dieser Grenze sei noch einmal die Analogie zur Biosphäre bemüht: In der Biologie ist es zum Beispiel umstritten, ob Viren zur Biosphäre gehören, ob sie Lebewesen sind oder nicht. Sie haben ein wesentliches Merkmal von Lebewesen, denn sie besitzen eine DNS-Doppelhelix, die die genetischen Informationen enthält und ihnen somit die eigene Reproduktion erlaubt. Ein anderes wesentliches Merkmal aber fehlt ihnen: Sie haben keinen Stoffwechsel. Die Frage, ob Viren zur Biosphäre gehören, ist also eine Frage, welche Merkmale eines Objekts man als fundamental für Lebewesen sieht. Wenn es fundamental ist, einen Stoffwechsel zu besitzen, sind Viren keine Lebewesen, wenn nicht, dann sind sie welche. Oder aber – und das ist wohl zur Zeit weitgehender Konsens in der Biologie – man läßt die Grenze unscharf, betrachtet die Viren als eine Art Übergangsphänomen von Nicht-Leben zu Leben. Ähnlich hängt auch die Definition der Grenze der Semiosphäre davon ab, welche Merkmalen wir als fundamental für Kommunikation erachten. Natürlich wird auch diese Grenze ein wenig unscharf sein, und vor allem ist sie durchlässiger als die der Biosphäre: Für ein totes Ding ist es – außer im Märchen – ziemlich schwierig, Lebewesen zu werden; dagegen können in einer Kultur relativ leicht beliebige Phänomene zur Kommunikation benutzt werden, die dann gewissermaßen die Grenze der Semiosphäre berühren oder sie überschreiten. So kann etwa – wie im 19. Jahrhundert geschehen – eine relevante Gruppe innerhalb einer Gesellschaft beschließen, ein Stück rotes Tuch als Banner für die sozialistische Bewegung zu benutzen. Was vorher nur ein beliebiges Objekt war, wurde zum Zeichen für die sozialistische Bewegung und hatte damit die äußere Grenze der Semiosphäre überschritten. Doch genaugenommen war es nicht ein konkretes Objekt, das die Grenze überschritt, sondern eine Menge von Merkmalen, die auf bestimmte Objekte zutreffen: „Rechteckiges rotes Stück Stoff, das in gewissen Kontexten (Versammlungen, Demonstrationen etc.) auftaucht." Denn erstens taugt nicht nur ein ganz bestimmtes rotes Stoffrechteck – gewissermaßen als „Ur-Banner" – zur sozialistischen Fahne, sondern, nachdem die erwähnte Merkmalsklasse einmal eingeführt ist – jedes beliebige. Und zweitens wird nach der Einführung dieses Zeichens nicht automatisch jedes rechteckige rote Tuch zum sozialistischen Banner. Die Bürgerfamilie des 19. Jahrhunderts, die den Tisch in ihrer Gartenlaube zum Nachmittagskaffee mit einem roten Tischtuch deckt, hätte sich sehr dagegen verwehrt, wollte man daraus ihre Nähe zur sozialistischen Bewegung schließen. Innerhalb der Semiosphäre kommt es eben immer auf den Kontext an: Nur in ganz bestimmten Zusammenhängen – eben Parteiversammlungen, politischen Proklamationen, Demonstrationen etc. – wird das rote Tuch zum Zeichen für Sozialismus und damit zum roten Tuch für die Kapitalisten. Dies ist ein zentrales Merkmal der inneren Struktur der Semiosphäre: Bestimmte Objekte oder Handlungen dienen in bestimmten Kontexten als Kommunikationsmittel, in anderen nicht; andere Kommunikationsakte ändern ihre Bedeutung je nach dem Kontext, in dem sie auftauchen. Der Satz „Beethoven war ein großer Mann" bedeutet etwas völlig anderes, wenn ihn der Musikprofessor in der Vorlesung äußert, als wenn ihn der Anatomieprofessor im Zusammenhang einer Demonstration, wie aus den Abmessungen des Schädels von Beethoven auf dessen Körpergröße geschlossen werden kann, in den Mund nimmt.[6]

Doch auf dieses wichtige Merkmal der inneren Struktur der Semiosphäre werden wir später noch zurückkommen. Wir wollten zunächst die äußeren Grenzen der Semiosphäre bestimmen und damit festlegen, was Kommunikation sein soll und was nicht. Wir haben bereits festgestellt, daß man Information aus allem möglichen entnehmen kann, aus Texten und Bildern ebenso wie aus der Farbe der Blätter eines Baumes und dem Zustand des Asphaltbelags der Straße. Die Fähigkeit der Informationsentnahme ist eine Funktion des Wissens, das wir über bestimmte Sachverhalte haben: das Wissen über die Bedeutung von Buchstaben, das Wissen darüber, daß eine braune Färbung der Blätter eines Baumes – wenn nicht gerade Herbst ist – auf eine Krankheit der Pflanze schließen läßt, oder das Wissen, daß Löcher im Asphaltbelag keine absichtlich gewählte Ausstattung der Straße durch das städtische Bauamt ist, sondern ihre Ursache im Alterungsprozeß und in der Abnutzung der Straße haben. Diese Wissensmengen unterscheiden sich natürlich von Kultur zu Kultur, von kultureller Gruppe zu kultureller Gruppe. So hatte etwa die mittelalterliche europäische Kultur ein „Wissen" darüber, daß bestimmte Krankheitssymptome auf Hexerei zurückzuführen seien oder daß die Erde eine Scheibe sei und Fernreisen per Schiff die Gefahr eines Sturzes über den Rand der Erdscheibe in sich bergen. Aufgrund dieses Wissens entnehmen wir ständig Informationen, und das heißt, wir interpretieren die Welt: Wir interpretieren sowohl Texte, Gesten, Bilder, also potentielle Äußerungen, als auch alle möglichen anderen Phänomene. Daher wird oft fälschlich behauptet, alles, also unser gesamter Zugang zur Welt sei Kommunikation und daher semiotisch. Doch allein schon intuitiv würden wir zwar z.B. sagen, mit der Speisekarte kommuniziere der Wirt uns sein Angebot an Mittagsmenüs, doch wir würden wohl kaum behaupten – wenn wir nicht gerade einer esoterischen Sekte angehören, für die Pflanzen in ähnlicher Weise beseelt sind wie Menschen –, der Baum kommuniziere uns durch die braunen Blätter seine Krankheit, und schon gar nicht würden wir sagen, die Straße kommuniziere uns durch die Schlaglöcher ihr Alter. Der Unterschied ist, daß der Wirt die Wahl hat, ob er uns seine Menüs kommuniziert oder nicht, und auf welche Weise er dies tut – schriftlich durch die Speisekarte, mündlich oder einfach dadurch, daß er uns in die Küche führt und in die Töpfe blicken läßt. Der Baum dagegen hat, wenn er krank ist, weder die Wahl, ob er durch ein Verfärben der Blätter seine Krankheit kommunizieren soll oder nicht, noch hat er die Wahl der Mittel.

Die interne Struktur der Semiosphäre

Die Semiosphäre besteht also – vereinfacht gesagt – aus Äußerungen, die von ihren Produzenten auf der Basis von kulturellen Möglichkeiten, Äußerungen zu konstruieren, gebildet worden sind. Nun ist es allerdings nicht so, daß die Semiosphäre damit als Summe von Einzelteilen, als ein einfaches Nebeneinander einer Unmenge von Äußerungen adäquat beschrieben werden könnte. Vielmehr sind diese Äußerungen auf vielfache Weise miteinander vernetzt, aufeinander bezogen und auf unterschiedliche Weisen geordnet. Ähnlich wie die Biosphäre als ein hochkomplexes System miteinander vielfältig relationierter und interagierender Organismen aufgefaßt werden muß, bestehen auch zwischen den Äußerungen der Semiosphäre auf verschiedenen Ebenen komplexe Bezüge und Wechselwirkungen vor dem Hintergrund zahlreicher Regelsysteme. Unmittelbar einleuchtend ist dies am Beispiel des Gesprächs: Eine Abfolge von Äußerungen zweier oder mehrerer Personen innerhalb des gleichen situativen Kontextes wird man erst dann als „Gespräch" bezeichnen, wenn die jeweiligen Äußerungen aufeinander bezogen sind, und das gleichzeitig auf mehreren Ebenen.[7] Zunächst einmal müssen die Teilnehmer sich solcher Zeichensysteme bedienen, die aus der ihnen gemeinsamen Durchschnittsmenge aller Zeichensysteme besteht, über die sie verfügen. So kann ein Gespräch natürlich auch in mehreren Sprachen gleichzeitig geführt werden, wenn die Beteiligten diese Sprachen jeweils verstehen. Die zweite Bedingung ist ebenso trivial: damit wir den Austausch von Äußerungen als „Gespräch" bezeichnen können, müssen die Teilnehmer sich im gleichen situativen Kontext befinden – also zeitgleich im selben realen oder medialen (beim Telefonieren, bei einer Videokonferenz oder beim „Chatten" im Internet) Raum befinden. Daneben muß das Merkmal der Interaktivität gewahrt sein. Nur wenn tatsächlich jeder Beteiligte nicht nur Rezipient, sondern auch Produzent von Äußerungen ist, es also zum Austausch von Äußerungen kommt, handelt es sich um ein Gespräch. Und schließlich müssen sich die Äußerungen der Gesprächsteilnehmer sukzessive jeweils auf den gleichen Gegenstandsbereich beziehen, die Äußerungen müssen also inhaltlich und logisch aneinander anknüpfbar sein. So wird man die Reihe der folgenden Äußerungen zweier Personen, auch wenn sie gemeinsam an einem Tisch sitzen und sich während des Sprechens einander zuwenden, dennoch nicht als Gespräch bezeichnen: „Mir geht es nicht gut!" „Meine Mutter backt jeden Samstag einen Kuchen." „Gestern schien die Sonne." „Die FDP ist keine wirklich liberale Partei mehr." „Ob Gott existiert oder nicht, wagt heute niemand mehr zu entscheiden." „Es gibt nichts Schöneres als das Schweigen."

Schon eine so alltägliche Situation wie das Gespräch basiert also auf Regeln: Ein Gespräch ist eine definierte Form des Austauschs von Äußerung, ein Äußerungstypus. Gerade weil die Semiosphäre eine unendliche Varianz an Äußerungen und Äußerungssituationen ermöglicht, ist sie auf der anderen Seite stark strukturiert. In jeder Kultur entwickeln sich kontinuierlich Regeln, die die Fülle potentieller Äußerungen unterteilen und ihre Produktion auf verschiedenen Ebenen regulieren. So entstehen konstante und modifizierbare Muster in der Semiosphäre, die Äußerungen im Hinblick auf ihre Angemessenheit standardisieren. Hierbei spielen syntaktische und semantische „Wohlgeformtheitsregeln" ebenso eine Rolle wie der Äußerungstyp sowie das Medium, in dem die Äußerung stattfindet. Soziale Regelsysteme im engeren Sinne und allgemein kulturelle Basisannahmen treten hinzu. Sie alle interagieren in einem Prozeß, der die unendliche Vielfalt potentieller Äußerungen schließlich zu einem strukturierten semiosphärischen System werden läßt. Die Wahl, die der Produzent einer Äußerung im semiosphärischen Raum der Kultur trifft, ist also nicht völlig beliebig, sondern immer eine Wahl in einem bereits vorstrukturierten Raum: nicht nur was ich äußere, sondern auch wie ich es äußere und wann ich es äußere, zu wem ich es äußere und welchen Kanals ich mich dabei bediene, welches Zeichensystem, welchen Äußerungstyp und welchen Äußerungsmodus ich wähle, ist dabei nach Maßgabe bestimmter Regeln relevant.

Für die Semiosphäre ist daher auf den verschiedensten Ebenen die Existenz von Regelsystemen – von Kodes – kennzeichnend. Dabei muß der ideale semiotische Kode so beschaffen sein, daß er gleichzeitig verschiedene, auf den ersten Blick sich widersprechende Funktionen erfüllen kann: Er muß einerseits so offen sein, daß er die Produktion einer tendenziell unbegrenzten Anzahl von unterschiedlichen Äußerungen mit differierenden Inhalten, Bedeutungen erlaubt, und gleichzeitig garantieren, daß all diese Äußerungen auch entschlüsselt, also verstanden werden können.

Auch hier drängt sich wiederum eine Parallele zwischen der Biosphäre und der Semiosphäre auf: In beiden Fällen scheint ein Prinzip zu existieren, das es erlaubt, mit Hilfe der Kombinatorik einer relativ bescheidenen Menge von Ausgangselementen eine schier unbegrenzte Vielfalt an Formen zu erzeugen.

Die Regelsysteme der Semiosphäre haben aber noch eine weitere Funktion, die grundlegend für alle semiotischen Prozesse zu sein scheint: sie sollen die Verläßlichkeit der Kommunikation sichern helfen.[8] Denn auch wenn uns das bei der alltäglichen Kommunikation nicht immer bewußt ist und nicht bewußt sein muß – die Funktion von semiotischer Kommunikation ist die Verständigung über „Realität" – im Sinne einer gemeinsamen Konstruktion von „Realität" – und damit zusammenhängend die sprachliche Koordination unserer Handlungen. Eine solche Koordination, auf der der evolutionäre Erfolg der Gattung Mensch entscheidend beruht, kann aber nur gelingen, wenn die Unterscheidungen, Beschreibungen und Relationierungen, die sprachlich ausgedrückt werden, nicht nur angemessen, sondern eben auch verläßlich und in ihrem Status richtig einzuschätzen sind. Mit anderen Worten, wir sind einerseits darauf angewiesen, daß Äußerungen intersubjektiv verstehbar sind, und andererseits müssen wir sicherstellen, daß wir höchstens in Ausnahmefällen belogen werden.[9]

Aus diesem Grunde ist auch die Klärung der Frage, in welcher Weise Äußerungen auf „Realität" referieren, von zentralem Interesse für semiotische Überlegungen. In diesen Zusammenhang gehören auch Fragen nach dem Modus von Äußerungen, also danach, welchen Status fiktive und künstlerische Aus-

drucksformen, uneigentliche, tropische Äußerungstypen haben und wie sie sich von „normalen“ Äußerungen unterscheiden. Wir werden genauer untersuchen müssen, welche Typen von Kodes für semiotische Fragestellungen von Bedeutung sind und welche Merkmale solche Kodes haben, und wir werden erneut darauf zurückkommen, welche derjenigen Phänomene, die allgemein als „zeichenhaft“ empfunden werden, überhaupt die Funktion erfüllen können, intersubjektiv verstehbare und verläßliche Kommunikation zu ermöglichen.
Und schließlich werden wir über die komplexen Beziehungen von Zeichen, Äußerungen, Medien und Wissen, Realität und Wirklichkeit reflektieren müssen, denn jede Wissenschaft, und damit auch die Semiotik, ist verpflichtet, über die eigenen erkenntnistheoretischen Prämissen und damit auch über das ihr zugrundeliegende Welt- und Menschenbild Auskunft zu geben.

Anmerkungen

1 Stoll 1996, S. 79
2 Rushkof 1995
3 Der Begriff stammt von Jurij M. Lotman (vgl. Lotman 1990); wir verwenden „Semiosphäre“ jedoch in einem engeren Sinn, wie aus dem folgenden deutlich wird.
4 „In der Regel“ deshalb, weil es in unserer Zeit Tendenzen gibt, die das Primat der Kommunikation bezüglich bestimmter Kommunikationsmittel aufzulösen scheinen.
5 Umberto Eco nennt diese Grenze die „untere Schwelle der Semiotik“ (Eco 1972, 31f.); wir legen jedoch aus Gründen, die im folgenden deutlich werden, diese Grenze anders (enger) fest als Eco.
6 Die Linguistik hat sich mit dem Einfluß kontextueller Umstände auf die Bedeutungsebene von Äußerungen beschäftigt. Vgl. etwa Wunderlich 1974.
7 Zur linguistischen Analyse des Gesprächs vgl. Brinker/Sager [2]1996
8 Wickler 21977, S. 130ff, Neisser 1979, S. 145f
9 vgl. Maturana/Varela 1987

Teil 1: Äußerungen und Zeichen

Bei unserer ersten Exkursion in die Semiosphäre haben wir uns einen allgemeinen, intuitiven Überblick darüber verschafft, was Kommunikation ist, und was daher alles „zur Semiotik gehört". Semiotik ist in unserem Verständnis also eine Theorie über die Semiosphäre. Unsere Aufgabe ist es nun, die Elemente und Strukturen der Semiosphäre genauer zu beschreiben.

Die Dinge, die uns bei unserem Stadtrundgang besonders interessierten, nannten wir „Kommunikationsakte" oder „Äußerungen". Wir werden in einem ersten Schritt klären müssen, welche Phänomene Äußerungen sein können, wie sich Äußerungen von anderen Phänomenen abgrenzen und welche Merkmale Äußerungen haben – wir wollen also die äußere Grenze und die innere Struktur der Semiosphäre etwas näher bestimmen. In einem zweiten Schritt werden wir dann auf die innere Struktur von Äußerungen eingehen und überlegen, aus welchen Elementen Äußerungen aufgebaut sind.

Bei unserem Stadtrundgang haben wir sehr viele verschiedene Phänomene als Kommunikationsakte und damit als Äußerungen wahrgenommen: Verkehrszeichen beispielsweise, Gesten, architektonische Elemente, geschriebene oder gesprochene sprachliche Texte oder Kunstwerke. Diese Phänomene bedienen sich äußerst unterschiedlicher Materialien: die Verkehrszeichen sind zum Beispiel Blechscheiben, das Bankgebäude besteht aus Stein, Glas und Blech, die gesprochene Sprache aus akustischen Phänomenen, die Gesten aus Bewegungen.

Andererseits haben wir bereits angedeutet, daß nicht alles, was wir alltagssprachlich „Äußerungen", „Zeichen" oder „zeichenhaft" zu nennen gewohnt sind, auch in unserem Sinne „Äußerungen" sind und damit als Gegenstand der Semiotik im engeren Sinne aufgefaßt werden können. Untersuchen wir also zunächst, aus welchen Elementen die Semiosphäre besteht.

Äußerungen

Wenn wir uns die Elemente der Semiosphäre nochmals vor Augen halten, so fällt sogleich auf, daß es sich bei all diesen Elementen um Hervorbringungen von Menschen handelt – um Hervorbringungen, die elementar sind für die Vermittlung, Verständigung und Organisation menschlicher Gesellschaften und Kulturen. Daß wir derart unterschiedliche Phänomene als Kommunikationsakte bzw. Äußerungen einstufen, beruht auf zwei Merkmalen, die diese Phänomene von anderen Dingen, die wir wahrnehmen, unterscheiden: Wir unterstellen erstens, daß es eine Person oder Instanz gibt, die dieses Phänomen produziert hat, und zweitens, daß uns durch dieses Phänomen irgend etwas mitgeteilt wird, daß es also eine „Botschaft" übermittelt. Die unterstellten Produzenten von Äußerungen können sowohl konkrete Personen sein – der Autofahrer, der sich an die Stirn tippt oder der Wirt, der die Speisekarte verfaßt hat – als auch Institutionen oder juristische Personen: der Gesetzgeber, der die Straßenverkehrsordnung beschlossen hat und sie durch die Verkehrsschilder kommuniziert, oder die Bank, die als Unternehmen sich dafür entschieden hat, ihr Gebäude so und nicht anders zu gestalten. Der Produzent einer Äußerung ist also immer diejenige Instanz, von der wir annehmen, daß sie die Äußerung verantwortet. Dies muß nicht unbedingt der tatsächliche Urheber der Inhalte sein, die die Äußerung übermittelt. So nehmen wir zum Beispiel als den Produzenten einer Politikerrede den betreffenden Politiker an, auch wenn die Rede in Wirklichkeit ein Referent für ihn geschrieben hat – aber der Politiker ist derjenige, der diese Äußerung in der Semiosphäre verantwortet. Innerhalb eines Kommunikationszusammenhangs oder -mediums können auch verschiedene Produzenten angenommen werden. So wird man bei nicht namentlich gezeichneten Artikeln in einer Zeitung oder Zeitschrift „die Zeitung" oder „die Redaktion" als kollektive Produzenteninstanz betrachten, beim mit einem Namen versehenen Leitartikel dagegen den Träger dieses Namens. Es ist also in vielen Fällen nicht wesentlich, wer nun beispielsweise tatsächlich einen bestimmten Text geschrieben hat, sondern als wessen Text er in der Kultur, in der er geäußert wird, gilt.
Ob wir annehmen, daß es für ein Phänomen einen Produzenten gibt, hängt sehr stark davon ab, was die jeweilige Kultur, in der dieses Phänomen auftaucht, für Realität hält. So könnte etwa eine Kultur – vielleicht trifft dies auf die vorklassische griechische Antike zu – für das Phänomen „Blitz" eine Produzenteninstanz, nämlich die Götter, annehmen; wenn diese Kultur dann auch noch annimmt, daß ihr durch das Schleudern von Blitzen durch die Götter etwas mitgeteilt werde, dann wäre der Blitz in dieser Kultur eine Äußerung. Ebenso ist es kulturrelativ, wer als Produzent einer Äußerung angenommen wird. Während wir denjenigen, den wir sprechen sehen, als den Produzenten einer sprachlichen Äußerung betrachten, auch wenn er äußerst wirres Zeug redet, nahm die mittelalterliche Kultur in einem solchen Fall wahlweise an, aus diesem Sprecher spre-

che der Teufel oder aber Gott. Im ersten Fall reagierte sie mit Exorzismus, im zweiten mit der Kanonisierung des betreffenden Individuums.

Ebenso ist es kulturspezifisch, ob wir bei einem bestimmten Phänomen, dessen Produzenten wir ausmachen können, annehmen, damit werde uns etwas mitgeteilt. So kann eine bestimmte Handbewegung in der einen Kultur als Geste wahrgenommen werden, mit der eine bestimmte Botschaft übermittelt wird, in der anderen jedoch als bloße unmotivierte Bewegung oder Zuckung. Ob angenommen wird, mit einem bestimmten Phänomen werde eine Botschaft übermittelt, hängt davon ab, welche Phänomene in einer Kultur als Äußerungen eingeführt sind; die Menge dieser Phänomene kann natürlich auch erweitert werden. Ein Beispiel sind die berühmten italienischen „corni", also diejenige Geste, die darin besteht, den Zeigefinger und den kleinen Finger auszustrecken und die anderen zu krümmen. Diese Geste bedeutete ursprünglich in Deutschland nichts, sie erfüllte keines der kulturell vorhandenen Muster für Äußerungen, während sie in Italien eine üble Beleidigung übermittelt. Nachdem in den 60er und 70er Jahren Italien zum Lieblingsreiseland der Deutschen geworden war, womit auch eine nähere Bekanntschaft mit der Kultur und den Äußerungsformen dieses Landes einherging, wird diese Geste nun auch in Deutschland verstanden – auch wenn sie bei weitem nicht so häufig gebraucht wird wie in Italien.

Fassen wir also zusammen: Damit wir ein bestimmtes Phänomen als Äußerung betrachten, müssen mindestens zwei kulturell präsupponierte Bedingungen erfüllt sein: Erstens muß es einen *Produzenten* dieses Phänomens geben, und zweitens muß mit diesem Phänomen eine *Mitteilung* gemacht bzw. eine *Botschaft* übermittelt werden.

Diese beiden Bedingungen sind notwendige, aber noch nicht hinreichende Bedingungen für die Abgrenzung von Äußerungen gegenüber anderen, nicht-kommunikativen Phänomenen. Tatsächlich kann vieles in einer Kultur, das auf den ersten Blick nicht als Äußerung wahrgenommen wird, als solche interpretiert werden, andererseits aber liegt vieles von dem, was Menschen als Quasi-Äußerung wahrnehmen und behandeln, im vor-semiotischen Raum.

Um dieses fundamentale semiotische Problem verständlich zu machen, lohnt es sich, etwas weiter auszuholen. Wir haben einleitend am Beispiel eines Baumes, dessen Blätter sich zur Unzeit braun färben, das Kriterium der „Wahl" als entscheidend für die Unterscheidung semiotischer und nicht-semiotischer Prozesse genannt. Dieses Kriterium entfällt bei allen Arten von Symptomen, Anzeichen und Indizien. Bestimmte Krankheiten – ob bei Mensch, Tier oder Pflanze – „äußern" sich ab einem gewissen Stadium in typischen Erscheinungen: Verfärbungen, Veränderung der Oberfläche von Teilen des befallenen Organismus und ähnlichem. Weder gegen diese physiologischen Reaktionen noch gegen die Art und Weise, in der die Krankheit sichtbar wird, kann der betroffene Organismus zunächst etwas tun: Wer von Röteln befallen ist, wird sich dafür nicht freiwillig entschieden haben, und auch die roten Pusteln wird er nicht in blaue oder grüne ändern können. Das Erscheinen solcher Symptome verläuft zwangsläufig und nicht aufgrund von Konventionen. Konventionalisiert sind dagegen die Arten und Weisen, in denen Mitglieder einer Kultur solche Symptome interpretieren und benennen. Und das heißt: nicht das zwangsläufige Erscheinen einer bestimmten Kausalbeziehung ist semiotisch, sondern der gewählte Umgang mit ihr.

Ein Beispiel kann dies verdeutlichen. Nehmen wir an, ein Kind, dessen Gesicht übersät ist mit roten Pusteln, kommt in eine Runde von Erwachsenen. Die Mutter des Kindes schaut auf und erschrickt: „Kind, du bist ja überall rot im Gesicht. Du hast die Röteln!". Einer der anderen Gesprächsteilnehmer steht nun auf, wendet sich dem Kind zu und stellt ihm eine Reihe von Fragen: ob es Fieber habe, Gelenkschmerzen. Danach wendet er sich an die Mutter und sagt: „Es sind keine Rubeolae. Der Kleine hat vielleicht eine Allergie." „Wußtet ihr eigentlich", mischt sich jetzt der dritte in der Runde ein, „daß Röteln in England *german measels* genannt werden?"

Vermutlich wird jeder zögern, die roten Pusteln auf der Haut des Kindes mit den Reaktionen der Erwachsen zusammen gleichermaßen als „Äußerungen" zu bezeichnen. Im ersten Falle haben wir es mit einem Phänomen in der Realität – den roten Flecken – zu tun, im anderen mit Reaktionen auf dieses Phänomen, mit der Verständigung über „Realität". Dabei geht die Mutter am ehesten mit dem Phänomen, das sie wahrnimmt, so um, als sei hier eindeutig etwas „geäußert" worden. Man könnte den Eindruck gewinnen, sie nehme die Flecken auf dem Gesicht des Kindes als etwas einer Äußerung ähnliches, mit der das Kind (oder der Körper des Kindes) die Tatsache kommuniziert, daß es „Röteln" hat. Doch wenn man ihre Reaktion genauer betrachtet, unterscheidet sie sich vom Umgang mit einer echten Äußerung: Sie schließt automatisch von einer Wirkung – rote Pusteln – auf eine Ursache: Rubeolae – und zwar so, als ob zwischen beiden eine eineindeutige Beziehung bestünde. Ihre sprachliche Äußerung ist eine Interpretation der Welt, in der eine solche Relation zwischen Pusteln und der Krankheit existiert. Demgegenüber interpretiert die Äußerung des Mannes, der den medizinischen Fachausdruck für die Krankheit ausspricht, die wahrnehmbaren Fakten anders. In seiner Weltsicht kommt die wechselseitige Implikation von „roten Pusteln" und „Röteln" so schlicht nicht vor. Deshalb versucht er, weitere Daten zu ermitteln, um dann schließlich die Aussage der Mutter zu falsifizieren und eine andere hypothetische Erklärung anzubieten. Die dritte Person in unserer Runde schließlich äußert sich überhaupt nicht als Interpret der wahrnehmbaren Fakten – das rote Gesicht des Kindes –, sondern reagiert ihrerseits ausschließlich auf die sprachlichen Äußerungen der beiden anderen. Das Wort für „Röteln" läßt sich, so stellt sie fest, durch ein anderes ersetzen. Womit sie – ganz en passant – einen weiteren wesentlichen Unterschied zwischen Symptomen und anderen Äußerungen zur Sprache gebracht hat. Denn die Symptomatik für eine bestimmte Krankheit läßt sich weder durch ein völlig anderes Symptomensemble ersetzen, noch läßt sie sich überhaupt willkürlich „äußern". Deshalb ist sie zum Zwecke der „Kommunikation" absolut ungeeignet. Denn während semiotische Äußerungen weitgehend unabhängig von räum-

lichen und/oder zeitlichen Bedingungen ad hoc produzierbar und reproduzierbar sind, sind Symptome und Anzeichen nur genau dann präsent, wenn ganz bestimmte materielle, physiologische etc. Voraussetzungen erfüllt sind.
Genau aus diesem Grund wird ein Mensch, der niedergeschlagen oder gar verzweifelt ist, dies in der Regel durch Gestik, Mimik, Sprache ausdrücken und nicht dadurch, daß er beispielsweise die Symptome einer Lähmung produziert. Geschieht letzteres dennoch zugunsten des ersteren, „kommuniziert" der Mensch – metaphorisch gesprochen – also mit Hilfe von Symptomen, landet er beim Psychoanalytiker, der wiederum die Symptome nicht als die Äußerung einer somatischen Erkrankung interpretiert, sondern als Folge der Unfähigkeit, mit semiotischen Mitteln zu kommunizieren.
Wir werden auf diesen wichtigen Sachverhalt im nächsten Kapitel, bei dem es um die Zeichen geht, aus denen Äußerungen zusammengesetzt sind, noch näher eingehen. Hier mögen diese Beispiele genügen, um ein zentrales Merkmal der äußeren Grenze der Semiosphäre, und damit ein Abgrenzungskriterium zwischen Äußerungen und anderen, vielleicht ähnlichen Phänomenen zu beschreiben: Zentral dafür, daß ein Phänomen als eine Äußerung im semiotischen Sinne gelten kann, sind – neben der Tatsache, daß es eine präsupponierte Produzenteninstanz geben muß, die eine Mitteilung macht – die Merkmale der „Wahl" und der „Arbitrarität".[1] Das erste der beiden Merkmale liegt auf der individuellen Ebene und bedeutet, daß ein Individuum die Wahl hat, ob es etwas äußert, oder nicht, oder etwas ganz anderes. Der Baum oder das Kind, das an Röteln erkrankt ist, haben diese Wahl nicht; die Phänomene, die sie hervorbringen (verfärbte Blätter und rote Flecken) sind also keine Äußerungen. Das zweite dieser Merkmale, das der Arbitrarität, liegt nicht auf der individuellen, sondern auf der kulturellen Ebene und bedeutet, daß es völlig beliebig ist, ob eine Kultur sich dazu entschließt, eine bestimmte Krankheit als „Röteln" oder als *german measels* zu bezeichnen, oder aber beide Begriffe zu verwenden. Wichtig ist nur, daß sie die Bedeutungen dieser Begriffe allgemein bekannt und damit Äußerungen, die mit ihnen gebildet werden, intersubjektiv verstehbar macht. Die Form einer Äußerung ist also grundsätzlich nicht durch den Sachverhalt bestimmt, über den sie spricht – ganz im Gegensatz wiederum zu den erwähnten Symptomen: Sie sind ursächlich bestimmt durch die Krankheit, mit der sie zusammenhängen. Eine Kultur kann sich daher nicht plötzlich dafür entscheiden, daß ihre Mitglieder bei Röteln fortan blaue anstelle von roten Flecken auf der Haut zu tragen haben; sie könnte sich aber sehr wohl dafür entscheiden, in Zukunft das Wort „Röteln" nicht mehr zu verwenden und dafür ein anderes Wort einzuführen.
Wir haben nun also die äußere Grenze der Semiosphäre durch das Herausfinden einiger wesentlicher Merkmale, die Äußerungen von anderen Phänomenen unter scheiden,bestimmt. Nun bleibt uns noch zu klären, wie sich die einzelnen Äußerungen innerhalb der Semiosphäre voneinander abgrenzen lassen. Dies ist eine Frage nach der internen Struktur der Semiosphäre, die vereinfacht so formuliert werden kann: Wo hört die eine Äußerung auf und wo beginnt die nächste. Auch

die Antwort auf diese Frage hängt wieder stark von kulturellen Mustern ab, so daß keine allgemeine, rein systematische Antwort darauf gegeben werden kann, will man nicht willkürliche, kontraintuitive Grenzen ziehen. Spielen wir dies einmal am Beispiel von sprachlichen Äußerungen durch. Im einfachsten Fall, dem der gesprochenen Sprache, können wir sagen, eine Äußerung beginnt, wenn ein Produzent (Sprecher) zu sprechen beginnt und endet, wenn er diesen Sprechakt beendet. Natürlich kann eine solche Äußerung beliebig lang oder kurz sein: Sie kann aus einem Wort bestehen (ein „Hallo" zur Begrüßung) oder aus sehr vielen Sätzen, etwa bei einer einstündigen Politikerrede. Letzteres ist eine *komplexe Äußerung*, d.h. sie kann in Teiläußerungen zerlegt werden. Ein Journalist beispielsweise, der über die Politikerrede berichtet, würde eine solche Zerlegung vornehmen, indem er einzelne Sätze des Politikers zitiert. Das „Hallo" zur Begrüßung dagegen ist eine *einfache Äußerung*, die nicht weiter in Bestandteile, die selbst wieder Äußerungen wären, zerlegbar ist: „Lo" ist zwar eine Lautfolge, aber im Kontext der deutschen Kultur und Sprache zumindest im Normalfall keine Äußerung. Auch Verkehrszeichen im Straßenbild sind teilweise einfache, teilweise komplexe Äußerungen: Eine rotumrandete weiße Fläche mit der Abbildung eines LKW in der Mitte ist eine Äußerung, die „Durchfahrt verboten für LKWs" bedeutet, und ist zusammengesetzt aus der rotumrandeten weißen Fläche, die selbst eine Äußerung ist und einfach „Durchfahrt verboten" bedeutet, und der Abbildung des LKW, die isoliert keine Äußerung ist – zumindest nicht im Kontext der Verkehrszeichen.[2] Das „Durchfahrt verboten"-Schild dagegen ist eine einfache Äußerung – weder die weiße Fläche allein noch der rote Rand teilen isoliert gesehen etwas mit.

Doch zurück zu den sprachlichen Äußerungen. Eine Rede, haben wir gesehen, ist *eine* (komplexe) Äußerung, die wiederum aus Äußerungen besteht. Ein Gespräch dagegen, wie es etwa der Kneipendisput in unserem Beispiel darstellte, würden wir jedoch intuitiv kaum als *eine* Äußerung betrachten, sondern als eine Abfolge verschiedener Äußerungen verschiedener Sprecher. Wichtig dafür, daß *eine* komplexe Äußerung als *eine* abgeschlossene Äußerung gilt, ist also offenbar die Tatsache, daß *eine* Produzenteninstanz für sie verantwortlich zeichnet. Das Buch *eines* Verfassers ist *eine* (komplexe) Äußerung, ein Buch, das namentlich gezeichnete Beiträge verschiedener Autoren enthält, besteht aus mehreren Äußerungen, weil die Kohärenz des Produzenten fehlt. Diese Instanz kann natürlich auch ein Kollektiv sein: Eine Petition, die von zwanzig Personen unterschrieben ist, ist eine kollektive Äußerung dieser zwanzig Personen. Der Unterschied zum Gespräch ist, daß jede dieser zwanzig Personen (Mit-)Produzent der gesamten Äußerung ist, während beim Gespräch jeder der Gesprächspartner nur Produzent von Teilen dieses Gesprächs ist. Ein wichtiges Merkmal für die Abgrenzung von Äußerungen voneinander ist also das der *Kohärenz der Produzenteninstanz*.

Doch dieses Merkmal genügt noch nicht. Wir würden kaum alles, was eine Person im Lauf ihres Lebens redet, als *eine* Äußerung bezeichnen. Als weiteres Merkmal kommt noch die *kontextuelle Kohärenz* dazu. Die kontextuelle Kohärenz ist gegeben, wenn ein Kommunikationsakt innerhalb der gleichen räumlichen und/oder zeitlichen Situation beginnt und endet oder aber innerhalb eines Kontextes steht. Ein Rundfunkkommentar ist zeitlich kohärent, ein Face-to-face-Gespräch zeitlich und räumlich, die Menge aller Äußerungen einer Person während ihres ganzen Lebens dagegen ist weder zeitlich noch räumlich, also auch nicht situativ kohärent, und damit ist sie nicht *eine* Äußerung. Ein Problem ist hier noch, wie es sich mit mehrteiligen Äußerungen verhält, z.B. mit mehrbändigen Romanen, deren Bände zeitversetzt erscheinen, oder mit Fernsehserien, Fortsetzungsromanen in Zeitschriften oder Fortsetzungs-Hörspielen im Rundfunk. Hier gibt es in unserer Kultur wohl keine klare Intuition, ob es sich hierbei um jeweils *eine* Äußerung oder um mehrere, explizit aufeinander bezogene Äußerungen handelt. Der definitorischen Einfachheit halber wollen wir hier zunächst einmal das letztere annehmen. Überhaupt ist die situative Kohärenz das schwächste und ungenaueste Glied unserer Begriffsbestimmung, einfach deshalb, weil es in unserer – und vermutlich auch in den meisten anderen – Kulturen nicht eindeutig festgelegt ist, was als *eine* abgegrenzte Situation gelten soll.

Als letztes Merkmal zur Abgrenzung von Äußerungen voneinander ist das Merkmal der *Kohärenz des Adressaten* zu nennen. Ein Beispiel: jemand unterhält sich mit einer Person und winkt gleichzeitig einen Autofahrer in eine Parklücke. In diesem Fall macht diese Person gleichzeitig zwei Äußerungen, obwohl alle bisher genannten Kohärenzen gegeben sind – eine sprachliche und eine gestische, die sich jeweils an einen anderen Adressaten richtet. Die Instanz des Adressaten ist ebenso eine präsupponierte, angenommene Instanz wie die des Produzenten. Wen eine Kultur als Adressaten eines bestimmten Typs von Äußerungen annimmt, hängt sehr stark von den Äußerungskonventionen dieser Kultur und den Annahmen über die Intention des Äußerungsproduzenten ab. Eine Politikerrede etwa richtet sich direkt zunächst an das Auditorium, vor dem der Redner spricht, indirekt – vor allem in Zeiten des Wahlkampfes – jedoch an die gesamte Wählerschaft, denn der Politiker, falls er von einiger Bedeutung ist, wird darauf vertrauen, daß die Medien seine Rede entweder übertragen oder doch daraus zitieren. Ebenso kann bei einer gezielten Indiskretion der Adressat zunächst der konkrete Gesprächspartner sein, indirekt jedoch auch eine bestimmte Gruppe, in der das Gerücht verbreitet werden soll.

Zu unterscheiden ist in diesem Zusammenhang zwischen dem *Adressaten* und dem *Rezipienten* einer Äußerung. In unserem Beispiel haben sowohl der einparkende Autofahrer als auch der Gesprächspartner die gestische Äußerung rezipiert, d.h. wahrgenommen und ihre Bedeutung interpretiert. Adressat – eben als die präsupponierte Instanz, an die sich die Äußerung richtet – dagegen ist nur der Autofahrer. Ein weiteres Beispiel wäre etwa die berühmte Rede, die Churchill nach dem Angriff Nazideutschlands auf England hielt und in der er seinen Landsleuten „Blut, Schweiß und Tränen“ abverlangte. Die direkten Adressaten dieser Rede waren zunächst einmal alle Briten, die indirekten wohl aber auch die Deutschen, denen Churchill mit dieser Rede klarmachen wollte, daß Großbritannien zu jedem Widerstand bereit sei. Rezipienten dieser Rede waren jedoch vielleicht auch die Einwohner Brasiliens, die sie im Radio mitverfolgt haben, oder sind es noch alle Menschen, die diese Rede aus historischem Interesse nachlesen oder sich Tondokumente von ihr anhören. Rezipient einer Äußerung kann also potentiell jeder sein, der über die Kompetenz verfügt, eine Äußerung als solche zu erkennen und ihren Inhalt zu interpretieren; wer der Adressat ist, ist dagegen eine mehr oder weniger festgelegte Funktion der Äußerung und ihres Kontextes.

Ein letzter wichtiger Punkt bezüglich der Abgrenzung von Äußerungen voneinander ist die Frage nach der Vollständigkeit bzw. Unvollständigkeit von Äußerungen. Bei einfachen Äußerungen – wir haben das am Beispiel des „Lo" gesehen – liegt der Fall simpel: unvollständige einfache Äußerungen sind keine Äußerungen. Schwieriger ist die Vollständigkeit bei komplexen Äußerungen zu bestimmen. Wie so vieles in der Semiosphäre hängt auch hier wieder alles von kulturell vorgegebenen Mustern und den darauf beruhenden Erwartungen an den jeweiligen *Äußerungstyp* ab, und nicht unbedingt von Inhalten. Der Äußerungstyp der (vollständigen) Rede beispielsweise folgt dem Muster, daß sie damit beginnt, daß der Redner ans Pult tritt, und sie endet mit dem Verlassen des Pults. Wird ein Redner dagegen von seiner aufgebrachten Zuhörerschaft vom Pult weggerissen, war seine Äußerung unvollständig. Wenn er am nächsten Tag in einem anderen Ort, wo er eigentlich dieselbe Rede halten soll, diejenigen Teile, die seine Zuhörer am Vortag so erbost hatten, wegläßt und daher vor ruhigem Publikum am Ende seiner Ausführungen das Rednerpult aus eigenem Antrieb verläßt, war dies eine vollständige Äußerung – wie gesagt, die Vollständigkeit oder Unvollständigkeit einer Äußerung hängt nicht von den spezifischen Inhalten ab, sondern von der Erfüllung der Muster für den jeweiligen Äußerungstyp.

Ein weiteres Beispiel mag dies verdeutlichen: Ein Kriminalroman, der kurz vor der Aufklärung des Falls abbricht, ist unvollständig – er genügt nicht dem Muster des Äußerungstyps „Kriminalroman". Nun könnte es sein, daß ein prominenter Literaturkritiker in einem hymnischen Artikel genau dieses Merkmal des Romans als raffiniertes Spiel mit den Erwartungen des Publikums und den Text als ein Meisterwerk der experimentellen Literatur bezeichnet. Der Autor erhält daraufhin der Büchnerpreis, und sein unfertiger Roman geht in den Kanon der Hochliteratur ein. Jetzt wird der Text als Beispiel eines anderen Äußerungstyps wahrgenommen, etwa als „experimentelle Literatur", und in diesem Kontext wäre er eine vollständige Äußerung, die die Unvollständigkeit von Äußerungen thematisiert. Ein und dieselbe Äußerung kann also je nach dem, als welcher Äußerungstyp sie wahrgenommen wird, vollständig oder unvollständig sein.

Natürlich können auch unvollständige Äußerungen in kommunikativen Kontexten funktionieren, also etwa Äußerungen, bei denen ein Teil im „Rauschen des Kanals" untergegangen ist (z.B. verstümmelte Funksprüche, die jedoch noch die Rekonstruktion ihres vollständigen Inhalts zulassen), oder etwa gewollt unvollständige Äußerungen, die aus rhetorischen Gründen fragmentarisch gelassen werden (z.B. erzielt etwa der Kabarettist Dieter Hildebrandt oft humoristische Wirkung, indem er angefangene Sätze nicht zu Ende führt und sein Publikum „sich denken“ läßt, was er gemeint hat). Für unvollständige Äußerungen gilt allgemein, daß ihr Funktionieren stärker als bei vollständigen vom Kontext abhängt, in dem sie stehen. Auf das Thema der Äußerungen und ihres Kontextes werden wir im Kapitel "Kotexte und Kontexte" zurückkommen, nachdem wir uns zunächst mit der internen Struktur von Äußerungen beschäftigt haben.

Äußerungen

Die Semiosphäre besteht aus miteinander vernetzten und interferierenden Äußerungen.

Äußerungen sind Kommunikationsakte, gleich welcher Art.

Der Unterschied zwischen Äußerungen und anderen Phänomenen liegt in den Kriterien der Wahl und der Arbitrarität.

Das Kriterium der Wahl bedeutet, daß der Produzent einer Äußerung die Wahl hat, eine Äußerung zu produzieren oder nicht, oder eine ganz andere Äußerung zu produzieren.

Das Kriterium der Arbitrarität bedeutet, daß die Form einer Äußerung in keinem ursächlich-notwendigen Zusammenhang mit ihrer Botschaft bzw. Inhalt steht. Die Formen von Äußerungen sind für jede Kultur frei wählbar.

Äußerungen lassen sich von anderen Äußerungen durch die Kriterien der Kohärenz des Produzenten, des Kontextes und des Adressaten abgrenzen.

Anmerkungen

1 Dieser Begriff stammt von dem Schweizer Linguisten Ferdinand de Saussure; vgl. Saussure [2]1967, S. 79f.

2 Dieses Beispiel zeigt, daß komplexe Äußerungen aus Äußerungen und anderen Dingen bestehen können; wir werden dies später bei der Untersuchung des Zeichenbegriffs näher erläutern.

Elemente von Äußerungen: Die Zeichen

Wir haben uns nun einen Überblick über die Semiosphäre verschafft, haben ihre Grenzen bestimmt und festgestellt, daß sie intern aus einem vielschichtigen Netz von Äußerungen besteht. Unsere nächste Aufgabe ist es nun, uns die Äußerungen etwas näher anzusehen, ihren Aufbau zu analysieren.

Im wesentlichen bestehen Äußerungen aus Größen, die man in der Semiotik *Zeichen* nennt – ein Begriff, der in semiotischen Untersuchungen, in den letzten Jahren aber auch in vielen modischen philosophischen Texten auftaucht (man muß nur an die Bücher des französischen Philosophen Jean Baudrillard denken[1]). In sehr vielen dieser Texte, auch in solchen, die von ihren Autoren explizit als „semiotische" bezeichnet werden, wird der Zeichenbegriff sehr ungenau und oft auch widersprüchlich gebraucht. Man weiß oft gar nicht, was der Autor nun genau unter einem Zeichen versteht, und vor allem hat man oft den Eindruck, daß die unterschiedlichsten Phänomene, insofern sie nur irgend etwas mit Kommunikation zu tun haben, als Zeichen „bezeichnet" werden. Wir wollen daher im folgenden versuchen, eine Schneise in diesen Begriffsdschungel zu schlagen und uns auf eine klare Bestimmung des Zeichenbegriffs und eine Abgrenzung der Zeichen von anderen Phänomenen, die oft mit ihnen verwechselt werden, zubewegen.

Alltagssprachlich benennen wir äußerst heterogene Phänomene als „Zeichen": In der Zeitung lesen wir von den „Zeichen der Zeit". Jemand, dem eine schwarze Katze über den Weg läuft, mag das für ein „schlechtes Zeichen" halten, seinem Nachbarn juckt derweil die Nase, und er verkündet augenzwinkernd, das sei „ein gutes Zeichen" und „bedeute", daß er bald unvorhergesehene Einkünfte haben werde. Ampeln und Schilder am Straßenrand nennen wir „Verkehrszeichen", genauso wie wir sagen, Rauch sei ein „Zeichen" für Feuer oder schwarzdunkle Wolken und ein merkwürdig gelblicher Schimmer am Horizont das „Zeichen" für einen unmittelbar bevorstehenden sommerlichen Gewittersturm, während der Angehörige einer Naturreligion diese Konstellation darüber hinaus noch als „Zeichen" dafür ansehen mag, daß die Götter zürnen. Wir legen eine alte Postkarte zwischen die Seiten eines Buches und nennen sie dann ein „Lesezeichen". Die Gebete der Christen werden vom „Kreuzzeichen" begleitet und die Narbenmuster auf der Haut von Angehörigen primärer Kulturen interpretieren wir als „Stammeszeichen". Zwei Geheimagenten mögen vor ihrem ersten Treffen vereinbaren, daß der eine sich dreimal mit dem Zeigefinger über den Nasenrücken streichen wird: das sei dann das „Erkennungszeichen". Selbstverständlich sind für uns die arabischen Ziffern „Zahlzeichen", die Buchstaben des Alphabets sind „Zeichen", ebenso wie die Wörter, die Sie gerade lesen.

Was diese ansonsten doch recht unterschiedlichen Beispiele verbindet, ist die Tatsache, daß alle genannten Phänomene – die Gleise, die schwarze Katze, die dunklen Wolken, der Rauch, bestimmte Handbewegungen, die Ziffern und Buchstabenfolgen – auf etwas anderes verweisen als auf sich selbst. „Aliquid stat pro aliquo" lautete die formelhafte Wiedergabe dieses Phänomens in der antiken Semiotik[2] – etwas steht für etwas anderes – und damit schien bis in unser Jahrhundert hinein festgeschrieben, daß alle derartigen Phänomene „Zeichen" sind und damit auch Gegenstand der wissenschaftlichen Semiotik sein müßten.

Das fundamentale Mißverständnis bei dieser Auffassung besteht aber darin, daß in diesem Modell jegliche Entnahme von Information aufgrund von Wahrnehmung bereits als semiotisch eingestuft wird und dabei die spezifischen Merkmale, Eigenschaften und Leistungen von „echten" Zeichen und damit von semiotischer Kommunikation nicht genügend beschrieben und analysiert werden konnten – die Semiotik wurde so zu einer Wissenschaft, die über „alles" redet, und damit häufig eine, die nichts Spezifisches über die menschliche Kommunikation herausbrachte.

Aus (wissenschafts-)theoretischen Gründen muß eine moderne Semiotik allerdings eine andere Sichtweise vertreten, die letztlich dazu führt, gesellschaftliche Kommunikation jenseits individualpsychologischer oder universalistisch-philosophischer Annahmen besser beschreiben, verstehen und schließlich praktisch modellieren zu können. Zumal in unserer Kultur die Zeichenproduktion ständig zunimmt und Zeichenprozesse für die „Informations- und Kommunikationsgesellschaft" immer wichtiger werden.

Immer mehr Menschen werden immer abhängiger von „Informationen" und „Bedeutungen", die ihnen nicht mehr direkt zugänglich sind, sondern einzig medial, also zeichenhaft vermittelt werden.

Um so relevanter wird es, die Unterschiede zwischen unmittelbarer und semiotischer Wahrnehmung, Informationsentnahme und Interpretation von „Realität" herauszuarbeiten.

Daher ist es für Leserinnen und Leser, die sich in semiotische Theorie und semiotisches Denken einarbeiten wollen, wichtig, von Beginn an zu verstehen, wie sich allgemeine Wahrnehmungen, Anzeichen- und Zeichenfunktionen unterscheiden.

Wahrnehmung, Realität, Zeichen und Anzeichen

Wahrnehmen heißt in erster Linie, Differenzen wahrzunehmen. Unser gesamter perzeptiver und kognitiver Apparat ist darauf angewiesen, daß das Umfeld, in dem wir leben, die „Welt", einerseits in ständiger Veränderung begriffen ist und andererseits dabei gleichzeitig genug Konstanz aufweist, so daß wir diese Veränderungen vor der Folie bereits bekannter Strukturen noch erkennen und „verarbeiten" können. Sowohl unsere individuellen als auch unsere kollektiven Konstruktionen von „Realität", das „Weltbild" der Kultur, der wir angehören, basieren auf der Feststellung von Äquivalenzen – etwas ist gleich geblieben, etwas ist etwas anderem in bestimmten Aspekten ähnlich – und Differenzen – etwas hat sich verändert, hat Merkmale hinzugewonnen oder verloren.

Es gibt eine ganze Reihe von Belegen dafür, daß unsere Wahrnehmung nicht in dem Sinne „objektiv“ ist, daß sie uns ein meßbar genaues Abbild der „Welt da draußen“ liefern könnte. Die Biologen Maturana und Varela vergleichen biologische Systeme – und eben auch den Menschen – mit einem U-Boot-Fahrer, der die Welt außerhalb seines fensterlosen Gefährts nur aufgrund der Anzeigen auf seinen Geräten erfährt. Ob er Schiffbruch erleidet oder überlebensfähig ist, hängt davon ab, daß es ihm gelingt, die Ausschläge auf seinen Instrumenten adäquat zu interpretieren – derart, daß er bei einer gewissen Anzeige etwa die Richtung seines Bootes ändert. Daß die Stellung der Instrumentenzeiger „in Wirklichkeit“ ein Riff abbildet, und wie ein solches Riff „in Wirklichkeit“ aussieht, weiß er nicht und muß es auch nicht wissen, solange das, was er aufgrund seiner Wahrnehmungen als Struktur der Welt annimmt, mit der Struktur der Welt in den entscheidenden Punkten übereinstimmt.

Offenkundig haben wir uns bis jetzt noch erfolgreich an

Der Zeichenbegriff in der semiotischen Tradition

Der Begriff des „Zeichens“ hat nicht nur alltagssprachlich eine vielfältige und oft unscharfe Bedeutung (wir sprechen ja häufig davon, daß irgend etwas ein Zeichen für etwas anderes sei), sondern auch in der Geschichte der Philosophie und der Sprachwissenschaft; die Versuche, semiotische Definitionen kritisch darzustellen, füllen meist ganze Bände (vgl. z.B. Eco 1972, Trabant 1989). Wir legen in diesem Buch ein ganz bestimmtes Zeichenmodell zugrunde, und zwar das des Schweizer Sprachwissenschaftler Ferdinand de Saussure (1857-1913) (das eben wie beschrieben ein Zeichen als Zweiermenge aus Signifikant und Signifikat definiert), und zwar aus den pragmatischen Gründen der theoretischen Plausibilität und der praktischen Anwendbarkeit. Zum einen ist dieses Modell stark genug, um semiotische Zeichen verschiedenster Kodes (z.B. sprachliche, bildliche, künstlerische oder soziale) und die mit ihrer Hilfe gemachten Äußerungen beschreiben zu können und diese Zeichen von anderen in menschlicher Kommunikation vorkommenden Elementen (wir werden auf solche Elemente wie Äquizeichen oder Abbildungen noch eingehen) unterscheiden zu können. Zum anderen ist jedoch dieses Modell auch schwach genug, um zu verhindern, daß eine semiotische Grundlagentheorie von vornherein bereits mit nicht genuin semiotischen Inhalten aufgeladen wird. (Dies impliziert wiederum natürlich einen ganz bestimmten Begriff von Semiotik). Solche nicht genuin semiotischen Inhalte lassen sich grundsätzlich in zwei Klassen einteilen: In die Klasse der psychologistischen Inhalte und in die der ontologischen. Psychologistisch wäre eine Semiotik, die in ihre Theorie auch Aussagen darüber einbaut, was in den Köpfen der Kommunikationspartner vorgeht, wie Inhalte mental verarbeitet werden; dazu ist zu sagen, daß letztlich eine Lösung dieses Problems nur von Psychologie oder Neurologie in einer wohl nicht allzu nahen Zukunft zu erwarten ist. Wenn allerdings irgend wann einmal die Vorgänge der Informationsverarbeitung im Gehirn hinreichend erforscht sein werden, dann wird die Neurologie natürlich eine wichtige Hilfswissenschaft für die Semiotik sein. Ontologische Inhalte dagegen wären solche, die in die semiotische Theorie implizit oder explizit qualitative Aussagen über die Realität „einschmuggeln"; etwa wenn Zeichen so definiert werden, daß sie in einer ganz bestimmten eineindeutigen Relation zu naiv als existent vorausgesetzten Objekten stehen. Ein Beispiel für eine solche ontologisch vorbelastete Semiotik wäre die Auffassung der Aufklärungsphilosophie, die eine Isomorphie zwischen „Sprache" und „Welt" behauptete (vgl. Titzmann 1984). Ob eine Semiotik nun psychologistische oder ontologische Prämissen voraussetzt – immer steht ihre Zeichentheorie auf den wackligen Füßen von rein postulativen und/oder noch nicht genügend verifizierten Theoremen. Das Grundmodell de Saussures hat dagegen den Vorteil, nur die Zeichen und die mit ihrer Hilfe gemachten Äußerungen zu betrachten; erst wenn man das Funktionieren der Zeichen als solche versteht, kann man sie in Beziehung zu weiter ausgreifenden (psychologischen, sozialen oder auch philosophischen) Fragestellungen setzen.

Eine Entscheidung für dieses Zeichenmodell ist eine gegen einen Großteil der vor allem in den letzten 100 Jahren entstandenen Zeichentheorien. Dies gilt vor allem auch für die neben der de Saussures auf die Entwicklung der Semiotik einflußreichsten Theorie, die des amerikanischen Semiotikers Charles Sanders Peirce (1839-1914). Peirce definiert das Zeichen im wesentlichen als eine triadische Relation aus einem „Repräsentamen" (in etwa mit dem Saussureschen „Signifikanten" identisch), einem „Interpretanten" und einem „Objekt". In den beiden letzteren Begriffen liegt die Problematik seines Ansatzes. Auch wenn mit dem „Interpretanten" nicht ein konkreter, interpretierender Mensch gemeint ist, sondern „irgendein interpretierendes Bewußtsein"

eine Welt angepaßt, die eine dynamische Struktur aufweist, die also konstante und sich verändernde Anteile hat. Und in unser Wahrnehmung bemühen wir uns parallel dazu aktiv, bestimmte Anteile als konstant zu interpretieren und andere quasi analytisch zu behandeln:
Einmal identifizierte und unterschiedene Objekte beispielsweise werden von unserem Gehirn in relevanten Merkmalen als konstant verarbeitet, obwohl sich diese Merkmale unter wechselnden Bedingungen meßbar verändern.
Humberto Maturana und Francisco Varela führen in ihrem Buch „Der Baum der Erkenntnis" das Beispiel einer Apfelsine an, die vom Inneren eines Hauses in den Garten getragen wird. Für uns hat die Apfelsine immer die gleiche Farbe, obwohl sie im Haus etwa durch das kurzwellige, blaue Licht einer Neonröhre beleuchtet wurde, und im Garten durch das vorwiegend langwellige, rote Licht der Sonne.[3]
Da es offenbar keinen physikalischen Grund dafür gibt, weshalb die Apfelsine für uns beim Wechsel der Lichtquellen ihre Farbe nicht ändert, schließen Maturana und Varela, daß dieses Phänomen nur durch gelernte Wahrnehmungsmuster erklärbar ist: Wir haben gelernt, daß

eine Apfelsine eine ganz bestimmte Farbe hat, und wir nehmen sie daher in verschiedenen physikalischen Kontexten in dieser Farbe wahr. Andererseits streben bereits kleine Kinder aktiv danach, Gegenstände oder Töne aus verschiedenen Perspektiven wahrnehmen zu können, um durch die Differenz der Wahrnehmung nach Bewegung, Drehen des Kopfes etc. neue und genauere Informationen gewinnen zu können.[4]
Das faszinierende bei diesem Umgang mit den durch Wahrnehmung erhaltenen Daten ist, daß sich dabei trotz aller individueller Unterschiede sowohl gattungsintern als auch – in unserem Zusammenhang noch wichtiger – kulturintern Konventionen bildeten, die intersubjektiv gelten: Angehörige derselben Kultur teilen Wahrgenommenes in hohem Grade ähnlich und nach den gleichen Prinzipien ein, nehmen die gleichen Differenzierungen und Relationen wahr, wenn sie unter ähnlichen Bedingungen perzipieren.[5] Mit anderen Worten: Wir teilen tatsächlich bereits auf der Ebene der Verarbeitung von Wahrgenommenem ein grundlegendes Konstrukt von Welt, ein Klassifikationssystem der Realität. Nur auf dieser Grundlage können Men-

(Trabant 1989, S.34), ist klar, daß, will man ein solches Bewußtsein konkret beschreiben, letztlich psychologistisch/neurologische oder aber philosophische Prämissen über die Merkmale eines solchen Bewußtseins vorausgesetzt werden müssen. Die meisten Anhänger von Peirce würden zwar weit von sich weisen, solche Prämissen zu unterstellen, drücken sich aber gleichzeitig um eine genaue Definition des Interpretanten – eben weil es nicht möglich ist, ihn ohne solche Prämissen zu beschreiben. Auch der dritte Begriff, der des Objekts, führt zu ählichen Problemen, diesmal bezüglich impliziter ontologischer Prämissen (vgl. die Ausführungen zur Referenz in diesem Buch).

Neben dem aus linguistischen Wurzeln stammenden Zeichenmodell de Saussures und der eher erkenntnistheoretisch-philosophisch orientierten Theorie von Peirce ist als dritte einflußreiche Richtung der Zeichentheorie die behavioristische Semiotik zu nennen, die vor allem von C.W. Morris beeinflußt wurde. Er geht ausschließlich von der Ebene der Zeichenbenutzung aus. Das „Zeichen“ ist bei ihm im wesentlichen das, was bei Saussure der Signifikant ist; damit sein Modell in der Praxis funktionieren kann, führt er ebenfalls einen „Interpretanten“ ein, der bei ihm aus Verhaltensdispositionen von Lebewesen besteht, aufgrund derer sie durch den Stimulus eines Zeichens adäquat auf ein „Designat“ (etwa gleichbedeutend mit dem „Objekt“) reagieren. Obwohl Morris sich stets dagegen verwehrt, mentalistische (oder psychologistische) Prämissen zu unterstellen, gelten auch hier die gleichen Vorbehalte, wie wir sie gegenüber Peirce geltend gemacht haben. Zudem zeigt die Entwicklung von Morris Theorieentwicklung, die ihn immer wieder zu Umformulierungen zwang, daß komplexe Systeme wie die menschliche Kommunikation offenbar nicht mit dem simplen behavioristischen Reiz-Reaktions-Schema hinreichend zu beschreiben ist.

Wer sich mit der Geschichte der Zeichentheorie und ihren verschiedenen Ansätzen näher beschäftigen will, dem seien folgende Bücher empfohlen:

Eco, Umberto: Einführung in die Semiotik. München 1972 (UTB 105). Eco breitet eine große Menge an Material aus; der Nachteil seines Buches ist allerdings, daß er einerseits eine Menge an Problemstellungen formuliert, jedoch kaum Lösungen anbietet.

Trabant, Jürgen: Zeichen des Menschen. Elemente der Semiotik. Frankfurt/Main 1989 (Fischer Taschenbuch 4190). Trabant gibt im ersten Teil eine kurze Einführung in die verschiedenen Zeichentheorien und stellt im zweiten Teil eine – nur bedingt brauchbare – handlungstheoretische Zeichentheorie vor.

schen gemeinsam handeln und sich verständigen.
In unserer einleitenden Vorstellung der Semiosphäre haben wir das Beispiel eines Menschen gewählt, der sich durch eine Stadt bewegt. Er versucht sich zu orientieren, und das heißt zunächst, er vollzieht Operationen, die sich in vergleichbaren Situationen bereits als sinnvoll erwiesen haben.[6] Er sucht nach Hinweisen, Informationen und Zeichen, die ihm in seinem Sinne funktionales Handeln erlauben. Wo Hinweisschilder und eigene Ortskenntnis nicht ausreichen, wird anhand eines Stadtplans und mit Hilfe direkter Kommunikation nach Orientierung gesucht. Aber es geht in unserem Beispiel ja nicht nur um Zeichen, die eine Orientierung im geographischen Raum ermöglichen, sondern auch um die adäquate Einschätzung des sozialen Raums und seiner Struktur. Die Materialität von Gebäuden verweist – meist im Verbund mit schriftlichen und ikonischen Äußerungen – auf die hierarchische Organsiation der Kultur, in der man sich bewegt; Gesten und verbale Äußerungen geben Auskunft über Gegensätze und Übereinstimmungen, Gruppenzugehörigkeiten und -grenzen.
Auch wenn wir noch nie in dieser Stadt gewesen sind, so bewegen wir uns in ihr doch nicht wie in einem völligen Neuland, sondern aufgrund eines Wissens über Städte und ihre erwartbare Organisation. Daß wir in einer solchen Situation auch aktiv nach bestimmten Objekten, wie beispielsweise Kreuzungen und Plätzen, großen, repräsentativen Gebäuden etc. suchen, hängt damit zusammen, daß im Klassifikationssystem der Realität, das auch von uns geteilt wird, eine ganz bestimmte strukturierte Menge von Elementen mit „Stadt“ verknüpft ist, die sozusagen eine Musterstadt konstruieren: Kognitionspsychologen nennen solche Muster „frames“ oder „Rahmen“.[7] Solche vorgeformten, erwartbaren Grundstrukturen gibt es nicht nur etwa für Räume (welche Elemente machen einen Raum zum Café, zur Kneipe, zum Restaurant, sondern für alle möglichen Phänomene bis hin zu Situationstypen (wie läuft eine Gerichtsverhandlung ab) und künstlerischen Äußerungen (wie sieht der erwartbare Plot eines Liebesfilms, einer Schauergeschichte, eines Bildungsromans aus). Das Vorhandensein weniger Grundelemente genügt dabei jeweils, um das Vorhandensein der übrigen Elemente des Musters zu erwarten und gegebenenfalls nach ihnen zu suchen.

In diesem Sinne ist die Stadt, die wir bei unserer ersten Erkundung der Semiosphäre als Beispiel beschrieben haben, eben durchaus nicht neu, sondern bezieht sich auf ein bereits bekanntes „Realitätssystem".

Jede Wahrnehmung teilt dieses Schicksal: Auch neue Eindrücke werden auf das bereits bestehende Klassifikationssystem der Realität bezogen und in diese bereits bestehende Struktur eingeordnet. Der Grad der Neuheit eines wahrgenommenen Phänomens mißt sich danach einzig am Grade der Übereinstimmungen und Abweichungen mit bereits Bekanntem. Gleichzeitig ist das total Neue nicht wahrnehmbar: Denn hätte es keinerlei Anknüpfungspunkte an bereits im Klassifikationssystem vorhandene Klassen, wäre es in diesem auch nicht positionierbar und interpretierbar, oder es würde als etwas anderes wahrgenommen, das im Realitätssystem der entsprechenden Kultur einen Anknüpfungspunkt hat. So würde vielleicht ein Indianerstamm, der noch nie Kontakt mit der westlichen Zivilisation hatte, ein tieffliegendes Flugzeug als etwas Vogelähnliches wahrnehmen und es als „Donner-Vogel, der von den Göttern gesandt ist", bezeichnen; die Anknüpfung des geheimnisvollen Objekts an die bekannten Klassen der Vögel und der zu den Göttern gehörigen Dinge wäre damit geglückt.

Wie unsere Beispiele gezeigt haben, gibt es aber unter semiotischen Gesichtspunkten offenkundig verschiedene Wahrnehmungsgegenstände: Einerseits identifizieren wir wahrgenommene Objekte und Strukturen direkt als das, was sie nach Maßgabe unserer Realitätsklassifikation sind. Die Perzeption aktiviert also unmittelbar einen bestimmten Punkt im Klassifikationssystem, und wir „wissen" dann, um was es sich handelt oder nicht handelt. Andere Phänomene allerdings scheinen sozusagen per Kurzschluß sofort und auf einen anderen Punkt weiterzuleiten, der gegenüber dem eigentlich wahrgenommenen als vorrangig behandelt wird: „Rauch" führt direkt zu „Feuer". Wieder andere aktivieren „Rahmen", die uns eine ganze Reihe strukturierter Phänomene als Muster sozusagen gleich mitdenken lassen.

Hier stoßen wir auf eine Kernfrage semiotischer Theorie: Ist alles Wahrnehmbare, das auf das Klassifikationssystem der Realität bezogen werden kann, jede Beobachtung, aus der wir Information gewinnen können, zeichenhaft oder sind es nur ganz spezifische Phänomene, die wir im semiotischen Sinne als Zeichen betrachten dürfen?

Sehen wir uns also die verschiedenen „Zeichen" in unseren Beispielen näher an, dann liegt ein erstes auffallendes Unterscheidungskriterium darin, daß manche von ihnen situationsunabhängig reproduzierbar sind, während es sich bei anderen um zufällige, von keinem Individuum steuerbare und damit nicht reproduzierbare Phänomene handelt.

Spione würden aller Wahrscheinlichkeit nach keine Vereinbarung treffen, bei der das Vorkommen eines natürlichen Phänomens als Erkennungsmerkmal diente: „Wenn du im Café X sitzt und dunkle Wolken aufziehen, dann bin ich in der Nähe" oder „Du erkennst mich daran, daß eine schwarze Katze meinen Weg kreuzt!". Der Grund dafür liegt auf der Hand: Um sich zuverlässig erkennen zu können, muß das Phänomen, das die beiden Agenten zum „Zeichen" erheben, jederzeit verfügbar und reproduzierbar sein (denn vielleicht sieht Agent A gerade nicht hin, wenn Agent B seine Nase berührt, also muß der Vorgang wiederholt werden können). Beide Bedingungen treffen auf Gewitterwolken und das Zustandekommen der Situation „Katze mit schwarzem Fell kreuzt den Weg eines Mannes“ nicht zu. Umgekehrt ist es gerade die Tatsache, daß solche Phänomene nicht verfügbar, nicht vorhersehbar und nicht beliebig wiederholbar sind, die den Abergläubischen in das Kreuzen der schwarzen Katze „Bedeutsamkeit“ und „Bedeutung“ hineinprojizieren läßt.

Zum Zwecke der Kommunikation aber müssen Zeichen die Eigenschaften haben, reproduzierbar und verfügbar zu sein: Nur dann habe ich die für Kommunikation konstitutive Wahl, ein Zeichen in einer beliebigen Situation zu äußern – oder auch nicht zu äußern.

Auf ein anderes, wesentliches Unterscheidungskriterium für sogenannte „zeichenhafte“ Phänomene hat der empirische Pädagoge, Wissenschaftstheoretiker und Strukturalist Jean Piaget aufmerksam gemacht. Bei seinen Studien über die Entwicklung der kognitiven Fähigkeiten von Kindern stellte er fest, daß die Fähigkeit, von einem Anzeichen auf das Vorhandensein eines anderen Phänomens oder das Folgen eines anderen Ereignisses zu schließen, früher einsetzt und kognitiv anders abläuft als der Umgang mit – wie er es nannte – „Symbolen“, also dem, was wir „echte Zeichen“ nennen würden.

Aus den oben genannten Gründen ist es unabdingbar, zwischen „Anzeichen“ und „Zeichen“ zu unterscheiden – eine Unterscheidung, die häufig in der semiotischen Forschung vernachlässigt oder sogar bewußt negiert wird, was jedoch zu großen Problemen führt, will man menschliche Kommunikation von anderen Formen der Informationsübermittlung unterscheiden.[8]

Bei Anzeichen geschieht der Verweis auf etwas anderes offenbar aufgrund einer erfahrungsbasierten Schlußfolgerung: Wenn schwarzblaue Wolken am Himmel erscheinen, dann wird es (wahrscheinlich) ein Gewitter (oder zumindest Regen) geben. Wenn Rauch aufsteigt, dann muß in der Nähe ein Feuer brennen (oder der Bühnenmeister hat den Nebelwerfer eingeschaltet). Das, was wir „Anzeichen“ nennen und das, was von ihm „bezeichnet“ wird, hängen in diesen Fällen also ursächlich und quasi naturgesetzmäßig zusammen. Beide Komponenten sind nicht voneinander trennbar, entstammen derselben Sphäre und bilden somit eine Einheit. So ist es keine Frage der Willkür oder der Zufallsauswahl, daß einer bestimmten meteorologischen Konstellation A eine Konstellation B folgt oder daß bestimmte Stoffe unter Rauchentwicklung verbrennen. Ebenso verhält es sich bei Krankheitssymptomen: Wenn unser Hausarzt sagt, der Schnupfen, der uns quält, sei das „Zeichen“ dafür, daß wir uns eine Infektion geholt haben, dann meint er selbstverständlich nicht, daß dieser Schnupfen dazu da sei, eine Infektion anzuzeigen oder gar zu „bedeuten“, sondern er teilt uns mit, daß aufgrund seines medizinischen Wissens dieser Schnupfen das Ergebnis einer Infektion sein muß (und nicht etwa die Folge von Zwiebelschälen oder Liebeskummer), und daß sich folglich vom Ergebnis – dem Schnupfen – auf die Ursache – die Infektion – schließen läßt.

Piaget schreibt hierzu: „Ein undifferenziertes Zeichen ist nämlich noch kein ‚Symbol‘ und kein ‚Zeichen‘ (im Sinne der verbalen Zeichen): es ist definitionsgemäß ein ‚Anzeichen‘ (zu denen auch die ‚Signale‘ gehören, die bei den bedingten Reflexen mitspielen, etwa der Glockenton, der dem Pawlowschen Hund die Nahrung anzeigt). Ein Anzeichen ist tatsächlich von dem, was es bezeichnet, in dem Sinne nicht verschieden, als es einen Aspekt (die weiße Farbe für die Milch), einen Teil (den sichtbaren Ausschnitt eines halbverborgenen Gegenstands), ein zeitliches Vorher (die Türe, die sich öffnet, wenn die Mutter eintritt), ein kausales Ergebnis (ein Flecken) usw. davon ausmacht.“[9]
Es gehören in jedem Falle eine Menge spezifischen Wissens – manchmal sogar Expertenwissens – und Erfahrung dazu, auf ein Anzeichen hin exakt einen bestimmten Realitätsausschnitt als dadurch „Bezeichnetes“ zu bestimmen. Wahrscheinlich handelt es sich um Milch, wenn das Getränk im Glas von weißer Farbe ist (aber womöglich ist es auch Kokoslikör), wahrscheinlich erscheint die Mutter, wenn sich die Tür zum Kinderzimmer öffnet (oder sollte es ausnahmsweise auch mal der Vater sein?) usw. Der Winterspaziergänger, der eine Spur im Schnee entdeckt, kann augenblicklich eine Tierspur von den Stapfen eines Menschen unterscheiden, vielleicht kann er auch noch bestimmen, daß ein kleines Raubtier hier entlanggelaufen ist, aber war es ein Fuchs oder ein Hund, ein Dachs oder Luchs? Der erfahrene Fährtensucher und Tierfreund dagegen wird unserem Spaziergänger unter Umständen sogar sagen können, daß es sich bei den Spuren eindeutig um die Abdrücke eines jungen Dachsmännchens handelt. Mit anderen Worten: Ob und inwieweit jemand etwas als Anzeichen behandelt, variiert stark in Abhängigkeit vom spezifischen Wissen und der spezifischen Erfahrung des Wahrnehmenden. Etwas als „Anzeichen“ zu interpretieren heißt also, ein wahrgenommenes Phänomen auf bestimmte Weise auf spezifische Wissensmengen zu beziehen. Und nicht nur das: Auch die Tatsache, ob überhaupt etwas als Anzeichen gewertet und entsprechend interpretiert wird, ist von Kultur zu Kultur unterschiedlich und hängt auch innerhalb ein und derselben Kultur stark von ihrem Wissen und ihrer Realitätsklassifikation ab. Geradezu lustvoll schildert Arthur Conan Doyle in seinen Sherlock Holmes-Romanen die Situationen, in denen der Meisterdetektiv entscheidende Details wahrnimmt und weitreichend auslegt, die sowohl der Polizei als auch seinem Gehilfen Watson völlig entgangen sind, oder – schlimmer noch – denen sie keinerlei „Bedeutung“ zuerkannten. Was den Romanhelden Holmes auszeichnet, ist seine Fähigkeit, Dinge, die andere nicht oder kaum wahrnehmen, als Anzeichen wahrzunehmen und mit ihnen umzugehen, als hätten sie eine klar definierte Bedeutung. Für ihn wird nahezu alles „zum (An)zeichen“, weil er in der Welt der Romane Conan Doyles über das größte, spezialisierteste Wissen verfügt. Es ist, als ob die Dinge mit ihm kommunizieren könnten, als „erzählten“ sie ihm sozusagen die Wahrheit über die Fälle, die er aufklärt, aber genau das tun sie natürlich nicht beziehungsweise nur in einem übertragenen Sinne.
Genausowenig kann man sagen, der Dachs „kommuniziere“ vermittels seiner Spur mit dem Fährtensucher und teile ihm mit: hier und in diese Richtung bin

ich gelaufen. Der Dachs hinterläßt, ebenso wie die Verbrecher in den Detektivgeschichten, keine Zeichen, sondern Spuren, und der Verbrecher hat in diesen Geschichten, so sehr er sich auch bemüht, wie der Dachs gar keine andere Wahl als solche Spuren zu hinterlassen. Damit ist aber eine notwendige Bedingung in diesen Fällen nicht erfüllt, die uns von Kommunikation sprechen lassen könnte: die Wahlmöglichkeit, etwas vermittels solcher Zeichen auf die eine oder eine andere Weise zu äußern oder nicht zu äußern.
Wie wir gesehen haben, sind Anzeichen, Spuren, Signale nicht etwa eine spezifische Art von Phänomenen, die zum Zwecke der Kommunikation da sind. Etwas als „Anzeichen“ zu bezeichnen verweist vielmehr auf die Tatsache, daß wir mit einem Wahrgenommenen so umgehen, als ob es sich dabei um ein Zeichen handelte. Anzeichen ist der Ausdruck für eine spezifische Art, mit Wahrgenommenem umzugehen: Das direkt Wahrgenommene wird aufgrund von Logik, Wissen und/oder Erfahrung mit einer anderen Größe verknüpft: Von Rauchschwaden über einem Waldstück schließen wir darauf, daß dort mit hoher Wahrscheinlichkeit ein Feuer entbrannt ist, und diese Hypothese ist es, die unser weiteres Handeln – etwa die Feuerwehr zu rufen – bestimmen wird.

Anzeichen

Anzeichen nennen wir alle wahrnehmbaren materiellen Phänomene, aufgrund derer wir mit Hilfe unseres Wissens, unserer Erfahrung und/oder (Alltags-)Logik auf vorausgegangene, vorhandene oder folgende Objekte und Ereignisse schließen. Anzeichen sind demnach kausal, temporal und/oder materiell sowie räumlich-konkret mit denjenigen Phänomenen verknüpft, die wir aus ihrem Auftreten folgern. Indizien, Spuren und Symptome sind allesamt Anzeichen und keine Zeichen. Markierungen sind arbiträre Anzeichen. Ob überhaupt etwas als Anzeichen erkannt und wie es interpretiert wird, hängt vom Wissen und der Wirklichkeitsauffassung derjenigen Kultur ab, der der Wahrnehmende angehört.

Menschen können mit jeglicher Wahrnehmung nach diesem Modell verfahren und subjektiv alles auf diese Weise „mit Bedeutung“ aufladen. Bestimmte Wahrnehmungsgegenstände verbinden sich für den einzelnen mit spezifischen Inhalten, mit persönlichen Stimmungen und Erfahrungen: Sie trug damals bei ihrer ersten Begegnung einen Strohhut, und wenn er heute eine Frau mit Strohhut sieht, wird sie für ihn zum „Symbol“ für Liebesleid und Liebesglück oder dergleichen. Für einen Menschen, der einmal von einem Hund gebissen und dabei empfindlich verletzt wurde, wird womöglich jeder Hund fortan Schmerz und Gefahr „bedeuten“.
In allen diesen Beispielen sind wir mit dem Sachverhalt konfrontiert, daß etwas Wahrgenommenes – der Rauch, die Frau mit Strohhut, der Hund – für denjenigen, der diese Wahrnehmung gemacht hat, in diesem Augenblick etwas anderes, nicht Wahrnehmbares „repräsentiert“ – Feuer, Liebe, Gefahr.

Aber zumindest in den beiden letzten Fällen ist von vornherein klar ersichtlich, daß diese „Bedeutungen" höchst zufällig und individuell sind. Ein anderer Zeitgenosse wird bei Frauen mit Strohhüten vielleicht an Hedwig Courts-Mahler und bei Hunden an Ruhestörung denken. Wollten wir unter diesen Voraussetzungen in den genannten Fällen ernsthaft von „Zeichenhaftigkeit" sprechen, müßten wir festhalten, daß Semiotik sich mit dem – zugegebenermaßen faszinierenden – Phänomen auseinandersetze, daß für Menschen „alles mögliche für alles mögliche stehen kann". Eine Feststellung, die wir gar nicht weiter empirisch untermauern müssen, da sie jedem Leser sofort einleuchtet, sobald er sich Rechenschaft über seine individuellen Assoziationen ablegt. Für eine solche Semiotik aber wäre jeder Mensch der Schöpfer eines individuellen Zeichensystems, dessen Elemente potentiell jeweils alles Wahrnehmbare und Denkbare umfassen könnten, und der Semiotiker müßte, um arbeiten zu können, Personen nach ihrem Zeichensystem befragen, müßte versuchen, in diesen individuellen Zeichensystemen etwaige Gesetzmäßigkeiten der Zeichenschöpfung zu finden, er müßte bei jeder Äußerung – sei es nun ein Satz, eine Geste, ein Film, eine Theateraufführung, ein Werbespot oder ein Buch – sowohl die Produzenten als auch die Rezipienten nach ihrer Intention beziehungsweise Interpretation befragen, selbstverständlich auch ihre Biografie und ihre Lebensumstände berücksichtigen. Nur leider würde er damit auch nicht sehr weit kommen, denn um all das herauszufinden wäre er ja wiederum auf individuelle Aussagen angewiesen, die ihrerseits erst einmal unter diesen Voraussetzungen interpretiert werden müßten – kurz, er geriete in einen unendlichen Regreß.

Wenn Zeichen der Kommunikation dienen, gleichzeitig aber individuelle Zuordnungen wie die oben beschriebenen „Zeichen" sein sollten, wie sollte mit ihnen kommuniziert werden? Wird der Verliebte einer Frau einen Strohhut aufsetzen, um ihr mitzuteilen, daß er sie liebt? Oder wird der Mensch mit dem Hundetrauma einen Hund herbeischaffen oder das Wort „Hund" herausschreien, wenn er seine Mitmenschen vor einer Gefahr warnen will? Wohl kaum – und wenn doch, dann mit wenig Aussicht auf Erfolg. Auf diesem Wege und mit solchen „Zeichen" zu kommunizieren wäre mehr als babylonisch.

Dabei ist doch die Grundstruktur in allen drei Beispielen die gleiche: Ein Phänomen wird wahrgenommen, auf die Realitätsklassifikation bezogen, aktiviert aber über den Umweg über das Wissen oder die Erfahrung eine mit ihr relationierbare andere Klasse, die dann relevant gesetzt wird.

Die genannten drei Beispiele lassen sich ihrerseits wieder in zwei Gruppen unterscheiden. Wie gesagt wird bei ihnen jeweils eine Wahrnehmung auf dem Umweg über das Wissen auf eine andere Größe bezogen. Im Falle von Rauch und Feuer wird dabei allerdings auf ein Wissen zurückgegriffen, das potentiell allen Mitgliedern der Kultur zur Verfügung steht: auf jene Wissensmenge also, die man als „kulturelles Wissen" bezeichnen kann.[10] In den beiden anderen Fällen sind es dagegen persönliche Erfahrungen, rein individuelle Wissensmengen, über die der Weg zu den Assoziationen „Liebe" bzw. „Gefahr" führt.

Die Struktur des Zeichens

Unsere Beispiele und Ausführungen haben gezeigt, daß Zeichen erstens immer Objektivationen menschlicher Tätigkeiten sind, die zweitens intersubjektiv und sozial funktionieren müssen, also den Charakter kultureller Institutionen haben. Zeichen sind drittens – im Gegensatz zu Anzeichen – ablösbar und unabhängig von dem, was sie bezeichnen. Die Bezeichnungsfunktion ist Bestandteil eines jeden Zeichens, was aber nicht heißt, daß das Bezeichnete selbst Bestandteil des Zeichens ist. Demgegenüber ist die Bedeutung des Zeichens ein notwendiger Bestandteil: Sie ist in aller Regel nicht etwas, das wir aufgrund des reinen Vorhandenseins oder des Erscheinungsbildes des Zeichens folgern können, sondern etwas, das wir kennen müssen – jeder, der jemals eine Fremdsprache gelernt hat, weiß, daß man der Gestalt eines Wortes nicht ansehen kann, was es bedeutet; er mußte die Bedeutung mehr oder weniger mühevoll erlernen.
Alle Zeichen bestehen somit aus zwei Komponenten: einem Erscheinungsbild und einem „Inhalt", oder anders ausgedrückt, aus dem materiellen Zeichenträger und der Bedeutung. Der Zeichenträger kann aus einer Buchstaben- oder Lautfolge bestehen, er kann ein Bewegungsablauf sein wie bei der Geste oder eine komplexe Anordnung von dunklen Flächen auf einem hellen Untergrund wie bei Piktogrammen. Diesen materiellen Aspekt des Zeichens nennt man „Signifikant".[11] In der Theorie der Zeichen kann der Signifikant als ein ideales Modell des Zeichenkörpers aufgefaßt werden, auf das sich jede Realisation dieses Zeichens in der Kommunikation beziehen läßt. Nehmen wir als Beispiel das geschriebene Wort „Semiotik": es ist im vorliegenden Text in einer bestimmten Type, einer bestimmten Größe geschrieben. Wir können seine Gestalt selbstverständlich variieren und fett **Semiotik** schreiben oder kursiv *Semiotik* usf. Jedesmal haben wir es mit einem speziellen Vorkommen des Signifikanten (der Buchstabenfolge S-e-m-i-o-t-i-k) zu tun, die sich untereinander zwar leicht unterscheiden, aber als Repräsentationen ein und desselben Modells, des Signifikanten „Semiotik" erkennbar sind. Der Signifikant ermöglicht und sichert also die Reproduzierbarkeit und (Wieder-)erkennbarkeit des Zeichens. Nun ist selbstverständlich nicht alles, was als Realisation eines Modells aufgefaßt und wiedererkannt werden kann, auch schon ein Zeichen. Mit dem Zeichenkörper, dem Signifikanten, muß eine bestimmte Bedeutung verknüpft sein, eine bestimmte Wissensmenge, die durch das Auftreten des entsprechenden Signifikanten regelmäßig abgerufen wird. Diesen Aspekt des Zeichens, seine Bedeutung, nennen wir mit dem semiotischen Fachbegriff das „Signifikat" des Zeichens. Erst die feste Relationierung einer bestimmten, lautlich, gestisch oder bildlich realisierbaren Gestalt mit einer definierten, intersubjektiv nachvollziehbaren Bedeutung macht ein Phänomen zum Zeichen. Im System der Geheimagenten aus dem obigen Beispiel ist demnach <dreimaliges Reiben der Nase mit dem Zeigefinger> der Signifikant, <Ich bin dein Kontaktmann> das Signifikat. Beides zusammen bildet eine Einheit – das Erkennungs-Zeichen. Wie wir gesehen haben, ist dieses Zeichen, diese speziel-

le Relationierung von Geste (Signifikant) und Bedeutung (Signifikat) eine willkürliche Setzung, andere Kombinationen wären ebenso denkbar. Zeichen sind, wie Saussure sagt, arbiträr.[12]

Die Bedeutung von Zeichen ist nun aber wiederum nur durch Zeichen wiederzugeben. Egal, aus welchem Zeichensystem ein Zeichen auch stammen mag, ob es sich um mimisch-gestische oder sprachliche Zeichen, um Piktogramme oder um das Schwenken von Flaggen handelt – immer können die Signifikate für eine Betrachtung auf der Metaebene in sprachliche Form übersetzt werden, denn die natürliche Sprache ist in jeder Kultur das allgemeinste, umfassendste Zeichensystem, das gleichzeitig intersubjektiv gut kodiert ist. Anders wäre beispielsweise ein Buch über Zeichen, das ja auch nicht-sprachliche Zeichen behandelt, gar nicht denkbar. Darin, daß Zeichen aus allen anderen Zeichensystemen letztlich natürlichsprachlich beschrieben werden können, aber umgekehrt nicht alle sprachlichen Äußerungen in jedes Zeichensystem rückübersetzbar sind, zeigt sich der privilegierte Status der natürlichen Sprache innerhalb der Semiosphäre. Das hängt auch damit zusammen, daß sich, nach allem, was wir wissen, auch die Ordnung unseres Wissens über die „Wirklichkeit" allgemein in der natürlichen Sprache widerspiegelt. Die Bedeutung von Wörtern/ Lexemen hängt jedenfalls stark von der Stellung ab, die sie in diesem Ordnungssystem einnehmen, von ihrer Beziehbarkeit, ihrer Relationierung mit anderen Lexemen dieses Systems, oder von semantischen Feldern, denen sie gleichzeitig angehören. Letztlich besteht somit die individuelle Bedeutung eines Zeichens in der besonderen Kombination semantischer Merkmale, die seine Position im jeweiligen Zeichensystem bestimmen. Signifikate, Bedeutungen sind also immer relativ komplexe Konstrukte, auch wenn sie uns durch den ständigen Umgang mit den entsprechenden Zeichen einfach und selbstverständlich erscheinen. So ist das Signifikat eines einzelnen Wortes, eines Lexems, als strukturierte Menge von semantischen Merkmalen beschreibbar, die zu diesem Zeichen gehören und die als Lexikoneintrag zur Erklärung dieses Wortes verwendet werden könnten. Das Signifikat des Wortes „Liebe" ist als die Menge der Merkmale beschreibbar, die unsere Kultur dem Phänomen Liebe zuschreibt (und je nachdem, wie sich der Liebesbegriff der Kultur ändert, wird sich auch diese Merkmalsmenge ändern).

Nun macht man bei vielen Begriffen die Erfahrung, daß sie sozusagen in eine konsensfähige Hauptbedeutung und möglicherweise mehrere, zum Teil unterschiedliche Nebenbedeutungen zerfallen. Bestimmte semantische Merkmale werden einem Signifikat von allen Benutzern des Zeichensystems zugeschrieben, andere nur von bestimmten Gruppen. Definitionen wie „starkes Gefühl der Zuneigung" oder „intensive emotionale Bindung" stellen in unserer Kultur offenbar für jedermann die Grundbedeutung von „Liebe" dar. Aber bereits ein drittes Definitionsmerkmal, „opferbereite Gefühlsbindung"[13], dürfte heute nicht mehr für jeden selbstverständlich zur Grundbedeutung des Lexems zählen. Während ein Zeitgenosse nun über die allgemeinste Definition hinaus mit dem Lexem „Liebe" vielleicht primär den Aspekt der Sexualität verbinden mag, war

für einen Vertreter der Empfindsamkeit im 18. Jahrhundert wahrscheinlich die Bedeutungskomponente „tugendhafte, allgemeine emotionale Zuneigung zur Menschheit" von entscheidender Bedeutung, während ein Christ womöglich eher das Merkmal der „Opferbereitschaft" in den Vordergrund stellen wird usw. Das Signifikat eines Zeichens hat also eine Basis, die primäre, allgemeinste Merkmalsmenge, und darauf aufbauend unter Umständen mehrere Zusatzmengen von Merkmalen. Die erste Komponente bezeichnen wir mit dem semiotischen Begriff „Denotat", die letzteren, fakultativen, nennen wir „Konnotate".[14]
Mit diesen Begriffen kann also die Menge der Bedeutungsmerkmale, die alle Mitglieder der Kultur teilen, von denjenigen unterschieden werden, die nur in bestimmten Kontexten auftreten und/oder gruppenspezifisch sind. Auch die Konnotate müssen also wiederum intersubjektiv gelten, um zum Zeichen gehören zu können. Rein subjektive Konnotationen, wie wir sie am Beispiel des Mannes, der mit einem Strohhut „Liebe" assoziierte, dargestellt haben, sind dagegen nicht Bestandteil des Signifikats.
Selbstverständlich kann ein Zeichen auch ohne Konnotate im Signifikat auskommen. Bei Verkehrszeichen mit ihren eindeutig definierten Signifikaten und klar umrissenen Funktionen erschöpft sich das Signifikat im Denotat (auch wenn der eine oder andere Autofahrer vielleicht beim Anblick eines Halteverbotsschildes gewisse Erfahrungen mit Strafzetteln assoziieren mag).

Zeichen

Zeichen bilden die Grundlage der Kommunikation. Anders als Anzeichen gehören sie ganz und gar der kulturellen Sphäre an und stehen in keiner kausalen, materiellen, temporalen Relation zu dem, was sie bezeichnen: in dieser Hinsicht sind sie arbiträr und autonom. Sie sind das Ergebnis einer ausdrücklichen oder unausgesprochenen, aktuellen oder tradierten sozialen Übereinkunft zwischen mindestens zwei Zeichenbenutzern, zwischen denen ein – bewußter oder bereits zur Selbstverständlichkeit gewordener – Grundkonsens über ihre Anwendung und ihre Bedeutung herrscht. Wenn wir also Zeichen betrachten, betrachten wir sie als Objektivationen sozialer Tätigkeit, wir betrachten und beschreiben etwas, was zwischen Menschen ausgetauscht wird, nicht etwa das, was in den Köpfen von Individuen ausgelöst wird oder intendiert war. Zeichen bestehen immer aus zwei Grundelementen: dem Signifikanten – also dem materiellen Zeichenträger – und dem Signifikat, der Bedeutung des Zeichens. Mengentheoretisch ausgedrückt: Ein Zeichen ist eine Zweiermenge aus Signifikant und Signifikat ({Signifikant, Signifikat}). Ein Signifikat ist seinerseits eine Zweiermenge aus Denotat und Konnotat ({D,K}); die beiden Elemente dieser Zweiermenge sind Mengen von semantischen Merkmalen. Das Konnotat kann die leere Menge sein, wenn alle Benutzer des Zeichens diesem genau die gleichen semantischen Merkmale zuschreiben. Ein Zeichen, bei dem man von evtl. existierenden Konnotaten absieht und ausschließlich das Denotat im Signifikat betrachtet, nennen wir Basiszeichen. Verschiedene nicht leere Konnotate K1...Kn zu einem Basiszeichen ergeben die Signifikatsvarianten S1...Sn.

Anmerkungen

1 Beispielsweise Baudrillard 1982. Eine ausführliche Auseinandersetzung mit den semiotischen Philosophemen Baudrillards findet sich in Müller/Sottong 1993.

2 Vgl. Trabant 1989, S. 26; Eco 1985, S. 73

3 Maturana/Varela 1987, S. 26. Überhaupt scheint die Herstellung von Kohärenzen, auch auf Ebenen höherer Komplexität, ein Grundzug menschlicher Wahrnehmungs- und Erlebnisverarbeitung zu sein. Auch hierfür bieten Maturana/Varela eindrucksvolle experimentelle Beispiele. 246ff.

4 Vgl. Neisser 1979, S. 55ff

5 „Was wir Wirklichkeit nennen, ist nur die Wirklichkeit des Menschen." Pöppel 1987, S. 147. Tatsächlich gibt es bei der „Konstruktion der Wirklichkeit" durch Menschen bedeutsame Übereinstimmungen, so daß wir mit Recht von der „Wirklichkeit des Menschen" sprechen können. Darüber hinaus sind Unterschiede in der Konstruktion der Wirklichkeit zunächst jeweils kultur- und gruppenspezifisch und erst zuletzt und jeweils nur in Abweichung von solchen Modellen „individuell". Daher bedeutet die Feststellung der Konstruiertheit unserer „Welt-Bilder" noch lange nicht, daß jeder Mensch ein unvergleichlich individuelles und damit auch nicht wirklich kommunizierbares „Welt-Bild" konstruiere: diese Folgerung zu ziehen ist eine Falle, in die der radikale Konstruktivismus nur allzu oft tappt.

6 zum Begriff der Orientierung Schulze 1994

7 Neisser 1979, Goodman 1990

8 Vgl. Ecos Diskussion über die obere und untere Schwelle der Semiotik (Eco 1972, 31ff). Die Notwendigkeit einer klaren Unterscheidung zwischen echten Zeichen und Phänomenen, aus denen Informationen geschlossen werden können, haben Piaget/Inhelder ^{2}1987 deutlich herausgesetllt.

9 Piaget/Inhelder ^{2}1987, S. 61f

10 Zum Begriff des „kulturellen Wissens" vgl. Titzmann, 1977, S. 268: „Das kulturelle Wissen läßt sich beschreiben als Gesamtmenge dessen, was eine Kultur, bewußt oder unbewußt, explizit-ausgesprochen oder implizit unausgesprochen, über die ‚Realität' annimmt, inklusive der Frage selbst, was sie überhaupt als ‚Realität' annimmt; d. h. als die Menge aller von dieser Kultur für wahr gehaltenen Propositionen."

11 Diese Begrifflichkeit lehnt sich an die von Ferdinand de Saussure an, der zwischen „signifiant" und „signifié" unterscheidet. Saussure 21967, S. 78.

12 Saussure ^{2}1967, S. 79f.

13 nach Wahrig 1991

14 Vgl. zu diesen Begriffen auch Titzmann 1977, S. 46 ff.

Kontextgebundene Zeichen: Die Äquizeichen

Wie der vorhergehende Abschnitt gezeigt hat, können Phänomene, die wiedererkennbar und willkürlich reproduzierbar sind, von Menschen beliebig als Zeichen gesetzt und benutzt werden. In unseren Beispielen erfolgte dies durch explizite Verabredung: Das Phänomen x als Signifikant soll das Signifikat y haben. Damit haben wir bereits eine Weise kennengelernt, auf die neue Zeichen in die Kultur einfließen können. Gerade in einer Kultur wie der unseren, in der die massenmediale Verbreitung von Information zu einem häufigen Wechsel von Moden und Trends und zur weiten Verbreitung von Wissen auch über die unterschiedlichsten (Sub-)Kulturen führt, können wir die Einführung und Verbreitung immer neuer Zeichen häufig quasi mitverfolgen.

Viele dieser neuen Zeichen werden aber durchaus nicht durch eine explizite Absprache unter den Zeichenbenutzern geboren, sondern entstehen aufgrund von wiederholten Verknüpfungen und Selektionen innerhalb bestimmter Kontexte – und nur in diesen erfüllen sie dann eine Funktion, die der echter Zeichen äquivalent ist. Wir nennen diesen Typ von zeichenähnlichen Phänomenen daher Äquizeichen.

Kehren wir zum Zweck einer ersten Annäherung an unser Konzept des Äquizeichens nochmals kurz zu dem Mann zurück, in dessen Biografie ein Strohhut eine prominente Rolle bekleidet. Unser Verliebter könnte seiner Angebeteten nämlich gelegentlich seine Lebensgeschichte erzählen, in der dann die Strohhutepisode einen zentralen Platz einnähme. Wenn er ihr dann später einen Strohhut aufsetzt und sie recht herzlich küßt, könnte die Frau das mit einigem Recht als Liebeserklärung werten. Womöglich erschiene sie zum nächsten Rendezvouz mit Strohhut. Was vorher lediglich eine Assoziation des Mannes gewesen war, in der die Wahrnehmung einer Frau mit Strohhut subjektiv die Erinnerung an eine ganz bestimmte Frau und ihre Rolle in seiner Biografie evoziert hatte, ist nun ein gemeinsames Wissen in der „Kultur" dieses Paares geworden, die durch das quasi ritualisierte Aufsetzen oder Tragen des Strohhutes in bestimmten Situationen als (Äqui-)Zeichen für die Existenz wechselseitiger emotionaler Zuwendung fungieren kann. Äquizeichen deshalb, weil das Tragen und Aufsetzen des Strohutes streng genommen an ganz bestimmte Konstellationen geknüpft ist, soll es diese zeichenhafte Funktion auch tatsächlich erfüllen. Denn der Hut hat keinerlei zeichenhafte Funktion mehr, sobald die Frau ihn aufsetzt, um beispielsweise zum Einkaufen zu gehen.

Da die Kombinatorik bestimmter Umstände hier für die Zeichenfunktion von entscheidender Bedeutung ist, läßt sich der Status des Strohhutes als Äquizeichen eventuell auch von einer außenstehenden Person rekonstruieren. Nehmen wir an, unser Paar hat eine gemeinsame langjährige Freundin, die feststellt, daß die Frau immer am Hochzeitstag und jedes Jahr im Frühling – ungeachtet des Wechsels von Wetter und Moden – denselben Strohhut trägt. Irgendwann wird sie bei einer solchen Gelegenheit vielleicht zu ihrer Freundin sagen „Du hast ja heute wieder deinen Liebeshut auf!“, die Freundin wird ihr die Hutgeschichte erzählen und sie in diesen speziellen Kode einweihen. Umgekehrt wird das Fehlen des Hutes innerhalb der definierten Konstellation – der Mann und die Frau zusammen zu ganz bestimmten Zeitpunkten – wiederum mit Bedeutung aufgeladen. Er setzt ihr den Hut den ganzen Frühling lang nie auf – liebt er sie nicht mehr? Sie setzt den Hut am Hochzeitstag gleich wieder ab – hat sie einen anderen? Zwar bedeutet das Fehlen des Äquizeichens als Element der bekannten Konstellation nicht zwingend, daß das je oppositionelle Signifikat gilt, aber in jedem Falle evoziert es hohen Interpretationsbedarf, und es wird mit Sicherheit eine explizite Stellungnahme nötig. Mit anderen Worten: die Absenz eines innerhalb eines bestimmten Kontextes häufig benutzten Äquizeichens innerhalb dieses Kontextes wird seinerseits zum Äquizeichen für eine potentielle relevante Veränderung.

Wir können also sagen, daß sich das Äquizeichen vom Zeichen strukturell auf der Ebene des Signifikanten unterscheidet. Genügt beim Zeichen ein materieller Zeichenträger auf der Signifikantenseite, ist dieser beim Äquizeichen notwendig, aber nicht hinreichend. Zusätzlich müssen noch weitere kontextuelle Bedingungen erfüllt sein, um die Zeichenhaftigkeit zu garantieren.

Ein weiteres Beispiel soll dies erläutern. Wenn wir unseren Nachbarn Freitags abends aus dem Haus gehen sehen und dabei feststellen, daß er im Revers seines Anzugs eine gelbe Nelke trägt, können wir eine Reihe von Vermutungen darüber anstellen, ob diese Nelke vielleicht ein Zeichen ist. Viel mehr bleibt uns nicht übrig, denn in unserer Kultur existieren nur noch wenige ausdifferenzierte Kleiderkodes, die genau regeln, wann wer was tragen darf oder muß. Zwar argwöhnen wir, der Nachbar könne zu einem „blind date“ unterwegs sein, unter Umständen ist er aber auch nur zu seinem Chef eingeladen und hält die Nelke für eine unter Großbürgern angebrachte Ergänzung der Garderobe, oder er will schlicht über den Boulevard flanieren und gefällt sich mit der schmückenden Blume besonders gut. Auch halten wir die Möglichkeit, daß der Nachbar eigentlich BND-Agent ist und bei einem konspirativen Treffen versuchen könnte, ein paar Gramm Plutonium zu ersteigern, nicht für absolut undenkbar. Also folgen wir ihm und finden zu unserer Freude eine harmlosere und gleichzeitig semiotisch interessantere Erklärung für die Nelke unseres Nachbarn. Der nämlich steuert zielsicher eine Lokalität an, in der bekanntermaßen ältere Singles verkehren. Wie wir erfahren können, hat sich dort mit der Zeit unter einem Kreis von Gästen, der dort immer Freitags verkehrt, ein Nelken-Kode herausgebildet, der einerseits dazu dient, zufällig hereinschneiende Touristen und Neugierige zuverlässig von den Kennern unterscheiden zu können, und andererseits die Funktion hat, je nach Farbe der Nelke bestimmte Neigungen und Interessen der Anwesenden zu signalisieren und damit das Zusammenfinden gleichgesinnter Personen effizienter zu gestalten.

Die Nelke unseres Nachbarn können wir demnach als Äquizeichen deuten, deren genaues Signifikat wir aus Gründen der Diskretion nicht näher erforschen wollen. Wichtig ist in unserem Zusammenhang auch nur die Signifikantenseite, die, wie im vorhergehenden Beispiel wiederum aus einer genau definierbaren Menge von Bedingungen besteht: Nur wenn der Nelkenträger an einem Freitag genau dieses Lokal betritt, hat auch die Nelke ein eindeutiges Signifikat.

In diesem Falle besteht unser Signifikant also aus der Kombination eines Zeitpunktes mit einem geographischen Punkt und einem Gegenstand. In anderen Fällen dagegen kann es die Kombinatorik von Gegenständen sein, die den Signifikanten eines Äquizeichens ausmacht.

Wenn jedoch zwei Geheimagenten verabreden: „Wenn einer von uns eine Nelke im Knopfloch trägt, verfolgt er gerade einen feindlichen Spion", dann ist das physikalische Phänomen „Nelke im Knopfloch" ein echtes, gruppenspezifisches Zeichen für die Zweier-Gruppe der beiden Agenten: Es bedeutet innerhalb dieser Gruppe, wann immer es geäußert wird, das Gleiche, unabhängig von irgendwelchen zeitlichen oder räumlichen Kontexten. Auch wenn einer der beiden sich „nach Feierabend" zum Ausgehen eine Nelke ins Knopfloch steckt, weil er dies besonders schön findet, und der andere Agent sieht ihn zufällig damit über den Boulevard flanieren, hat das Zeichen für diesen (und er ist in diesem Fall ein relevanter Teil der Gruppe der Zeichenbenutzer) die einmal festgelegte Bedeutung – nur ist die Äußerung, die unser nelkenliebender Agent mit diesem Zeichen macht, falsch bzw. unwahr.

Der wichtigste Unterschied zwischen Zeichen und Äquizeichen ist also, daß es im Falle der Äquizeichen keinen kontextunabhängigen intersubjektiven Kode gibt, der einem bestimmten physikalischen Phänomen (oder einer Konstellation physikalischer Phänomene) als Signifikant ein bestimmtes Signifikat zuordnet. Äquizeichen fungieren nur in bestimmten Äußerungen in bestimmten Kontexten als etwas Zeichenähnliches: die Nelke hat nur an einem bestimmten Tag an einer bestimmten Örtlichkeit für eine bestimmte Gruppe zeichenhafte Funktionen, der Strohhut ebenso. Der Strohhut, zum Einkaufen getragen, hat keinerlei Bedeutung (in einem semiotischen Sinn), auch nicht für die Gruppe (das Liebespaar), das den Strohhut bisweilen als Äquizeichen benutzt, während ein sprachliches Zeichen – etwa das Wort „Strohhut" – völlig unabhängig von spezifischen Äußerungskontexten eine Bedeutung hat; kontextabhängig sind hier nur eventuelle konnotative Zusatzbedeutungen, nicht jedoch das Denotat als der Kern des Signifikats dieses Zeichens. Ebenso bedeutet ein „Durchfahrt verboten"-Schild unabhängig davon, wo es angebracht ist, „Durchfahrt verboten", auch wenn es etwa an einer Felswand hängt, in der es gar keine Möglichkeit des Durchfahrens gibt – die Äußerung, die damit gemacht wird, ist allenfalls sinnlos.

Der Unterschied zwischen Zeichen und Äquizeichen kann also kurz auf folgende Formel gebracht werden: Echte Zeichen haben innerhalb der zeichenbenutzenden Gruppe oder Kultur immer die gleiche Grundbedeutung, das gleiche Denotat, unabhängig davon, in welchen Äußerungen und in welchen Kontexten sie gebraucht werden. Äußerungs- und kontextspezifisch ändert sich allenfalls das Konnotat. Äquizeichen dagegen erhalten ihre Bedeutung nur in ganz bestimmten Äußerungen und Kontexten; außerhalb dieses Rahmens ist das physikalische Phänomen, das in ihm als Äqui-Signifikant für ein Äquizeichen diente, einfach nur ein physikalisches Phänomen, kein Bestandteil eines Zeichens. Besonders häufig finden sich Äquizeichen in künstlerischen Äußerungen, sei es im Film, in der Literatur oder im Theater. Wenn wir eine Theateraufführung besuchen, nehmen wir alles, was auf der Bühne sichtbar ist, als potentiell zeichenhaft an: Bühnenbild, Requisiten, Kostüme, Licht, Farben ... – alles, was im Alltag keine spezifisch zeichenhafte Funktion hat, kann im Verlauf der Inszenierung durch die Kombination mit anderen Elementen der Aufführung zum Zeichen werden. So bedeutet etwa ein Bühnenlicht in einer bestimmten Farbe, sagen wir: blau, zunächst einmal nichts. Wenn aber dieses blaue Licht immer dann leuchtet, wenn eine ganz bestimmte Figur in Gefahr ist, gegen die eigenen Werte und Normen zu verstoßen, ihr Ziel aus den Augen zu verlieren, ihre Freunde zu verraten usf., wird dieses blaue Licht semantisiert und im Kontext dieser Inszenierung zum Zeichen für drohenden Selbstverlust der entsprechenden Figur. Das blaue Licht kann in der Folge die Gefährdung des Ichs dieser Figur auch dann vermitteln, wenn diese selbst gar nicht auf der Bühne anwesend ist, beispielsweise wenn ihre Freunde über sie sprechen oder ihre Gegenspieler eine Intrige gegen sie spinnen. Die Aufladung des Phänomens „blaues Licht“ mit der Bedeutung „drohender Selbstverlust der Figur X“ geschieht dabei im Verlauf genau dieser Inszenierung durch die wiederholte Koppelung bestimmter sprachlicher Äußerungen – also bestimmter Textpassagen des Stückes –, in denen diese Person direkt oder indirekt vorkommt, mit ganz bestimmten Situationstypen. Vielleicht geht die Inszenierung in der Verwendung von Äquizeichen auch noch weiter und ordnet allen Figuren, die psychisch und moralisch gefährdet sind, ein Accessoire zu, das die Farbe „Blau“ hat – eine blaue Schleife, einen blauen Rock, blaue Schuhe, einen blauen Stock. Durch diese rekurrente Koppelung wäre nun die Farbe „Blau“ insgesamt zum Äquizeichen für „Labilität“/„Gefährdung“ psychischer und charakterlicher Integrität geworden.[1]

Daß wir in diesem Falle ausdrücklich von einem Äquizeichen sprechen, liegt schlicht daran, daß diese Semantisierung der Farbe Blau nur genau im Kontext dieser Inszenierung, dieser Theateraufführung, und somit in einer ganz konkreten Äußerung, gilt. Sobald wir das Theater und damit den künstlerischen Kontext verlassen, ist die beschriebene semiotische Aktivierung des Phänomens „Blau“ hinfällig. Besuchen wir nach dem Theater noch eine Discothek, in der blaues Licht über die Tanzfläche zuckt, werden wir für die Bemerkung, hier werde uns die Allgegenwart psychischer und moralischer Gefährdung des Menschen mitgeteilt, kaum mit Verständnis rechnen können.

Ein weiterer Typus von Äquizeichen, der uns häufig begegnet, und anhand dessen man den Unterschied zwischen Äquizeichen und Anzeichen verdeutlichen kann, ist der der Markierungen. Nehmen wir einmal an, wir benutzen eine alte Postkarte, die uns liebe Freunde vor Jahren aus dem sonnigen Süden geschickt haben, als „Lesezeichen“. Die Postkarte gibt uns also an, auf welcher Seite wir die Lektüre eines Buches unterbrochen haben. Obwohl wir die Postkarte in der

Alltagssprache ein „Zeichen", nämlich ein „Lesezeichen" nennen, ist sie kein echtes Zeichen, sondern ein Äquizeichen: Denn auch beim Lesezeichen besteht die Funktion des „Bezeichnens" nur so lange und genau dann, wenn es mit einem bestimmten Kontext verbunden ist. Nur wenn meine alte Postkarte wirklich in einem Buch und zwischen den zuletzt aufgeblätterten Seiten liegt, kann sie auch ihre Anzeigerfunktion erfüllen. Nehme ich mein „Lesezeichen" aber heraus und lege es auf den Schreibtisch, „bezeichnet" es überhaupt nichts mehr. Ähnliches gilt beispielsweise auch für einen Haufen Feldsteine, mit dem jemand eine bestimmte Stelle in der Landschaft markieren will, oder eine Boje, die man zurückläßt, um einen Gegenstand wiederfinden zu können, den man im Wasser versenkt hat. Solche „Zeichen", die Markierungsfunktionen haben, stehen streng genommen zwischen Anzeichen und Zeichen: Dem Anzeichen sind sie verwandt, weil sie nur aufgrund einer festen räumlichen Relation zu dem, was sie markieren, „zeichenhaft" sind und sein können. Eine Markierung „gibt mir die Information" über die gesuchte Stelle nur aufgrund ihrer realen Präsenz an eben dieser Stelle, während eine sprachliche Beschreibung dieser Stelle oder die Ziffernkombination ihrer Koordinaten an jedem beliebigen Ort und zu jeder beliebigen Zeit die gewünschte Information vermitteln kann. Andererseits besteht bei Markierungen – ähnlich wie bei Zeichen – im Vorfeld der Anwendung eine gewisse Wahlmöglichkeit, während beispielsweise Symptome immer dem gleichen Muster folgen müssen. So kann ich Postkarten, Lederstreifen, Papierschnipsel und vieles andere in mein Buch legen, um die entsprechende Stelle zu markieren, ja ich kann sogar, wenn ich ein besonders hartgesottener Zeitgenosse bin, die Ecke der Seite umknicken, bei der ich meine Lektüre unterbrochen habe. Dagegen sind die natürlichen Phänomene, aufgrund derer ich auf das Vorhandensein eines mit ihnen verknüpften Sachverhalts schließen kann, auch in ihrer Erscheinungsform festgelegt. Die Hautflecken, die den Arzt zu der Diagnose „Röteln" veranlassen, sind stets rot, und nicht wahlweise blau oder grün. Wir können demnach Markierungen als Äquizeichen definieren, deren äußere Erscheinung im Rahmen ihrer Funktion variieren kann, die aber andererseits an das, was sie bezeichnen sollen, räumlich fest gebunden sind.

Nun können sich Äquizeichen zuweilen auch von ihrem Kontext emanzipieren und zu echten Zeichen im allgemeinen Sinne werden. Im Zeitalter der Massenkommunikation und der Massenmedien können Äquizeichen von so vielen Menschen rezipiert werden, daß ihr Transport aus dem Kontext ins Alltagsleben hinein möglich wird. Ein bestimmtes Requisit, ein bestimmtes Outfit, das die Hauptfigur eines Kinohits benutzte, und das als Äquizeichen im Film vielleicht „Aufsässigkeit" denotierte, kann von Zuschauern benutzt werden, um das gleiche mitzuteilen. Mitmenschen, die den Film ebenfalls gesehen haben, werden den Stil wiedererkennen und vermuten, daß sich die Träger der entsprechenden Accessoires mit der Kinofigur und der Haltung, für die sie steht, identifizieren. Ob nun dieser Prozeß tatsächlich dazu führt, daß das entsprechende Outfit allgemeine Zeichenqualität gewinnen kann, hängt von einer Reihe unterschiedlicher Faktoren ab. In den 50er Jahren beispielsweise konnte das

Tragen einer Bikerkluft, wie Marlon Brando sie in „Der Wilde" (1953) vorgeführt hatte, das Imitieren seines Stils, seiner Gestik und Mimik, tatsächlich zeichenhaft aufgefaßt werden und als Ausdruck von Opposition und Rebellion gelten. Grundlage dieser funktionierenden Übertragung des Äquizeichens aus dem Film ins bürgerliche Alltagsleben war ein existierender Kleiderkode, der dem „anständigen", angepaßten jungen Menschen statt Jeans, Schmuddel-T-Shirt und Lederjacke à la Brando einen sauber ausrasierten Nacken über einem adrett gestärkten Polohemd zuwies. Wer hierauf mit dem Modell des Films antwortete, kollidierte gleich mit einer ganzen Reihe von Kodes und begab sich de facto in eine Außenseiterposition. Das ehemalige Äquizeichen aus dem Film war also tatsächlich – zumindest für eine Übergangsphase – dazu geeignet, soziale Zugehörigkeit und Nicht-Zugehörigkeit zu signifizieren, Gruppengrenzen und ideologische Differenzen zu be-zeichnen und damit jenseits des Filmkontextes semiotisch zu funktionieren.

Die Voraussetzung für den gelungenen Transport des Äquizeichens in die allgemeine Sphäre besteht in solchen Fällen eben darin, daß bestimmte ideologische, soziale und verhaltensmäßige Kodes und Oppositionen sowohl in der dargestellten Welt des Films als auch im Alltag der Kultur selbst existieren. Als Zeichen kann das Brando-Outfit dann auch funktionieren, wenn seine Herkunft aus dem Kontext des Filmes selbst nicht mehr gewußt wird.

Was aber, wenn eine Kultur zwar den Signifikanten des Äquizeichens übernimmt, sein ursprüngliches Signifikat aber neutralisiert? Wenn es die „Spießer" plötzlich massenhaft schick finden, wie der Rebell aus einem Film auszusehen – zumindest in der Freizeit? Dann kann nicht mehr von einer Verwandlung eines Äquizeichens in ein Zeichen gesprochen werden. Hier wird nur ein neuer Signifikant in ein bereits existierendes Modell eingereiht, in dem beliebige und ständig wechselnde Phänomene den immer gleichen binären Kode von „in" und „Out" bedienen, ohne dabei eine entscheidende semantische Differenz zu generieren.

Äquizeichen sind also in jedem Falle kontextgebundene/kontextabhängige Zeichen. Das heißt, ihre Gültigkeit ist immer räumlich und/oder zeitlich restringiert. Zeichen im allgemeinen Sinne dagegen können potentiell immer und überall geäußert werden. Potentiell deshalb, weil die Anwendung von Zeichen durch soziale Kodes reguliert wird. Daß man beispielsweise in bestimmten gesellschaftlichen Situationen bestimmte Wörter und Wendungen nicht benutzen sollte, wenn man weiterhin zu diesem oder jenem Kreis gehören möchte, weiß jeder. Manche Äußerungen sind zudem nicht nur gesellschaftlich tabuisiert, sondern können sogar juristisch geahndet werden. Diese sozialen und juristischen Restriktionen sind allerdings nicht mit semiotischen Restriktionen zu verwechseln: Das Verbot, ein bestimmtes Wort oder eine bestimmte Behauptung in bestimmten Kontexten zu äußern, belegt ja nur, daß seine Bedeutung in diesen Kontexten sehr wohl verstanden würde. Eine Äußerung, die nicht politically correct ist, kann semiotisch durchaus korrekt sein.[2]

Anmerkungen

1 In einem anderen Zusammenhang haben wir beschrieben, wie ein solches Äquizeichen auch innerhalb einer Reihe von Inszenierungen über die Grenzen einer einzelnen Aufführung hinaus seine Gültigkeit behalten kann. Anfang der 80er Jahre inszenierte Claus Peymann am Bochumer Schauspielhaus nacheinander Goethes „Tasso“ (Premiere 11.01.80), „Iphigenie“ (22.01.80) und Lessings „Nathan“ (14.03.81). In allen drei Inszenierungen tauchte jeweils auch eine antiquierte Schreibmaschine auf, die in den Goethe-Stücken jeweils der Titelfigur, im „Nathan“ einer sich am Ende der in den Zuschauerraum hineingebauten Bühnenrampe befindenden, Lessing nachgebildeten Wachsfigur zugeordnet war. Die Interpretation dieser drei Inszenierungen ergibt, daß die Schreibmaschine als „Werkzeug des an der Gesellschaft leidenden Intellektuellen“ semantisiert, also zum Äquizeichen geworden ist. Die „Bochumer Schreibmaschine“ ist also ein Beispiel für ein Äquizeichen, das nicht nur im Kontext eines einzelnen Stückes, sondern zyklusintern funktioniert. Vgl. Sottong/Müller 1990, S. 64-71

2 Unter der Bezeichnung „potentielle Zeichenäquivalente“ haben wir das Funktionieren von Äquizeichen im Rahmen von Theateraufführungen untersucht. Sottong/Müller 1990.

Bilder und Zeichen: Abbildungen

Wir wollen nun noch einen speziellen Typus von Phänomenen betrachten, der häufig in kommunikativen Kontexten vorkommt: Das Phänomen der Abbildung. Abbildungen werden in semiotischen oder kommunikationstheoretischen Zusammenhängen häufig mit Zeichen im eigentlichen Sinne verwechselt, vor allem in einer Zeit, in der die sogenannte „visuelle Kommunikation" als eine der vorherrschenden Kommunikationsformen gilt. Zudem läßt sich anhand von Abbildungen sehr gut nochmals der Unterschied zwischen Zeichen, Äquizeichen und sonstigen Phänomenen, die in Äußerungen vorkommen, erläutern.

Um zu klären, was eine Abbildung ist, wollen wir zunächst den Unterschied zwischen „Bild" und „Abbildung" einführen, ein Unterschied, der in der deutschen Alltagssprache nicht sehr genau gefaßt ist; etwas näher kommt dieser Unterscheidung die im Englischen übliche Unterscheidung zwischen „picture" und „image". Ganz genau zu definieren, was ein Bild (picture) ist, ist sehr schwierig, und es gibt auch noch keine eindeutige und befriedigende Definition. Diese kann es in einem allgemeinen Sinn auch gar nicht geben, denn was alles ein „Bild" sein kann, ist letztlich kulturell festgelegt und variiert daher: Eine abstrakte Komposition von Kandinsky wäre vermutlich im 18. Jahrhundert nicht als Bild angesehen worden, zumindest nicht als Bild in einem engeren Sinn. Auch die Zweidimensionalität ist kein notwendiges Merkmal eines Bildes: So bezeichnen wir auch dreidimensionale Objekte wie Statuen als „Standbild" – als dreidimensionale Abbildungen eben.

Wir können jedoch ad hoc – und für unseren Zweck ausreichend – ein Merkmal von Bildern beschreiben: Bilder, die wir kennen, haben einen „Rahmen" in dem Sinne, daß sie begrenzt sind; es gibt kein unendlich sich ausdehnendes Bild. Diese Begrenzung gibt es auch im sogenannten bewegten Bild des Filmes: Das Einzelbild der Filmrolle hat genau festgelegte Grenzen, und auch wenn man eine Sequenz als ein Bild betrachtet, so hat diese ihre Grenzen in den Schnitten oder den Überblendungen an ihrem Anfang und Ende. Und bei Skulpturen ziehen wir die unsichtbare Grenze an der Oberfläche des Objektes: Einen Vogel, der sich auf ein Reiterstandbild setzt, betrachten wir selbstverständlich nicht mehr als zu diesem „Bild" gehörig. Innerhalb dieses Rahmens, dieser Grenze aber kann – in unserer Kultur – so gut wie alles „Bild" sein: Ein Porträt, eine Landschaft, irgendwelche Farbflächen oder Linien, Farbflächen kombiniert mit aufgeklebten Objekten („objet trouvée"), oder ein bloßes Alltagsobjekt wie beim ready made, dessen Rang als Bild durch eine definitorische Grenze hergestellt wird: durch die implizite oder explizite Überführung eben dieses Objektes in einen Kunst-Kontext, indem das entsprechende Objekt im Rahmen einer Ausstellung auftritt und betitelt sowie mit dem Namen des Künstlers verknüpft wird. Es ist auch denkbar, daß sich innerhalb des Rahmens nur eine weiße, unbehandelte Leinwand ausdehnt, die ein Künstler in die Ausstellung gehängt hat und vielleicht im Katalog mit dem Titel „Ohne Inhalt" versehen hat. Diese Freiheit – man könnte auch sagen Beliebigkeit – bezüglich des Inhalts eines Bildes ist ein spezifisches Merkmal unserer Kultur, der westlichen Kultur des 20. Jahrhunderts. Noch im 19. Jahrhundert wäre die weiße Leinwand wohl kaum als Bild akzeptiert worden. Ebensowenig wie der Darstellungsgegenstand, der Bildinhalt, dient die Materialität als Unterscheidungskriterium dafür, ob etwas in unserer Kultur ein Bild genannt werden kann: Ob beispielsweise ein Objekt als Bleistiftzeichnung oder Acrylbild dargestellt wird, ob es als Bronzeguß oder Hologramm erscheint, ob Pixel auf dem Computerschirm oder Zeilen im Fernsehapparat das Bild generieren – wir sprechen in allen Fällen jeweils von einem „(Ab-)Bild" des Objekts.

Wir können also nicht mehr sagen, als daß ein „Bild" eine visuell (und – bei Skulpturen – taktil) wahrnehmbare artefaktische Struktur an einer von der jeweiligen Kultur festgelegten Stelle, einem Wahrnehmungsrahmen, für „Bilder" ist. Was wir jedoch unter unserem spezifisch semiotischen Gesichtspunkt angeben können, ist, welche Typen von semiotischen Phänomenen in einem Bild vorkommen können. Wohlgemerkt: Eine solche Typologie ist auf dem gleichen abstrakten Niveau angesiedelt wie etwa der Zeichenbegriff; sie hat nichts mit kunstwissenschaftlichen und ikonographischen Typologien zu tun. Wohl aber kann eine semiotische Typologie einer kunstwissenschaftlichen Theorie als Grundlage dienen. Damit ist aber gleichzeitig auch gesagt, daß Bilder bzw. Abbildungen nicht per se als Zeichen aufgefaßt werden, auch und gerade dann, wenn sie etwas anderes „repräsentieren".

In Bildern können genau drei Typen von semiotischen Phänomenen vorkommen: Zeichen, Äquizeichen und Abbildungen. Was Zeichen und Äquizeichen sind, wissen wir bereits; in Bildern tauchen Zeichen in Schriftform z.B. als sprachliche Wörter (etwa in Bildern von Miró oder Magritte) auf, als ikonografische Zeichen, wie etwa das als Dreieck dargestellte Auge Gottes in der christlichen Ikonografie, oder sonstige Zeichen wie z.B. ein gemaltes „Peace"-Zeichen, Hammer und Sichel oder ein Mercedes-Stern. Damit ein bestimmtes Phänomen in einem Bild als Zeichen erkannt werden kann, ist es notwendig, daß es auch außerhalb des Bildes als Zeichen funktioniert, und das heißt, daß es eine kulturelle Übereinkunft gibt, die diesem Signifikanten ein bestimmtes Signifikat zuordnet. Das heißt: Zeichen in einem Bild sind zunächst nur einmal diejenigen Größen, die kulturell kodiert sind und auch außerhalb des konkreten Bildes, das gerade betrachtet wird, Zeichen sind – ähnlich wie auch die (sprachlichen) Zeichen in einem Buch auch außerhalb dieses Buches als Zeichen fungieren. Darauf ist vor allem hinzuweisen, weil von vielen Semiotikern alles, was in Bildern vorkommt, sofort als Zeichen betrachtet wird – eine Anschauungsweise, die zu großen Schwierigkeiten führt (siehe Kasten).

Die zweite Klasse semiotischer Phänome, die in Bildern vorkommen, ist die der Äquizeichen, also all die Größen, die allgemein kulturell keinen Zeichenstatus haben, aber innerhalb eines konkreten Bildes oder einer Serie von Bildern (mehrere Bilder eines Künstlers, oder in den Bildern einer Künstlergruppe) mit

Das Problem der Abbildungen in der Semiotik

Der Begriff der Abbildung, wie wir ihn hier bestimmt haben, versucht, der Lösung eines Problems näherzukommen, das die Semiotik seit ihrer Entstehung bei Peirce und Saussure beschäftigt, und zu dem es bisher keine befriedigenden Ansätze gab: das Problem des bildlichen Zeichens. Fragen wie: Was ist ein bildliches Zeichen?, Wo sind seine Grenzen? Sind bildliche Zeichen im gleichen Sinne Zeichen wie z.B. sprachliche Zeichen? sind Grundfragen, der sich eine Bildsemiotik stellen muß, und die sie sich mit unterschiedlichen Ergebnissen im Lauf der semiotischen Tradition gestellt hat. Schon Charles Sanders Peirce hat in seine Zeichenklassifikation den Begriff des Icons eingeführt, eine Zeichenart, die im Gegensatz zum Symbol (das dem Saussureschen Konzept des arbiträren Zeichens am nähesten kommt) Ähnlichkeiten zu dem, was es bezeichnet, aufweist. Damit eine solche Ähnlichkeitsrelation besteht, muß das Objekt, das abgebildet wird, nicht unbedingt real existieren; das Bild eines Pegasus ist ein iconisches Zeichen eines nicht-realen Objekts. Zudem zählen nach Peirce auch strukturell-logische „Abbildungen", wie Diagramme, und inhaltliche Analoga zur Klasse der Icons (vgl. Peirce 1983, S.64 f). Eine Frage, die bei der Peirceschen Zeichenklassifikation – die im übrigen vor allem auch in der Bildsemiotik bis heute weit verbreitet ist – auftaucht, ist die, nach welchen Kriterien ein Icon als einem realen Objekt „ähnlich" gilt. Wie schwierig es ist, zu definieren, was Ähnlichkeit bedeutet, zeigt sich beispielsweise, wenn man versucht zu sagen, worin die (visuelle) Ähnlichkeit aller Hunde in Abgrenzung zu anderen Tierarten besteht; die Unterschiede zwischen den einzelnen Rassen sind derart groß, daß kein optisches Merkmal (Größe, Form und Länge der Beine oder des Schwanzes, Farbe, Behaarung etc.) angegeben werden kann, das auf alle Rassen zutreffen würde. Dies belegen auch die bisher wenig erfolgreichen Versuche, Computern bei-

Bedeutung aufgeladen werden, eine Art Quasi-Signifikat erhalten und damit in genau diesen Bildern als etwas Zeichenähnliches fungieren.

Die dritte Klasse von Phänomenen ist die der Abbildungen. Abbildungen sind visuell wahrnehmbare Artefakte, die in einer bestimmten Kultur (oder in allen Kulturen) als ähnliche Reproduktion einer kulturell gegebenen Entität rezipiert werden. In dieser Begriffsbestimmung steckt eine große Unklarheit: Was heißt „ähnlich"? Darüber wurde schon viel geschrieben und philosophiert[1]; wir wollen uns aus diesem Diskurs heraushalten, und zwar mit einem guten Grund: Wie die Wahrnehmung von Ähnlichkeiten funktioniert, ist ein ungelöstes Problem, dessen Lösung wohl nur von der Neurophysiologie zu erwarten ist. Bis es so weit ist, halten wir ganz phänomenologisch fest: Es gibt offenbar das Phänomen, daß Menschen bestimmte Objekte als anderen ähnlich wahrnehmen, und ebenso gibt es das Phänomen, daß Menschen eine bestimmte Gestalt als die Abbildung eines Objekts wahrnehmen. Die Wahrnehmung von Abbildungen scheint nach denselben Mustern zu funktionieren wie die Wahrnehmung von

Ähnlichkeiten und das Wiedererkennen von bekannten Dingen überhaupt. Schon sehr kleine Kinder beispielsweise nehmen Abbildungen von Dingen, die sie kennen, sofort als solche wahr – auch wenn diese sehr stilisiert sind und wenn sie das Bild zum ersten Mal sehen. Umgekehrt erkennen sie auch Dinge, die sie nur von Abbildungen kennen, wenn sie sie real zum ersten Mal sehen.

Ungeklärt ist bislang auch, wie viele solcher Ähnlichkeitskriterien anthropologische Universalien, also allen Menschen gemein sind, und wie viele kulturell bestimmt sind. Denn sicherlich gibt es in jeder Kultur auch spezifische Abbildungskonventionen, die bei einer bestimmten Gestalt x festlegen, daß sie eine Abbildung des Objektes y sei. Wir sprechen daher im folgenden aus Gründen der Vorsicht immer von kulturspezifischen Ähnlichkeits- und Wahrnehmungsmustern, auch wenn ein großer Teil davon anthropologische Universalien sein mögen.

Eine Abbildung ist also eine Gestalt (in einem Bild z.B.), die als einem anderen Objekt ähnlich betrachtet wird. Die Kultur muß solche Objekte nicht notwendig als real existent betrachten; es genügt, daß sie diese Objekte unterscheiden kann, daß es also

zubringen, jede beliebige Hunderasse als „Hund" zu erkennen. Offenbar beruht das Wahrnehmen eines bestimmten Tiers als „Hund" mehr auf kulturellen Konventionen als auf objektiv-visuellen Ähnlichkeitsmerkmalen. Umberto Eco, der in vielen Punkten der Peirceschen Semiotik verpflichtet ist, definiert das ikonische Zeichen folgendermaßen: „Das ikonische Zeichen konstruiert also ein Modell von Beziehungen (...), das dem Modell der Wahrnehmungsbeziehungen homolog ist, das wir beim Erkennen und Erinnern des Gegenstands konstruieren" (Eco 1972, S. 213). Das bedeutet: Wenn wir einen gezeichneten Hund als „Hund" wahrnehmen, dann tun wir das ebenso auf der Basis erlernter Wahrnehmungsmuster, nach denen wir die Realität überhaupt wahrnehmen. Die Wahrnehmung von Abbildungen geschieht damit auf ähnliche Weise wie die Wahrnehmung der „Realität". Die kulturellen Wahrnehmungsregeln für „Realität" und für Abbildungen stehen natürlich in einem systematischen Zusammenhang und bedingen sich gegenseitig. Führt man jedoch „Ähnlichkeit" als Kriterium dafür ein, ob eine bestimmte grafische Figur ein Zeichen ist oder nicht, dann steht man wieder vor neuen Grenzziehungsproblemen: Welche Merkmale sind notwendig, damit eine bestimmte grafische Figur noch als einem Objekt ähnlich betrachtet werden kann? Viele Piktogramme bewegen sich auf dieser Grenze: Manche von ihnen sind leicht als Abbildungen irgendwelcher Objekte erkennbar, andere nicht, wenn man sie zum ersten Mal sieht. Natürlich sind alle diese Piktogramme Zeichen – aber nicht wegen ihrer „Ähnlichkeit" oder „Nicht-Ähnlichkeit" mit irgendwelchen realen Objekten, sondern weil sie kulturell als Zeichen gesetzt sind. Der Ähnlichkeitsbegriff ist wegen seiner Unschärfe als Kriterium für eine Zeichendefinition untauglich. Auch Nelson Goodman argumentiert in seinem 1968 erschienenen Buch „Languages of Art" (deutsch: Goodman 1973) aus ähnlichen Gründen gegen die Einführung des Ähnlichkeitsbegriffs in eine Zeichendefinition: „Ein Gemälde Constables vom Marlborough Castle ist jedem anderen Bild ähnlicher als dem Schloß, und doch repräsentiert es das Schloß und nicht ein anderes Bild – nicht einmal die getreueste Kopie. (...) Tatsache ist, daß ein Bild, um ein Objekt zu repräsentieren, ein Symbol für es sein muß, für es stehen, sich auf es beziehen muß; und daß kein Grad der Ähnlichkeit ausreicht, um die erforderliche Relation der Bezugnahme herzustellen. Ähnlichkeit ist auch für die Bezugnahme gar nicht notwendig; beinahe alles kann für alles andere stehen." (Goodman 1973, S. 16f). Für Goodman gibt es also hinsichtlich der Arbitrarität keinen Unterschied zwischen Abbildungen und Zeichen. Goodman hat sicherlich Recht damit, daß Ähnlichkeit nicht geeignet ist, Zeichenhaftigkeit zu definieren; dennoch repräsentieren Abbildungen, wie wir in diesem Kapitel dargelegt haben, Entitäten in einer anderen Weise als die von uns so genannten „echten" Zeichen, was uns zu der beschriebenen Entscheidung geführt hat, Abbildungen per se nicht als Zeichen zu betrachten. Doch auch aus praktischen Gründen ist Peirces Lösung unbefriedigend. Wenn für jede in der Kommunikation vorkommende Klasse von Phänomenen ein eigener Zeichentyp eingeführt wird, so verzichtet man damit letztlich auf einen allgemeinen Zeichenbegriff, der jeder semiotischen Untersuchung bzw. Anwendung zugrunde liegt. Es gibt dann das sprachliche Zeichen, das musikalische, das bildliche, das architektonische Zeichen, und alle diese verschiedenen Zeichentypen müssen nichts mehr miteinander gemein haben. Damit ist jedoch die Semiotik tendenziell dabei, ihren Anspruch auf Interdisziplinarität aufzugeben, und ebenso ihren Anspruch, eine Grundlagenwissenschaft für alle mit „Kommunikation" beschäftigten Disziplinen zu sein. Ebenso wie in der Frage, wie das bildliche Zeichen allgemein definiert werden kann, besteht auch hinsichtlich des Problems, was als ein bildliches Einzelzeichen angesehen werden soll (etwa in Analogie zum sprachlichen Einzelzeichen, dem Lexem) kein Konsens in der semiotischen Forschung. In manchen theoretischen Ansätzen der

ein potentielles Wahrnehmungsmuster für bestimmte Objekte gibt. So gibt es etwa in unserer Kultur Abbildungen von Einhörnern, Teufeln oder Wolpertingern, alles Wesen, an deren reale Existenz unsere Kultur nicht glaubt. Mit „Wahrnehmungsmuster" meinen wir, daß ein Angehöriger der jeweiligen Kultur ein derartiges Objekt als individuelle Entität wahrnehmen kann, daß er etwa, wenn ihm ein reales Einhorn begegnete – ein zugegeben höchst unwahrscheinlicher Fall –, er dieses als Einhorn erkennen würde. Der Begriff der Abbildung hat wie gesagt viel mit Wahrnehmung zu tun bzw. mit der Realitäts- und Wahrnehmungsstruktur einer Kultur: Das Erkennen der Abbildung einer Banane als Abbildung einer Banane geschieht auf ähnliche Weise, wie eine reale Banane als solche erkannt wird.

Da die Wahrnehmungsstruktur und damit auch die Ähnlichkeitskriterien einer Kultur zumindest (wenn sie nicht Universalien sind) eng mit ihrem Realitätsbegriff zusammenhängen, können diese Kriterien nicht willkürlich, gewissermaßen auf Beschluß einer Kultur oder einer relevanten Gruppe innerhalb einer Kultur verändert werden; sie entwickeln und verändern sich mit dem Realitätsbegriff.

Damit unterscheiden sich Abbildungen von Zeichen: Zeichen kann eine Kultur beliebig setzen; Zeichen sind arbiträr. Ob jedoch irgend eine grafische Figur als Abbildung eines bestimmten Objekts gilt, ist nicht beliebig setzbar. So könnte unsere Kultur etwa nicht durch Beschluß festsetzen, ab sofort solle die Zeichnung eines Kreises als einer Katze ähnlich angesehen werden; sie kann jedoch beschließen, daß dieser Kreis als Zeichen für „Katze" in einem bestimmten Kontext Verwendung finden soll.

Um den Unterschied zwischen Zeichen und Abbildungen noch etwas klarer zu fassen, betrachten wir ein einfaches Beispiel: das fotografische Porträt unseres Großvaters. Auf dieser Fotografie ist vor neutralem Hintergrund nur das Gesicht eines Menschen zu sehen. Nehmen wir einmal an, es handle sich bei dem Foto um ein Zeichen. Der Signifikant dieses Zeichens wäre dann das materielle Foto, das Kartonrechteck mit dem Porträt. Doch was bedeutet ein solches Zeichen, was ist sein Signifikat? „Mann", „alter Mann", „Herr X" oder „Großvater"? Die Entscheidung zwischen diesen verschiedenen Bedeutungen fällt schwer. Es gibt eben kein Lexikon wie im Falle

Bildsemiotik wird versucht, bildliche Äußerungen als vollständig zusammengesetzt aus mehr oder weniger bedeutungstragenden Einzelelementen zu betrachten; für einen Überblick auf solche Ansätze sei auf Sonesson 1993, S. 138ff. und Thürlemann 1990, S. 19-42 verwiesen. Die Frage dabei ist, welcher Status diesen Einzelelementen zugeschrieben werden soll: Sind sie vorgegebene „Zeichen" im Sinne irgendeiner Definition dieses Begriffs, oder erhalten die betrachteten Einzelelemente (wobei natürlich sofort die Frage entsteht, was als Element gelten soll) ihre Bedeutung nur innerhalb der Struktur eines konkreten Bildes? Da gerade bei künstlerischen Bildern offenbar letzteres häufig der Fall ist, haben manche Bildsemiotiker es aufgegeben, in diesen Fällen überhaupt von „Zeichen" zu sprechen; Thürlemann etwa spricht von „Elementen", „Kategorien" oder „Konstellationen", die in der Struktur des Bildes zur Bedeutungskonstitution beitragen (Thürlemann 1990, S. 21ff). Da sein Interesse jedoch ausschließlich Kunstwerken gilt, ist er in seinen Analysen immer mit der spezifischen Bedeutungskonstitution des Kunstwerks konfrontiert, die nach Lotman ein „sekundäres modellbildendes System" (Lotman 1972, S. 22) darstellt und nach eigenen Regeln funktioniert. Die Frage, ob es auf einer darunterliegenden primären Ebene (die sich in etwa zum Kunstwerk verhalten würde wie die natürliche Sprache zum literarischen Text) kulturell kodierte Einzelzeichen gibt, und was genau als Einzelzeichen angesehen werden kann, ist jedoch in der semiotischen Tradition bis heute noch nicht gelöst. Der beste Weg zu einer solchen Lösung erscheint uns unser in diesem Kapitel vorgetragener Vorschlag, Bilder nicht schon per se als Zeichen zu betrachten. Bildliche Phänomene sind nur genau dann Zeichen, wenn sie auch außerhalb des konkreten Bildes, in dem sie auftreten, kulturell kodiert sind.[2]

der natürlichen Sprache oder der Verkehrszeichen, in dem man nur nachsehen müßte, um die Bedeutung dieser konkreten Fotografie zu erfahren. Vielleicht läßt sich ihre Bedeutung gar nur durch die Umschreibung „Fotografie einer älteren männlichen Person mit diesen oder jenen Merkmalen" angeben. Das Signifikat wäre dann lediglich eine verbale Beschreibung des Signifikanten, das Zeichen damit ein rekursives Zeichen, ein Zeichen, das nur auf sich selbst verweist und das als solches keinen großen kommunikativen Wert hat.
Zeichen sind Größen, mittels derer – in geäußerter Form – kommuniziert wird. Was kommuniziert nun die Fotografie des Großvaters? Daß es ihn gibt oder gegeben hat? Was kommuniziert dann die Fotomontage, die ein Exemplar der in Bayern so beliebten Fabeltier-Spezies der Wolpertinger darstellt? Auch, daß es solche Tiere gibt? Nehmen wir an, jemand stünde mit dem Foto seines Großvaters in der Hand auf die Straße. Es fällt schwer zu sagen, welchen kommunikativen Akt diese Person mit dieser Handlung vollführt, ja man kann nicht einmal eindeutig sagen, ob sie damit eine Äußerung macht: Ebensogut könnte der Rezipient annehmen, daß sie das Foto rein zufällig in der Hand halte. Soll dies nicht der Fall sein, bedarf es eines situativen und zeichenhaften – in der Regel sprachlichen – Kontextes, der die kommunikative Funktion der Handlung des Fotografie-Zeigens nachvollziehbar macht. Als die Mütter der Placa del Mayo die Fotos ihrer Angehörigen demonstrativ hochhielten, wußte jeder, daß sie damit nicht nur nach verschwundenen politischen Gefangenen suchten, sondern damit auch gleichzeitig das brutale Militärregime ihres Landes anklagten. Ein solcher Kontext besteht aber in unserem konstruierten Beispiel von dem Mann mit dem Foto seines Großvaters eben nicht. Wenn diese Person dagegen das Wort „Großvater" ausspricht, macht sie eindeutig eine Äußerung: der Rezipient weiß zwar nicht, was mit dem Großvater los ist, doch er weiß, daß die Beispielperson irgend etwas im Zusammenhang mit dem Großvater mitteilen will. Das gesprochene Wort „Großvater" ist eben – im Gegensatz zu der Fotografie – eindeutig ein Zeichen, und die Äußerung dieses Wortes ist damit ein kommunikativer Akt.
Nun kann natürlich auch die Fotografie des Großvaters als Zeichen verwendet werden. Wenn jemand zum Beispiel das Foto seines verstorbenen Großvaters im Wohnzimmer an die Wand hängt, so ist dies in unserer Kultur eine Äußerung, die besagt, daß er seinen Großvater in Ehren hält. Und wenn jemand das Foto seiner Familie auf den Schreibtisch stellt, so besagt dies, daß er seine Familie liebt und sie ihm sehr wichtig ist. Doch diese Bedeutungen haben die Fotografien nicht aufgrund irgendwelcher Merkmale ihrer selbst, sondern dadurch, daß sie in einem bestimmten Kontext als Zeichen verwendet werden. Sie selbst sind zunächst keine Zeichen. Denn wenn auf dem Schreibtisch die Fotografie einer ganz anderen Familie stehen würde, die nichts mit der des Schreibtischinhabers zu tun hat, würden dadurch die gleichen Bedeutungsinhalte vermittelt, solange potentielle Rezipienten die „eigentliche" Familie ihres Kollegen nicht kennen: Sie würden schließen, daß ihr Kollege ein guter Familienvater sei. Nicht die Fotografie an sich ist das Zeichen (bzw. die Äußerung), sondern die

Präsenz einer Fotografie, auf der eine Frau mit Kind(ern) abgebildet ist, an einem ganz bestimmten Ort, dem Schreibtisch.

Abbildungen sind also zunächst keine Zeichen; sie können natürlich in zeichenhaften Kontexten verwendet werden, wie wir am Beispiel des Großvater-Porträts gesehen haben, und sie können auch zu Zeichen werden, wenn sie in einem bestimmten kulturellen Kontext eindeutig mit einem Signifikat versehen werden. In den Jahren nach 1968 beispielsweise wurden in Demonstrationszügen mitgeführte oder an Zimmerwänden hängende Abbildungen von Che Guevara eindeutig zu Zeichen für eine bestimmte politische Haltung, die die Gesellschaft sozialistisch und antiimperialistisch umgestalten wollte. Nun ist zwar die Abbildung selbst nicht arbiträr – als Porträt von Che Guevara kann nicht irgend ein beliebiges Objekt dienen; arbiträr (wenn auch nicht völlig willkürlich) dagegen ist der Gebrauch genau dieses Porträtfotos – der leicht erhobene, jugendliche Kopf Ches mit dem typischen Barett, den Blick „visionär" in die Ferne gerichtet – als Zeichen für eine politische Richtung: Die (Sub-)Kultur, die dieses Zeichen benutzt, hätte theoretisch auch ein anderes Porträt, oder aber auch ein abstraktes grafisches Objekt wählen können – so wie etwa die Friedensbewegung die abstrakte grafische Figur des Kreises mit den drei sich verzweigenden Linien als ihr Zeichen gewählt hat. Gerade diese potentielle Wahlfreiheit aber macht die Kürung genau dieses Porträts genau dieses Guerilleros wiederum zusätzlich bedeutungsvoll. Aus der Fülle möglicher Kämpfer für die politische Richtung wurde genau derjenige ausgewählt, dessen Biografie politischen Erfolg (in Kuba) und Märtyrertum (in Bolivien) miteinander verband und genau dasjenige Foto, das – nicht zuletzt in Anlehnung an traditionelle ikonografische Kodes – einen Ausdruck von Jugendlichkeit und Zukunftsverheißung enthielt und wohl auch die Projektion von Abenteuer- und erotischen Fantasien zuließ. Mit der Wahl genau dieses Porträts als Ikone ihrer politischen Haltung signalisierten die Zeichenbenutzer also gleichzeitig – bewußt oder nicht-bewußt – einen über die rein ideologisch-theoretische Argumentation hinausgehenden, emotionalen Aspekt ihrer Protestbewegung, der jedoch nicht unmittelbar verbalisiert werden konnte.

In diesem Zusammenhang wird deutlich, daß es durchaus signifikant ist, ob eine Kultur oder Subkultur vornehmlich abstrakte Objekte (wie es z.B. auch die Wörter der Sprache sind) als Zeichen verwendet, oder aber verstärkt Abbildungen in kommunikative Kontexte einbringt; die Signifikanz eines solchen Zeichenverhaltens ist jedoch erst auf der Basis der Unterscheidung zwischen Zeichen und Abbildungen beschreibbar. In unserer Kultur, die augenscheinlich zunehmend zu einer Bilderkultur wird (man spricht ja in Feuilletons und kulturkritischen Abhandlungen oft von „Bilderrausch" und „Bilderflut"), scheint es ja die Tendenz zu geben, zunehmend Abbildungen in Äußerungen (z. B. in Werbeanzeigen, die aus Text plus Abbildungen bestehen) zu verwenden. Ein interessantes Phänomen in diesem Zusammenhang ist das der sogenannten Piktogramme, wie wir sie etwa von Flughäfen und Bahnhöfen her kennen. Diese Piktogramme fungieren eindeutig als Zeichen, doch sie verwenden stark stilisierte

Abbildungen als Zeichenträger: Der stilisierte Mann als Zeichen für die Herrentoilette, das abhebende Flugzeug als Zeichen für den Abflugbereich des Airports. Diese Zeichen sind an ganz bestimmte Kontexte gebunden. Um intersubjektiv verstehbar zu sein, brauchen Piktogramme die unmittelbare Beziehbarkeit auf einen klar definierten pragmatischen Kontext („Hunde müssen draußen bleiben!“; Herren- vs. Damentoilette) und/oder die feste Koppelung mit Zeichen aus einem elaborierteren Zeichensystem, z.B. mit der Sprache, bis hin zur verbindlichen Definition qua natürlicher Sprache. So hat etwa die Deutsche Bahn bei der Einführung ihres neuen „Informationssystems“, das im wesentlichen aus neuen Piktogrammen bestand, große Tafeln in den Bahnhöfen aufgestellt, die die Piktogramme sprachlich erklärten – also eine Art Lexikon dieses neuen Zeichensystems. Dies zeigt wieder, daß es bei der Verwendung einer Abbildung als Zeichen der bewußten kulturellen Kodierung bedarf, um diese Abbildung eben erst zum Zeichen zu machen: Die Abbildung eines stilisierten Mannes ist zunächst nur die Abbildung eines Mannes oder Menschen; daß mir diese Abbildung den Weg zur Herrentoilette weisen will, muß mir erst gesagt werden – und das heißt eben, daß diese Abbildung als Zeichen definiert werden muß.

Zudem funktionieren viele Piktogramme – im Gegensatz etwa zu sprachlichen Äußerungen – eben nur innerhalb bestimmter kontextueller Strukturen definitiv zeichenhaft. Ein Schild mit der Aufschrift „Herrentoilette“, angebracht an einem Baum am Rande einer Waldschenke wird zweifelsfrei von einem männlichen Besucher derselben als Aufforderung verstanden werden, an diesem Baum sein Wasser abzuschlagen – und wird sicherlich auf kurz oder lang auch das Ordnungsamt auf den Plan rufen. Das Piktogramm eines Mannes an dem gleichen Baum wird stattdessen nicht eindeutig interpretiert werden, es könnte beispielsweise auch darauf hinweisen, daß hier ein Wanderweg vorbeiführt. Das gleiche Piktogramm wird dagegen dann eindeutig als Zeichen für „Herrentoilette“ fungieren, wenn es im räumlichen Kontext eines Gasthauses an einer Tür angebracht ist, zumal wenn sich an einer anderen Tür in der Nähe auch das Pikto für „Frau“ findet. Diese Piktogramme sind also als kontextabhängige, als Äquizeichen definiert. Im Gegensatz dazu ist ein Durchfahrt-Verboten-Schild auch dann noch eindeutig als Zeichen „lesbar“, wenn es sich im Lager des Straßenbauamtes befindet, wo es die Funktion der Verkehrsregelung nicht erfüllt: Bei diesem kontextunabhängig definierten Piktogramm handelt es sich also um ein echtes Zeichen.

Die Vorliebe unserer Kultur für piktografische Äußerungen liegt sicher darin begründet, daß sie sehr assoziationsstark sind: Sie sind genau da definiert und lexikalisiert, wo die Kultur auf intersubjektive und eindeutige Verständigung Wert legt (Verkehrszeichen) und genau da nicht definiert und lexikalisiert, wo die Kultur spielerischen und assoziativen Umgang mit „Zeichen“ zuläßt. Das piktografische Zeichensystem hat kulturell da seine Funktion, wo Bedeutungen schnell, aus relativer Entfernung und rein visuell aufgenommen werden müssen. Das System ist nicht geschaffen für den Aufbau narrativer Strukturen, die

Vermittlung komplexer Aussagen, für innovative Aussagen und spontane Neologismen. Ein elaboriertes piktografisches Zeichensystem wäre aber denkbar; die ägyptischen Hieroglyphen sind etwa ein solches. Piktogramme bieten zwar tendenziell eine größere interkulturelle Verständlichkeit als etwa sprachliche Zeichen; dennoch müssen sie in der Regel erst als Zeichen definiert sein, um verstanden zu werden.
Neben der Verwendung von Abbildungen als Zeichen gibt es kulturell natürlich auch die Verwendung von Abbildungen als Äquizeichen in einer bildlichen Äußerung oder einer Serie von Äußerungen. In den Gemälden Marc Chagalls taucht beispielsweise häufig ein auf dem Dach eines Hauses stehender Geiger auf; dieser wird im Gesamtœuvre des Malers zu einem festen Bestandteil des jüdischen Schtetls, aus dem Chagall seine Motive bezog, und in einer anderen künstlerischen Äußerung, dem Musical „Fiddler on the roof" zu einem Art Quasi-Zeichen für das Schtetl.

Anmerkungen

1 Vgl. zur Diskussion um den Ähnlichkeitsbegriff Eco 1972, S. 197ff. Zur Kritik von „Ähnlichkeit" als Argument für die „Zeichenhaftigkeit" von Abbildungen vgl. Goodman 1973.
2 Weitere Ausführungen dazu in Müller 1994.

Zeichen als System und Praxis: Kode und Performanz

Wir haben nun die Elemente der Semiosphäre kennengelernt, die Äußerungen, und wir wissen, woraus Äußerungen bestehen: aus Zeichen, verschiedenen Typen von Äquizeichen und manchmal auch aus Abbildungen. Wie wir gesehen haben, sind Äquizeichen und Abbildungen zunächst nicht-semiotische Phänomene, die als Elemente von Äußerungen semiotisiert werden. Zeichen dagegen sind der „harte Kern" von Äußerungen; sie sind die Grundlage der Möglichkeit von intersubjektiver Kommunikation. Damit die Intersubjektivität von Kommunikation gesichert ist, erhalten Zeichen im Gegensatz zu Äquizeichen ihre Bedeutung eben nicht erst in einer konkreten Äußerung, sondern durch ein kulturell vorgegebenes System, das diese Bedeutungen festlegt und auf das jede Äußerung zurückgreift. In der Semiotik nennen wir ein solches Regelsystem „Kode".

Alltagssprachlich versteht man unter einem „Kode" vornehmlich einen (De-) Chiffrierschlüssel, der die Übertragung von einem Zeichensystem in ein anderes regelt. So stellen etwa die Vorschriften, die die Übertragung der Morsezeichen in die Buchstaben des Alphabets regeln, einen Kode dar. Für die Semiotik ist ein Kode vor allem dasjenige System, mit dessen Hilfe die Zeichen eines Zeichensystems geordnet, ihre Verwendung und Verknüpfung geregelt werden und das vorschreibt, welche neuen Zeichen in das Zeichensystem aufgenommen werden können. Der Kode der natürlichen Sprache einer Kultur umfaßt also die Menge der anwendbaren sprachlichen Zeichen, wie sie in Wörterbüchern niedergelegt sind, syntaktische Regeln für ihre Auswahl und

Begriffsgeschichte

Der Begriff „Kode" (oder auch „Code") – und im Zusammenhang damit auch Begriffe wie „Zeichensystem", „Kompetenz" und „Performanz" – werden in der neueren Semiotikgeschichte in verschiedenen, häufig sehr abweichenden, Varianten benutzt.
Bereits Saussure hat eine grundlegende Unterscheidung eingeführt zwischen dem Zeichenreservoire und den syntaktischen Verknüpfungsregeln einerseits und dem Gebrauch dieser Zeichen andererseits.
Ersteres nennt er „langue", letzteres „parole" (vgl. Saussure [2]1967, S. 17). Die „parole" hat allerdings bei Saussure stark individualistische und psychologistische Züge; sie ist für ihn „ein individueller Akt des Willens und der Intelligenz, bei welchem zu unterscheiden sind: 1. die Kombinationen, durch welche die sprechende Person den code der Sprache in der Absicht, ihr persönliches Denken auszudrücken, zur Anwendung bringt; 2. der psycho-physische Mechanismus, der ihr gestattet, diese Kombination zu äußern." (Saussure [2]1967, S. 16f). Bei einer solchen Definition ist man tendenziell natürlich wieder darauf angewiesen, zu spekulieren, was in den Köpfen der Sprecher vor sich geht,

womit ihr semiotischer Erklärungswert stark eingeschränkt ist. Ein weiterer Schwachpunkt der Saussureschen Begrifflichkeit ist ihre Fokussierung auf sprachliche Zeichensysteme. Allerdings haben bereits Bentele/Bystrina darauf hingewiesen, daß sie problemlos für eine allgemeine semiotische Theorie erweiterbar ist. Sie schlagen vor, „langue" und „parole" durch Chomskys Begriffspaar „Kompetenz" und „Performanz" zu ersetzen. (Bentele/Bystrina 1978, S. 36; Chomsky ^{3}1983, S. 14). Der erste der beiden Begriffe ist allerdings wieder psychologistisch; Chomsky selbst sagt, die Sprachtheorie sei „mentalistisch in einem bestimmten Sinn, weil sie um die Aufdeckung einer mentalen Realität, die dem aktuellen Verhalten zugrunde liegt, bemüht ist." (Chomsky ^{3}1983, S. 14). Gerade in diesem Punkt weicht er explizit von den Saussureschen Begriffen, deren Verwandschaft mit seiner Theorie er betont, ab, indem er bemerkt, daß Saussure „langue" nur als „systematisches Inventar von Einheiten" versteht, wohingegen er seinen eigenen Begriff der „Kompetenz" als ein „System generativer Prozesse" versteht (Chomsky ^{3}1983, S. 14f). Es mag sein, daß Chomsky eine solche Begrifflichkeit zum Aufbau seiner generativen Grammatik benötigt; wir wollen dies nicht weiter diskutieren, sondern lediglich feststellen, daß uns der Saussuresche Begriff der langue – von seiner Fixiertheit auf sprachliche Systeme abgesehen – brauchbarer erscheint, da er ein abstraktes System, das zeichenhaften Äußerungen zugrundeliegt, beschreibt. Denn ein solches System ist immer nur in Relation zur Gesamtmenge der konkreten Äußerungen beschreibbar; sprachliche Regeln und Wörterbücher, die die Bedeutung einzelner Lexeme darstellen, sind a posteriori aus der Beobachtung konkreten Sprechens gewonnen, sie entwickeln sich nicht selbständig, sondern werden verändert, wenn sich der konkrete Zeichengebrauch in einer Kultur verändert. Andererseits nehmen die Regeln der Zeichenverknüpfung Einfluß auf das konkrete Sprechen, das sie restringieren. Um die Schwierigkeiten der oben diskutierten

Kombinatorik, aber auch beispielsweise rhetorische Regularitäten, die bestimmen, welche tropischen Ausdrücke wohlgeformt und zulässig sind und welche nicht, sowie soziolinguistische Vorschriften, die beispielsweise reglementieren, in welchen Zusammenhängen bestimmte Ausdrucksformen und Äußerungen angemessen bzw. unangemessen sind.
Und schließlich gibt es auch Kode-Elemente, die regeln, wie Zeichen verschiedener Zeichensysteme sinnvoll miteinander verknüpft werden können (z.B. Sprache und Gestik). Der Kode ist also ein Regelwerk, das der Benutzung von Zeichen zugrunde liegt, er ist nicht die Anwendung dieser Zeichen selbst. Aufgrund eines bestimmten, im Alltag beobachtbaren Zeichengebrauchs kann der dieser Zeichenverwendung zugrundeliegende Kode rekonstruiert werden, der bei schichtspezifischen Sprachverwendungen ja meist ungeschriebenen Regeln gehorcht und zum Teil ausschließlich mündlich tradierte Zeichen benutzt. Aber der Kode und der Gebrauch eines Zeichensystems sind voneinander zu unterscheidende Größen: sie verhalten sich zueinander wie die Vorschriften eines Regelspiels und das konkrete Spielen dieses Spiels.

Während der Kode wie gesagt das Zeichensystem und die Regularitäten seiner Anwendung definiert, bezeichnet dagegen Performanz eine Menge von konkreten Realisationen von Zeichen eines bestimmten Kodes, also die Verwendung von Zeichen in Äußerungen. Beide Ebenen sind relational eng miteinander verbunden: Jede Aktualisierung eines Zeichensystems wird daran gemessen, ob sie die Regeln des Kodes einhält und damit wohlgeformt ist; andererseits verändert ein fortgesetzter Regelverstoß auf der Ebene der Performanz wiederum den Kode. Eine solche wechselseitige Beeinflussung läßt sich anhand des Verbs „versichern" zeigen. Während es im 18. Jahrhundert immer mit Akkusativobjekt verwendet wurde („ich versichere dich, daß ich es gut mit dir meine") und eine Verwendung mit Dativobjekt als Regelverstoß und damit als „schlechtes Deutsch" gewertet wurde, hat sich in unserer Kultur die Verwendung mit Dativobjekt („ich versichere dir, daß ich es gut mit dir meine") eingebürgert, woraufhin sich auch die Regeln des Kodes verändert haben.

Nicht nur auf der Ebene der Sprache zeigt sich die enge relationale Verknüpfung von Kode und Performanz; allerdings ist in nicht-sprachli-

Begrifflichkeiten zu umgehen, schlagen wir vor, die beiden Ebenen „Kode" und „Performanz" zu nennen.

Diese Unterschiede sind sowohl intensionaler als auch extensionaler Art: Während zum einen manche Autoren „Kode" im engeren Sinne nur für das Regelsystem gebrauchen, das die Kombinatorik und Anwendung von Zeichen einer Art regelt, also vergleichbar der Syntax, verstehen andere Autoren wie beispielsweise Eco (1972) oder Titzmann (1977) „Kode" synonym zu „Zeichensystem" und damit ähnlich der hier von uns vorgeschlagenen Verwendung des Begriffs: Der „Kode" umfaßt dann also sowohl die Elemente als auch die Strukturierungsregeln des Systems.

Zum anderen wird – oft parallel zu den intensionalen Unterschieden – „Kode" auch mit verschiedenen Extensionen benutzt: Bei Autoren, die sich auf die klassische Kommunikationstheorie stützen, wird „Kode" als jeweils individuelle Beherrschung des Zeichen- und/oder Regelsystems aufgefaßt, so daß in der Kommunikation Sender und Empfänger einen unterschiedlichen, jeweils eigenen Kode haben und in der Kommunikation eine mehr oder weniger große Durchschnittsmenge dieser Kodes relevant wird (Schulte-Sasse/Werner 1977, S. 59f). In diesem Sinne angewandt ist „Kode" wiederum äquivalent zum Begriff der Kompetenz, wie er in der Tradition Chomskys gebraucht wird, und bezieht sich eher auf das explizite (Helbig 1971) oder bewußte (Titzmann 1977) Wissen des Zeichenbenutzers über das seiner Äußerung zugrundeliegende Zeichensystem, also sein individuelles „Lexikon", seine individuelle Regelbeherrschung usf. Eine solche Verwendung impliziert aber bereits das Vorhandensein (bzw. die Rekonstruierbarkeit) von überindividuellen „Kodes" bzw. „Zeichensystemen" innerhalb der Kultur, an der die Zeichenbenutzer individuell jeweils unterschiedlich kompetent partizipieren, und die sie andererseits – unter kreativer Erweiterung und/oder produktiven, rekurrenten Regelverstößen – rückwirkend mit der Zeit immer wieder verändern.

Während also dem Kode (als abstraktem „Zeichensystem") auf der Ebene der Äußerung die Performanz (als die Summe der in einer Kultur zu einer bestimmten Phase getätigten Äußerungen) gegenübersteht, bilden in unserem Verständis auf der individuellen Ebene die – jeweils auch nur annäherungsweise rekonstruierbare – individuelle Kompetenz und die je individuelle Performanz (als die Summe der aktualisierten Äußerungen jenes Individuums) ein Begriffspaar.
Eine ausführliche und anregende Diskussion des Kodebegriffs bietet Eco (1972). Er diskutiert dabei sowohl einen engeren, auf Informationstheorie und Kybernetik (Shannon/Weaver) zurückgehenden, als auch einen weiteren, dezidiert semiotischen Kodebegriff, der syntaktische Regelsysteme, semantische Auswahl- und Kombinationskriterien, Zeichenmengen etc. zu einem „Hypercode" verknüpft.

chen Zeichensystemen der Kode oft nicht mit der gleichen Genauigkeit bestimmbar wie im Fall der Sprache. Nehmen wir als Beispiel die bildende Kunst. Auf der Ebene der Performanz liegen alle einzelnen Kunstwerke wie Bilder, Plastiken bis hin zu Performances und Happenings. Der Kode eines solchen Systems ist um so elaborierter, je ausgeprägter das ikonographische System einer Kultur ist. Die christliche Ikonographie des Mittelalters etwa hatte ein sehr genau bestimmtes Zeichenreservoir, restriktive Verknüpfungs- und Auswahlregeln etc., also ganz bestimmte Konventionen. Die zeitgenössische Kunst dagegen zeichnet sich durch ein fast völliges Fehlen derartiger Konventionen aus; einen gemeinsamen Kode zu eruieren, der etwa den Bildern von Penck, Eric Fischl oder Gerhard Richter zugrundeliegt, scheint – zumindest im traditionellen Sinn – ein zum Scheitern verurteiltes Unterfangen zu sein. Da die Forschungen zu diesem Punkt nicht sehr weit gediehen sind, können wir hier nur die Vermutung aufstellen, daß viele Äußerungen der modernen Kunst auf einer anderen Ebene als der der traditionellen Kunst situiert sind: Der gemeinsame Kode ist nicht mehr ein ikonographisches System, sondern ein sekundärer Kode, der kunsttheoretische Äußerungen zur Konstruktion sekundärer Äußerungen benutzt. Dies zeigt sich beispielsweise an sogenannten ready-mades wie Duchamps Toilettenschüssel: nicht die Schüssel ist das Kunstwerk und damit die Äußerung, sondern die Tatsache, daß ein derart alltäglicher Gegenstand in ein Museum, also in den Kunst-Kontext gestellt wird. Die Kloschüssel bezieht sich also als Äußerung nicht auf einen ikonographischen Kode, sondern eben auf einen Meta-Kode der oben beschriebenen Art.

Kode und Performanz

Ein Kode ist ein semiotisches System, das folgende Elemente enthält:

1. Eine Menge von Einzelzeichen;
2. Eine Menge von paradigmatischen Auswahlregeln aus verschiedenen Unterklassen dieser Menge;
3. Eine Menge von syntaktischen Verknüpfungsregeln für Einzelzeichen;
4. Regeln für die Kompatibilität neuer Zeichen mit dem System;
5. Regeln für die Kombinierbarkeit von Zeichen unterschiedlicher Systeme. Der Kode ist also kein gruppenspezifischer Umgang mit einem Zeichensystem, vielmehr läßt sich aus einem solchen Umgang der Kode rekonstruieren, sofern er nicht explizit definiert ist. Den Gebrauch von Zeichen, ihre Anwendung in der Kommunikation nennen wir Performanz

Kotexte und Kontexte

Mit den Ausführungen über Kode und Performanz sind wir von der theoretischen Betrachtung abstrakter Zeichen bereits wieder auf der Ebene der Äußerungen angelangt, dort also, wo Zeichen in einem konkreten Zusammenhang zur Verständigung benutzt werden.

Als Äußerungen sind sie immer verknüpft mit einer Reihe anderer Sachverhalte, unter denen nicht selten wiederum andere Äußerungen eine wichtige Rolle spielen. Das situative, kulturelle, mediale Umfeld einer Äußerung und alle weiteren, in diesem Umfeld relevanten Äußerungen sind dabei für die Interpretation dieser Äußerung nicht unwesentliche Faktoren. Zumal dann, wenn diese Äußerungen aus verschiedenen Arten von Zeichen zusammengesetzt sind. Wir nennen dieses Äußerungsumfeld den Kontext der Äußerung und die im Zusammenhang mit dieser Äußerung relevanten Äußerungen die Kotexte der Äußerung.

Wenden wir uns zunächst dem einfacheren der beiden Begriffe zu, dem Kontext. In der Linguistik wird Kontext allgemein als die Umgebung definiert, in der eine bestimmte Äußerung vorkommt, und es wird zwischen dem situativen und dem normativen Kontext unterschieden.[1] Es spielt also bei der Interpretation einer Äußerung zunächst eine Rolle, wer zu wem spricht, in welcher sozialen und/oder räumlichen Umgebung die Äußerung stattfindet, mit welchen Handlungen die Äußerung verknüpft ist. Die Anrede „Na du kleines Scheißerchen" von einer Mutter gebraucht, die ihrem Baby gerade die Windeln wechselt, hat offenkundig eine erheblich andere Bedeutung, als wenn die gleiche Äußerung von einem Schüler gegenüber einem Lehrer gemacht wird. Während das doppelte Diminutiv im ersten Falle nicht nur als liebevoll betrachtet werden kann, sondern auch die Relation zwischen der Sprecherin und dem Angesprochenen adäquat wiedergibt, ist es im zweiten Falle genau umgekehrt. Hier besteht die Botschaft der Äußerung primär darin, daß durch den Gebrauch dieser Äußerung in diesem Kontext eine soziale Regel massiv verletzt und die bestehende soziale Struktur verbal in ihr Gegenteil verkehrt wird: Der sozial rangniedere, jüngere spricht den ranghohen, erwachsenen Adressaten so an wie eine Mutter ihr Baby. Zudem werden hier dem Lehrer, dessen soziale Rolle durch ein Mehr an Macht, Wissen und Autorität definiert ist, all diese Eigenschaften implizit abgesprochen und unterstellt, er verfüge – gleich einem Baby – noch nicht einmal über die grundlegende zivilisatorische Fähigkeit der Reinlichkeit. Diese wesentlichen interpretatorischen Folgerungen aus dieser Äußerung sind nur aufgrund der Kenntnis des Kontextes und darüber hinaus des Wissens über soziale Kodes, institutionelle Regeln von Schule etc. zu ziehen. Um die in diesem Falle provokative Bedeutung der Anrede zu verstehen, genügt in unserem Beispiel das Alltagswissen und die Alltagserfahrung.

In anderen Fällen kann dagegen die vollständige Bedeutung einer einzelnen Äußerung nicht allein unter Zuhilfenahme kontextuellen Wissens interpretiert werden, sondern nur im Zusammenhang mit den relevanten Kotexten. Der einfachste Fall dieser Art liegt vor, wenn die betrachtete Äußerung aus einem Gespräch stammt, also aus einer Reihe von Äußerungen verschiedener Sprecher im gleichen Kontext.

Kotexte sind selbstverständlich auch jenseits und außerhalb von Gesprächen relevant, wenn sich die Äußerung implizit oder explizit auf eine andere Äußerung bezieht. Der offenkundigste Fall einer solchen Referenzbeziehung ist das Zitat, wobei durch die Einbindung einer Teiläußerung in die aktuelle Äußerung potentiell die gesamte zitierte Äußerung als Kotext für diese relevant gesetzt wird. Zitiert werden kann in diesem Zusammenhang potentiell jede vorhergehende Äußerung, sei sie nun sprachlich oder nicht, künstlerisch oder nicht künstlerisch, Bestandteil des kulturellen Allgemeinwissens oder subkultureller bzw. privater Natur. Ob der Rezipient der Äußerung das Zitat als solches erkennt oder nicht und ob er über das dazugehörige kotextuelle Wissen verfügt oder nicht, ist dabei insofern relevant, als dieses Wissen eine Bedingung dafür ist, inwieweit er die Äußerung seines Gegenüber vollständig interpretieren kann.

Neben dem direkten Zitieren, also der Reproduktion einer bereits existierenden Teiläußerung innerhalb einer aktuellen Äußerung können Kotexte auch durch Erwähnungen relevant gesetzt werden: Bespielsweise durch die Nennung von Buch- oder Filmtiteln oder Figuren, die in Büchern oder Filmen vorkommen. Oder durch Nennung von Eigennamen, die mit der Produktion bestimmter Äußerungen verknüpft werden können: dabei kann es sich um Autorinnen und Autoren handeln oder um eine Person, die für ganz bestimmte Äußerungen bekannt ist. [2]

Schließlich kann es aber auch der Kontext selbst sein, der ganz bestimmte Kotexte aktiviert. Nehmen wir an, in den Fernsehnachrichten wird ein Auszug aus einer Politikerrede mit folgendem Wortlaut gesendet: „Wir Deutsche blicken nicht ohne Stolz auf die Tradition, für die dieser Ort steht, und wir wollen diese Tradition auch in Zukunft mit all unserer Kraft aufrechterhalten." Offenkundig ist für die Bedeutung dieser Äußerung von entscheidender Relevanz, wer sie an welchem Ort macht. Wenn wir beispielsweise aufgrund kotextuellen Wissens den Sprecher als den amtierenden Präsidenten des Bundestages und den Ort als den Plenarsaal des Parlaments identifizieren, dann können wir die angesprochenen Traditionen mit ziemlicher Sicherheit als die der immer noch jungen Demokratie in Deutschland identifizieren. Wenn aber derselbe Satz von demselben Politiker vor der Münchner Feldherrnhalle gesprochen wird, dann wird mit dieser Äußerung offenbar etwas völlig anderes behauptet, das weitgehend oppositionell zur Bedeutung des zuerst geschilderten Falls ist – denn der situative Kontext „Feldherrnhalle" evoziert Kotexte über die präfaschistische und faschistische Geschichte dieser Lokalität. Hier wird deutlich, daß Kontext und Kotexte in einer engen Wechselbeziehung zueinander stehen: die kontextuelle Situation „Feldherrnhalle" evoziert kotextuelles Wissen, z.B. über die

Vorgeschichte des Dritten Reichs in den 20er Jahren, das den Ort wiederum semantisiert und so den Kontext zu seiner spezifischen Bedeutungsqualität für die Äußerung verhilft. Strenggenommen ist also der Kontext einer Äußerung ein Spezialfall der Aktivierung von Kotexten: in die Bedeutung einer Äußerung können keine nicht-semiotischen Größen wie z.B. Gebäude, Situationen etc. als solche eingehen, sondern sie werden für die Bedeutungsmenge der Äußerung in gewissermaßen „semiotisierter" Form relevant, also durch die Kotexte, die sie aktivieren.
Ko- und Kontext bilden also ein enges Geflecht von Faktoren, die das zur vollständigen Interpretation einer Äußerung relevante Wissen aktivieren. Vollständig deshalb, weil ja die Bedeutung der geäußerten Zeichen und die dem benutzten Zeichensystem zugrundeliegenden Verknüpfungsregeln selbst schon in jedem Falle die Grundbedeutung jeder Äußerung festlegen und interpretierbar machen. In diesem Sinne ist jede Interpretation einer beliebigen Äußerung immer mit der Aktualisierung von Wissen verknüpft.
Diese Interdependenz von Äußerungen und ko(n)textuellem Wissen wird gerade auch anhand medial vermittelter Äußerungen besonders deutlich: Bestimmte Äußerungen evozieren nämlich bestimmte kontextuelle Bedingungen, auch wenn diese nicht direkt wahrnehmbar oder explizit erläutert werden. Nehmen wir an, der folgende Satz steht am Kapitelanfang einer Geschichte: „ Komm herein und mach die Tür hinter dir zu!, sagte er leise." Ohne weitere Erklärungen des Textes wissen wir als Rezipienten dieser Textstelle, daß wir es hier mit einem räumlichen Kontext zu tun haben, in dem eine Tür existiert, die geöffnet ist, einem „Innenraum" – in dem die sprechende Person situiert ist – und einem „Außenraum", in dem die angesprochene Person sich aufhält. Wir wissen also, daß zumindest zwei Personen in der entprechenden Situation anwesend sind, daß diese Personen in einer sozialen Beziehung zueinander stehen, die das „Du" erlaubt und den Sprecher in die Lage versetzt, dem Angesprochenen Anweisungen zu geben, und wir wissen, daß die räumliche Distanz zwischen beiden nicht sehr groß sein kann, sonst würde die sprechende Person nicht „leise" reden. Der Kapitelanfang präsupponiert also logisch und pragmatisch eine Reihe von Folgerungen, die einiges über den situativen Kontext der Äußerung, die in ihm gemacht wird, aussagen. Dieser kurze Text ist also eine Äußerung, die eine Äußerung „abbildet", die wiederum einen Kontext evoziert, den wir – in diesem Fall – aufgrund unseres Alltagswissens folgern müssen.

Anmerkungen

1 Heupel 1975, Bußmann 1983
2 Zu den verschiedenen Arten von Textreferenz und ihren Funktionen am Beispiel literarischer Texte vgl. Müller 1989.

Äußerung und Realität: Die Referenz

Will man sich klarmachen, wie Kommunikation mit Zeichen funktioniert, muß man versuchen, die komplexen Situationen, in denen sie stattfinden, zu analysieren und die verschiedenen Bestandteile begrifflich auseinanderzulegen. Ein solches Vorgehen ist nicht durch ein rein akademisches Interesse bestimmt – denn eine Semiotik, wie wir sie verstehen, soll eben nicht nur dazu dienen, eine wissenschaftliche Theorie über das Funktionieren von Kommunikation aufzustellen, sondern sie soll auch in der Praxis anwendbar sein, um Kommunikationsakte zu verbessern und zu optimieren – sei dies nun in den Medien oder in der Werbung.

Zeichen treten, wie man an den erwähnten Beispielen sehen kann, im Alltag immer als Bestandteile von Äußerungen auf und diese wiederum stehen meist in komplexen Kontexten: räumlichen, medialen, normativen usf. Um also Äußerungen möglichst vollständig interpretieren und verstehen zu können, braucht man eine ganze Menge Wissen. Zunächst einmal sollte man möglichst alle Bedeutungen (Signifikate) der Zeichen kennen, die in der Äußerung vorkommen. Ebenso müssen einem die Verknüpfungsregeln der entsprechenden Zeichensysteme vertraut sein, um die Basisbedeutung der Äußerung zu rekonstruieren. Darüber hinausgehende Bedeutungen aber werden wir erst verstehen, wenn wir genügend Wissen über den engeren und weiteren Kontext der Äußerung zur Verfügung haben: Wissen über Ort und Umstände und über den Status der beteiligten Personen, aber auch über die Kultur, in der sie getan wird, über die herrschenden Normen, über die relevanten Kotexte, über die zugrundeliegenden Denk- und Glaubenssysteme. Mit anderen Worten: Kommunikation vollzieht sich immer vor dem Hintergrund von „Weltbildern", vor dem Hintergrund der Konstruktion dessen, was eine oder mehrere Personen, die in irgend einer Weise in den kommunikativen Kontext integriert sind, für real halten. Denn im Grunde genommen ist Kommunikation – wie indirekt auch immer – der Versuch der Verständigung von Individuen und Gruppen über „Welt". Und daher ist auch für die semiotische Theorie die Klärung der Frage von entscheidender Bedeutung, ob und wie sich Zeichen und Äußerungen auf „die Realität" beziehen können.

Wissen, Realität und Realitätsklassifikation

Damit Kommunikation reibungslos funktionieren kann, muß ich möglichst das gleiche für real halten wie meine Kommunikationspartner – oder ich muß zumindest wissen, was diese für real halten und wie sie ihre Vorstellung von Realität strukturieren, in etwaiger Abweichung von meinem eigenen Konzept von Realität. Das beginnt schon damit, daß alle Kommunikationsteilnehmer möglichst die gleiche Einteilung von Phänomenen, die in dem räumlichen Kontext, in dem sie kommunizieren, präsent sind, in Kommunikationsakte und „anderes“ vornehmen. Ein Verletzter, der am Straßenrand sitzend und unfähig, sich anders zu bewegen, durch Kreisen des kleinen Fingers mitteilen möchte, daß er verletzt sei und Hilfe brauche, wird vermutlich nicht viel Glück haben. Auch Passanten, die seine Bewegung sehen, werden sie nicht als Kommunikationsakt einstufen, denn in unserer Kultur ist – zumindest isoliert betrachtet – das Kreisen des kleinen Fingers kein Zeichen.

Doch Wissen und die Klassifikation von Realität, die eine Kultur vornimmt, sind weit darüber hinaus von eminenter Bedeutung für Kommunikation mittels Zeichen. Denn Zeichen „bedeuten“ ja etwas, sie stehen für etwas. Jemand, der Zeichen äußert, will in der Regel etwas mitteilen, das über das bloße Äußern von Zeichen hinausgeht. Wenn jemand fragt „Haben Sie einen Hund?“, und sein Gesprächspartner antwortet „Ja, ich habe einen Hund“, dann ist es offensichtlich zum Funktionieren dieses Kommunikationsaktes von herausragender Bedeutung, ob beide mit dem Wort „Hund“ das gleiche „meinen“. „Das gleiche meinen“ ist unsere alltagssprachliche Formulierung für den Tatbestand, daß Kommunikation mit Zeichen nur dann funktionieren kann, wenn alle oder zumindest die wesentlichen Elemente eines Kommunikationsaktes für alle Kommunikationspartner die gleiche, intersubjektive Bedeutung haben. Die Menge der Kommunikationspartner kann im Falle der Massenmedien etwa eine ganze Kultur oder – wenn sich zum Beispiel der „Datenhighway“ so entwickeln sollte, wie es seine Propheten erhoffen – alle Menschen, die auf der Erde leben, sein.

Die Bedeutung einer Äußerung hängt aber offensichtlich davon ab, wie eine Kultur das, was sie für real hält – und ex negativo natürlich auch das, was sie für nicht real hält – klassifiziert. Ob sie etwa unterscheidet zwischen Hunden und Wölfen, oder ob sie beide Tierarten in eine Klasse subsumiert und damit Hunde und Wölfe als dieselbe Tierart betrachtet. Sie braucht dann natürlich auch nur ein Zeichen für beide Tierarten – denn es gibt ja keinen Unterschied zwischen Hunden und Wölfen.

Zeichen stehen also in engem Zusammenhang mit der Klassifikation von Realität derjenigen Kultur, die sie benutzt. Um diesen Zusammenhang genau beschreiben zu können, ist es also zunächst notwendig, die Basisstruktur des Realitätskonzepts und des Wissens von Kulturen näher anzusehen.

Zuvor jedoch, um Mißverständnissen vorzubeugen, eine kurze Bemerkung darüber, was wir „Realität“ nennen. Wir abstrahieren hier völlig von der Frage, ob es eine Realität als vorgegebene, ontologische, unabhängig von Wahrnehmung und kulturellen Konzepten existierende gibt – das mögen die Philosophen unter sich ausmachen. Uns erscheint eine gemäßigt konstruktivistische Position[1], die „Realität“ im wesentlichen als das sieht, was Menschen für „Realität“ halten, angemessener – vor allem, da wir es ja mit kulturellen Phänomenen, nämlich Zeichen und Kommunikation, zu tun haben. Wie eine objektive, allen verschiedenen kulturellen Konzepten zugrundeliegende Realität aussieht, mag vielleicht für bestimmte Fragestellungen interessant sein, in unserem Fall ist dies jedoch irrelevant. Zudem wäre es natürlich vermessen, eine Frage klären zu wollen, die in dreitausend Jahren Philosophiegeschichte noch kaum einen Schritt der Klärung nähergekommen ist. Aber vielleicht stimmt ja auch etwas mit der Fragestellung nicht.

Wissen und Realitätskonzeption

Jede Kultur verfügt über ein bestimmtes Wissen über die Welt, das als eine Menge von Sätzen beschreibbar ist, die etwa in einer auf Vollständigkeit bedachten Enzyklopädie niedergeschrieben wären. Dieses Wissen beinhaltet nicht nur Sätze über das, was nach Ansicht dieser Kultur existiert, sondern auch solche darüber, was nicht „real" ist. So ist sich unsere Kultur weitgehend einig, daß es ein Tier wie den Pegasus nur in Texten, nicht aber in der „freien Natur" gebe. Das Wissen darüber, was es nicht gibt, präsupponiert ein Wissen über andere Kulturen und deren Wissen, seien dies nun diachrone Vorgängerkulturen der eigenen, räumlich von der eigenen getrennte oder fiktional erfundene. Der Satz „Die Erde ist keine Scheibe" fußt auf dem Wissen über die mittelalterliche europäische Kultur als eine unserer Vorgängerkulturen, die die Erde eben für eine Scheibe hielt; der Satz „Durch Beschwörungen kann man keinen Regen machen" auf Wissen über fremde (z.B. indianische) Kulturen, die dies für möglich hielten, und der Satz „Es ist (zumindest jetzt noch) unmöglich, Menschen von einem zum anderen Ort zu beamen" auf Wissen über fiktional erdachte Welten, wie sie in Science-Fiction-Romanen oder -Filmen dargestellt werden.
Allgemein gesagt setzt also Wissen immer eine Äußerung voraus: In das Wissen einer Kultur kann nur eingehen, was in dieser Kultur als Äußerung präsent war, woher es auch kommen mag – aus der eigenen oder aus einer fremden Kultur. Wissen präsupponiert also Kommunikation – der Prozeß der Produktion von Äußerungen, auf welcher Ebene auch immer sie gemacht werden, ist gleichzeitig ein Prozeß der ständigen Bestätigung, Revidierung, Erweiterung und Umstrukturierung des Wissens einer Kultur. Nicht jedes Wissen ist jedem Mitglied der Kultur faktisch präsent; potentiell jedoch ist es ihm zugänglich, da es in der Kultur vorhanden ist. Dies gilt auch, wenn entweder ein bestimmtes relevantes Wissen per sozialen Normen nur einer bestimmten Gruppe vorbehalten bleibt – etwa einer Priesterkaste –, oder der Zugang zu einem bestimmten Wissen durch Bildungsschranken – wie im Fall der modernen Physik – erschwert ist. Denn im ersten Fall könnte ein Mitglied der Kultur sich den Zugang zu dieser Gruppe und damit zu ihrem Geheimwissen erschleichen, im zweiten Fall könnte das gleiche Individuum potentiell Physik studieren und so das entsprechende Wissen erlangen. Wichtig ist auf jeden Fall: Mit dem, was wir das Wissen einer Kultur nennen, ist die Gesamtheit der innerhalb der Kultur potentiell verfügbaren Wissensmengen gemeint, nicht die mehr oder weniger zufälligen Distributionen von Wissensmengen auf einzelne Mitglieder der Kultur.

In dieser Konzeption von Wissen ist auch das, was oft mehr oder weniger metaphorisch als „instinktives" oder „unbewußtes" Wissen bezeichnet wird, nicht enthalten. Wissen ist, wie gesagt, nur das, was ein auf Vollständigkeit bedachter Enzyklopäde auch zu Papier bringen könnte. Natürlich gibt es auch Prämissen über das Funktionieren der Realität, die eine Kultur stillschweigend annimmt, die sie aber nicht selbst formuliert oder formulieren kann. Diese Prämissen können dann natürlich von Mitgliedern einer anderen, die erstere analysierenden Kultur durch Interpretation des Wissens und der Äußerungen der ersteren Kultur reformuliert werden; sie gehören dann zum Wissen dieser zweiten Kultur über die erste. So galt etwa in der ersten Hälfte des 18. Jahrhunderts die stillschweigende Prämisse, daß die Struktur der Sprache und die der Welt isomorph seien und so alles, was formulierbar sei, auch real existiere.[2] Diese Prämisse wurde in der Kultur selbst nicht formuliert, sondern war nur nachträglich erschließbar.
Es existiert also über das Wissen einer Kultur hinaus noch eine weitere Instanz, die das Konzept von Realität einer Kultur regelt. Wir nennen diese Instanz die Realitätsklassifikation dieser Kultur.[3]
Diese Realitätsklassifikation ist ein System, das gewissermaßen als abstraktes Modell dem Realitätskonzept der Kultur zugrunde liegt. Dieses System ordnet die Realität in die Entitäten, die die Kultur unterscheidet, und beinhaltet auch die Relationen, die zwischen diesen Klassen von Entitäten bestehen. Jeder Entität, die die Kultur unterscheiden kann, und jeder Relation, die die Kultur herstellen kann, entspricht eine Klasse bzw. Relation in der Realitätsklassifikation. Da unsere Kultur zwischen Hunden und Wölfen unterscheidet, gibt es also eine Klasse „Hund" und eine „Wolf"; diese wiederum können in Unterklassen gegliedert sein, die Klasse „Hund" etwa in Klassen für die verschiedenen Hunderassen. Eine Kultur, die Wale für Fische hält, wird die Klasse „Wal" als Unterklasse von „Fisch" und nicht, wie wir es tun, als Unterklasse von „Säugetier" führen. Ebenso wird diese Kultur andere Relationen mit diesen Klassen verknüpfen: Die erste etwa die Relation „die größten der" (-> „Wale sind die größten der Fische"), die zweite die Relation „größer als" (-> „Wale sind größer als Fische"). In der Realitätsklassifikation können auch, wie oben schon bemerkt, Relationen zwischen Klassen enthalten sein, die die Kultur selbst nicht weiß, die also nicht Bestandteil ihres Wissens sind. Die Kultur des 18. Jahrhunderts etwa wird die Klassen „Sprache" und „Welt" mit der Relation „ist isomorph zu" (-> „Sprache ist isomorph zur Welt") verknüpfen, ohne daß sie dies selbst formulieren kann. Und natürlich enthält die Realitätsklassifikation auch – in der Sprechweise der Logik – „einstellige Relationen", d.h. Prädikate oder Eigenschaften, die mit bestimmten Klassen verbunden werden. Das Prädikat „existiert" ist mit allen denjenigen Klassen, die von der Kultur für real existent gehalten werden, verknüpft, mit allen anderen nicht.
Solche Prädikate können natürlich auch Tätigkeiten sein, z.B. „bellen" oder „zwitschern" (-> „Hunde bellen", „Vögel zwitschern"). Nicht in der Realitätsklassifikation enthalten sind natürlich rein private Klassen oder Relationierungen; durchaus beschreibbar wären dagegen verschiedene Realitätsklassifika-

tionen von Teilgruppen einer Kultur. Diese würden sich jedoch – aus der Perspektive des Gesamtsystems – lediglich in mehr oder weniger marginalen Teilen des Systems unterscheiden, (etwa, ob jemand im 18. Jahrhundert Katholik, Protestant oder Theist ist), die fundamentalen Basisklassifikationen (daß die Welt nur als Produkt einer Schöpferinstanz gedacht werden kann) blieben konstant und würden die grundlegende Realitätsklassifikation der Kultur abbilden. Kurz gesagt, die Realitätsklassifikation ist das System, das bei einer vollständigen Interpretation aller überlieferten Äußerungen (die damit auch das Wissen inkludieren) abstrahierbar wäre. Wohlgemerkt: Erst eine Interpretation aller Äußerungen liefert genügend Daten, um die Realitätsklassifikation zu erschließen, nicht schon die an der Oberfläche liegenden Informationen, die diese Äußerungen enthalten. Denn erst durch Interpretation sind die der Kultur selbst nicht bewußten Klassen und Relationen erschließbar.

Die Realitätsklassifikation ist also ein abstraktes Modell, das die Ordnung der Realität einer Kultur beschreibt. Von dieser Klassifikation hängt es ab, was eine Kultur an Entitäten und Relationen unterscheidet, und damit auch, welche Entitäten sie überhaupt (strukturiert) wahrnehmen kann und welche nicht – denn strukturiert wahrnehmen können bedeutet zuallererst, unterscheiden zu können. Was wir „Realitätsklassifikation" nennen, ist also eine – wenn auch nur annähernde – Präzisierung dessen, was man die „Ordnung der Realität" nennen könnte, die sich auf einer elementaren Ebene beispielsweise als eine strukturierte Menge von Differenzen und Ähnlichkeiten (Oppositionen und Äquivalenzen) darstellen ließe.

Das Wissen einer Kultur und ihre Realitätsklassifikation sind natürlich keine Systeme, die unabhängig voneinander existieren. Zwischen beiden besteht ein ständiger Austausch, in dessen Verlauf sich beide Systeme verändern, wobei natürlich gilt, daß sich Elemente der Realitätsklassifikation sehr viel langsamer verändern, je grundlegender sie sind. Eine Möglichkeit, die Realitätsklassifikation zu verändern, ist die, daß sich Mentalitätsveränderungen in der Kultur vollziehen, die zunächst noch nicht in formuliertem Wissen ausgedrückt sind. Ein Beispiel dafür ist das Entstehen des Konzepts vom „Unbewußten" oder „Unterbewußten" im 19. Jahrhundert. Formuliert wurde dieses Konzept bekanntlich erstmals von Sigmund Freud am Ende des Jahrhunderts. Doch bereits ab der Mitte des Jahrhunderts häufen sich in der Literatur Hinweise dafür, daß das psychologische Konzept eines Unterbewußtsein „in der Luft" liegt – Hinweise, die nirgendwo explizit formuliert sind, aber durch Interpretation literarischer Texte unterschiedlichster Provinienz erschlossen werden können.[4] Offenbar hat sich hier in der Realitätsklassifikation der Kultur innerhalb der Klasse, nennen wir sie „Psyche des Menschen" eine neue Unterklasse gebildet, für die es vor Freud noch keinen Namen gab, die aber nichtsdestotrotz existent war – die Klasse „Unterbewußtsein/Unbewußtes". Solche Veränderungen der Realitätsklassifikation führen dann früher oder später auch zu einer Veränderung des Wissens – irgend jemand, in unserem Falle eben Sigmund Freud, macht dann eine Äußerung, die ins Wissen der Kultur eingeht. Ein Indiz für die Existenz solcher Veränderungen der Realitätsklassifikation, die noch „nicht gewußt", noch nicht ins Wissen der Kultur eingegangen sind, ist vielleicht auch die Tatsache, daß manchmal die gleiche Entdeckung von verschiedenen Menschen an verschiedenen Orten nahezu gleichzeitig gemacht wurden – man denke nur an die Erfindung des Telefons durch Alexander Graham Bell und Johann Philipp Reis. Auch in der Kunst kommt es öfter vor, daß sich ein bestimmter „Stil" unabhängig an verschiedenen Orten gleichzeitig herauskristallisiert. Joachim Ernst Berendt hat dies für die „Erfindung des Jazz" beschrieben.[5]

Umgekehrt verändert sich die Realitätsklassifikation auch dadurch, daß die Kultur neues Wissen gewinnt. Diese Veränderung kann ebenfalls sehr lange dauern, je nachdem, wie grundlegend der betroffene Teil der Klassifikation ist. Die Entdeckung, daß Wale keine Fische, sondern Säugetiere sind, veränderte die Klassifikation bezüglich dieser Tiere wohl relativ schnell, die Entdeckung, daß die Erde keine Scheibe, sondern eine Kugel ist, hatte es dagegen schon sehr viel schwerer, wie die langwierigen Rückzugskämpfe relevanter Gruppen der Kultur, vor allem der Kirche, belegen. Und auch in unserer Kultur haben relevante Veränderungen des Wissens, etwa die nun schon fast hundert Jahre alte Relativitätstheorie Einsteins oder die moderne Quantenphysik kaum Spuren in der Realitätsklassifikation hinterlassen, zumindest was das Denken aller Nicht-Physiker betrifft: Wir können immer noch nicht anders, als uns die Zeit als linear ablaufend oder uns die Materie als aus festen Teilen zusammengesetzt zu denken. Ähnliches ist aber nicht nur auf der Ebene der Wissenschaften zu beobachten. Seit Jahrzehnten gibt es mittlerweile einen heftig geführten Diskurs über die Gleichberechtigung von Mann und Frau, und kaum ein Vertreter intellektuell relevanter Gruppen in unserer Kultur würde, befragte man sein Wissen über diesen Punkt, anderes äußern als „Mann und Frau sind gleichberechtigt". Das tatsächliche Verhalten in unserer Gesellschaft auch dieser Gruppen läßt jedoch darauf schließen, daß sich in der Realitätsklassifikation bezüglich der Geschlechterrollen noch nicht allzu viel verändert hat. Ein weiteres Beispiel: Der Diskurs über die „Grenzen des Wachstums" hat weder an der Realitätsklassifikation bezüglich der Ökonomie noch bezüglich einer allgemeinen Grundprämisse unserer Kultur etwas geändert. Denn noch immer kann sie fast alles – von der Wirtschaft über die Politik bis hin zu individuellen Lebensmodellen – stets nur in Begriffen wie „Wachstum", „Entwicklung", „Fortschritt" denken, während für sie „zyklische Wiederkehr" und „Stagnation" die schlimmsten aller Übel darstellen.

Realitätsklassifikation und Wissen sind also aufeinander bezogen, verändern sich im Austausch miteinander. Doch nicht nur bezüglich der diachronen Transformation sind die beiden Systeme miteinander verknüpft, sondern auch in ihrem „alltäglichen" Funktionieren in der Kultur. Die meisten Klassen der Realitätsklassifikation sind mit Teilmengen des Wissens der Kultur verknüpft – nämlich mit denjenigen Teilmengen, die das korrespondierende Wissen enthalten. Die Klasse „Baum" hat eine Verbindung zu dem Wissen, das in der Kultur über Bäume, die verschiedenen Arten von Bäumen, ihr Wachstum, ihre mythologischen Bedeutungen etc. enthalten ist. Keine direkte Verbindung zu Wissensmengen haben natürlich diejenigen Klassen, die solche Teile der Realitätskonzeption abdecken, zu denen die Kultur kein explizites Wissen hat; wir haben oben ja einige Beispiele dafür erwähnt. Da diese Klassen jedoch über Relationen in der Realitätsklassifikation wiederum mit anderen Klassen verknüpft sind, besteht auf jeden Fall eine Relation des Gesamtsystems zum Wissen.

Sehen wir uns die Art dieser Verknüpfung genauer an. Die Realitätsklassifikation gibt ja die Ordnung der Realität, wie sie eine bestimmte Kultur konzipiert, wieder. Sie bestimmt gewissermaßen den Ort, der jeder Entität und jeder möglichen Relation im Gesamtsystem zukommt. Das beinhaltet natürlich auch eine Hierarchisierung der verschiedenen Klassen: Jede Kultur setzt andere Schwerpunkte, was sie für zentral und was sie eher für marginal in ihrer Realitätsklassifikation ansieht. Durch die Verbindung zur Realitätsklassifikation wird diese Hierarchiesierung auch auf das Wissen übertragen: Es gibt wichtige und weniger wichtige Wissensmengen. In einer religiös geprägten Kultur wie der des europäischen Mittelalters wird das Wissen über Gott eminent wichtig sein, während Wissen über die Herstellung von Bier eher marginal ist. In einer sehr stark ökonomisch orientierten und säkularisierten Kultur wie der unseren dagegen ist das Wissen über Gott marginalisiert (obwohl es gegenüber dem Mittelalter sehr stark angewachsen ist: In unserer Kultur koexistieren die verschiedensten religiösen Modelle), während Wissen über die „Gesetze" des Marktes an einer sehr prominenten Stelle der Hierarchie steht. Wie der Soziologe Gerhard Schulze postuliert, sind in unserer Gesellschaft vor allem die drei Komplexe Wirtschaft, Naturwissenschaft und Alltagsrealität von zentraler Bedeutung.[6] Das heißt, daß sie – mit all ihren Unterklassen und relationalen Verknüpfungen – ganz oben in der Hierarchie der Realitätsklassifikation stehen, und daß das Wissen der Kultur über diese Komplexe zu den wichtigsten Wissensmengen zählt. Dies bedeutet nicht, daß jedes Mitglied der Kultur über dieses Wissen in seiner Gesamtheit verfügen muß – es bedeutet nur, daß Wissen, das einer dieser Klassen zugeordnet ist, als sehr relevant angesehen wird. Man kann ja zum Beispiel deutlich sehen, daß Äußerungen, die von einer naturwissenschaftlichen Position aus gemacht werden, sehr viel größeres Ansehen besitzen und eher geglaubt werden als Äußerungen, die aus anderen, nicht so hochgeschätzten Positionen heraus gemacht werden. Ob ein Arzt empfiehlt, zwei Aspirin zu nehmen und ins Bett zu gehen oder „nur" ein guter Freund, macht für die meisten Menschen einen großen Unterschied hinsichtlich ihres Zutrauens in diese Therapie. Ein weiteres Beispiel sind die berühmten „amerikanischen Forscher", die mit ihrer neuen Entdeckung, daß z.B. Rauchen doch nicht zu Lungenkrebs führe, gerne von Boulevardzeitungen zitiert werden: Äußerungen aus dem Kontext der Naturwissenschaften haben von vorneherein eine große Chance, anerkannt zu werden. Für uns mag es selbstverständlich klingen, daß naturwissenschaftliche Äußerungen einen größeren Glaubwürdigkeitsbonus haben als zum Beispiel Äußerungen eines Priesters; ein Blick auf andere

Kulturen zeigt jedoch, daß auch eine umgekehrte Relation denkbar wäre – es hängt eben von der Ordnung der Realität ab.
Die Realitätsklassifikation strukturiert und hierarchisiert also das Wissen einer Kultur; andererseits kann neues Wissen die Realitätsklassifikation verändern; wie lange dies dauert und wie nachhaltig diese Veränderungen sind, hängt davon ab, wie grundlegend in der Hierarchie des Klassifikationssystems die Klasse ist, mit der das neue Wissen verknüpft ist. Die Relativitätstheorie zur Zeit ihrer Entstehung war ein neues Wissen, das mit einer (in unserer Kultur) zentralen Stelle des Klassifikationssystems verknüpft war: der Klasse „Naturwissenschaften" bzw. „Physik". Wie wir schon bemerkten, hat diese Theorie auch jetzt noch nicht zu einer grundlegenden Veränderung der Realitätsklassifikation geführt. Unser alltägliches physikalisches Weltbild ist eher das Newtons als das Einsteins. Natürlich haben die Physiker ein anderes Klassifikationssystem, das sich vom allgemein kulturellen unterscheidet. Es ist jedoch zu vermuten, daß dieses zweite Klassifikationssystem nur in theoretischen Kontexten zum tragen kommt – in ihrem alltäglichen Verhalten werden sich auch die Physiker nach den Raum- und Zeitmodellen der Newtonschen Physik richten. Dieses Beispiel illustriert, daß neues, vor allem hierarchiehohes Wissen zwar andere Systeme der Realitätsklassifikation präsupponieren kann, die aber (noch) nicht ins allgemeine kulturelle System integriert sind. Relevant für die Kultur ist immer das allgemeine System, nach dem die meisten relevanten Mitglieder der Kultur ihre Vorstellung von Realität ausrichten. Denn eben auch die Physiker verhalten sich außerhalb theoretischer Diskussionen nach diesem allgemeinen Modell.[7]

Wissen und Realität

Das Wissen einer Kultur ist die Menge aller Sätze, die die Kultur über die Realität irgendwann einmal geäußert hat und die in irgend einer Form in der Kultur verfügbar sind. Das Wissen kann in Form von schriftlicher Niederlegung, aber auch in Form von mündlichen Überlieferungen präsent sein. Das Wissen ist strukturiert in verschiedene Wissensmengen, die sich inkludieren oder überschneiden können, und es ist hierarchisiert in wichtige und weniger wichtige Wissensmengen. Zudem können konkurrierende, einander ausschließende Wissensmengen koexistieren; das bedeutet dann, daß es in der Kultur einen Diskurs über die Richtigkeit bestimmter Aussagen zu einen Realitätsausschnitt gibt.

Die Realitätsklassifikation gibt die Ordnung wieder, die die Kultur der Realität unterstellt. Sie ist beschreibbar als Menge von Klassen und Relationen, die ein komplexes, vernetztes und hierarchisiertes System von Entitäten und Beziehungen zwischen diesen Entitäten abbildet. Für die eigene Kultur ist die Realitätsklassifikation nie vollständig beschreibbar, denn sie enthält auch Klassen und Relationen, die der Kultur nicht bewußte Basisannahmen ihres Realitätskonzepts enthalten.

Zwischen Wissen und Realitätsklassifikation bestehen enge Verbindungen: Wissensmengen sind mit bestimmten Klassen verknüpft; Änderungen in einem der beiden Systeme können Änderungen im anderen nach sich ziehen. Die beiden Mengen sind jedoch nicht ineinander überführbar, denn

1. gibt es in der Realitätsklassifikation Elemente, die nicht im Wissen formuliert sind; und
2. gibt es Wissen, das noch nicht zu Konsequenzen in der Realitätsklassifikation geführt hat.

Anmerkungen

1 Zu verschiedenen konstruktivistischen Positionen vgl. z.B. Maturana/Varela 1987, Glasersfeld 1987, Watzlawick 1976, 1981
2 Titzmann 1990, S. 244f
3 Zum Begriff der Realitätskonstruktion und Klassifikation vgl. Titzmann 1998
4 Angefangen beispielsweise bei Otto Ludwigs „Zwischen Himmel und Erde“ bis hin zu frühen Texten Arthur Schnitzlers.
5 Berendt 1982, S. 20
6 Vgl. dazu Schulze 1994
7 Gardner 1993, S. 16ff

Das Referenzposulat

Wir haben nun einen Überblick darüber gewonnen, wie kulturspezifische Konzepte von Realität und das Wissen einer Kultur im Gesamtsystem einer Kultur funktionieren. Unsere nächste Aufgabe ist es zu klären, wie Äußerungen mit diesem kulturellen Konzept von Realität verknüpft sind. Denn offensichtlich gibt es eine solche Verknüpfung von Äußerungen und Zeichen mit der „Realität“: Äußerungen sind in den meisten Fällen Äußerungen „über irgend etwas“, und das heißt eben, sich „über“ einen Ausschnitt der Realität zu äußern, oder aber die Realität durch die Äußerung zu verändern. Ersteres findet statt, wenn wir etwa erzählen, „was gestern passiert ist“, oder wenn wir einen physikalischen Text schreiben, indem wir etwa das Funktionieren von Quantensprüngen erklären; letzteres in sogenannten „performativen Äußerungen“[1], wenn etwa ein Richter in der gesellschaftlichen Institution eines Gerichts zu einem Angeklagten sagt: „Ich verurteile Sie zu...“ oder „Ich spreche Sie frei“. Ein ähnliches Beispiel wäre der Vollzug des Eheschließungs-Rituals. Richter wie Standesbeamter verändern dabei jeweils den sozialen Status der betreffenden Personen und transformieren kraft einer Äußerung einen Teilbereich der Realität. Ähnlich gelagert ist der Fall der Verkehrszeichen: Mit ihrem Aufstellen in einer Stadt verändert sich die Struktur der Stad. Bestimmte Straßen sind nun Vorfahrtsstraßen, andere Einbahnstraßen, wieder andere sogenannte verkehrsberuhigte Straßen.

Nun ist es natürlich nicht so, daß die Menge aller Äußerungen eins zu eins die Menge aller Realitätsannahmen abbilden, daß also Äußerungen und Zeichen fest mit bestimmten Realitätsausschnitten verknüpft sind. Denn wir können ja auch falsche Äußerungen über die Realität machen (wenn wir uns – relativ zur Realitätsklassifikation der Kultur – irren, oder wenn wir lügen), und wir können uns auch über Objekte und Sachverhalte äußern, die in der Realitätsklassifikation der Kultur nicht vorgesehen sind – etwa, wenn wir in unserer Kultur über Einhörner, Hexen oder Marsmenschen sprechen. Denn die Zeichen – und damit auch die Äußerungen, die sich aus ihnen zusammensetzen – sind nicht die Summe aller Platzhalter der „realen Welt“. Zeichenbedeutungen bestehen aus Mengen semantischer Merkmale – ganz gleichgültig, ob dem entsprechenden Zeichen in der Realität „wirklich“ etwas entspricht oder nicht. Innerhalb der Zeichensysteme haben alle Zeichen denselben Status bezüglich der Realität. Die Frage, ob sie auf etwas „Reales“ oder „Wirkliches“ referieren, entsteht erst, wenn die Zeichen benutzt werden. Die meisten semiotischen Theorien setzen jedoch beim Versuch, die Frage nach der Verknüpfung von Zeichen und Realität zu klären, beim Zeichen an, und deshalb sind diese Versuche auch meist wenig brauchbar. Die Frage nach der Relation zwischen dem Zeichen und dem Bezeichneten ist eines der am häufigsten kontrovers diskutierten Probleme der Semiotik. Derjenige Lösungsversuch für das Referenzproblem, der bisher die weiteste Verbreitung gefunden hat, besteht in der Einbeziehung des Bezeichneten in den Zeichenbegriff. Zu Signifikant und Signifikat tritt in solchen Zeichendefinitionen – anders als in der von uns vorgeschlagenen – das Bezeichnete als „object", „Referens" oder „Referent" hinzu.[2] Jedes Zeichen würde demnach das Bezeichnete und die Relation zu ihm einschließen. So einleuchtend dieses Vorgehen zunächst erscheinen mag, so viele Probleme bringt es mit sich. Denn die Stelle des Referenten muß dann von den heterogensten Phänomenen besetzt werden können: Konkretes und Abstraktes, Wirkliches und Unmögliches, alltägliche Gegenstände und metaphysische Entitäten könnten diesen Platz einnehmen. So verschieden diese „objects" oder Referenten in unserer Vorstellung sein können, so verschieden müßten auch die Relationen zu den anderen Elementen des Zeichens ausfallen. Ist der Referent beispielsweise ein konkretes Objekt, dann wäre das Zeichen eine merkwürdige Mischung aus abstrakten – also Signifikant und Signifikat – und mehr oder weniger konkreten Größen. Damit wäre aber bereits in der Zeichendefinition eine ontologisch vorgegebene „Realität" vorausgesetzt. Soll der Referent dagegen ein abstraktes Objekt sein, also etwa eine Abstraktionsklasse von konkreten Objekten, so könnte diese nur durch die Aufzählung ihrer semantischen Merkmale angegeben werden. Damit hätte man aber nichts anderes getan, als das Signifikat – unnötigerweise – zu verdoppeln.

Um also bestimmen zu können, wie eine Kultur mit Hilfe von Zeichen auf Realität referiert, müssen wir von der Ebene des bloßen Zeichenbegriffs auf die Ebene der Performanz übergehen. Denn mit der Realität werden Zeichen nur in ihrem Gebrauch verknüpft, wenn Mitglieder einer Kultur Zeichen benutzen, um eine Äußerung zu machen. Wenn man das pure Zeichenreservoir, wie man es etwa im Falle der Sprache in einem Wörterbuch aufgelistet findet, betrachtet, kann man keine Aussage darüber machen, für welche Lexeme die jeweilige Kultur die Existenz entsprechender Objekte in der Realität annimmt und für welche nicht. Wenn man beispielsweise das sprachliche Zeichen „Hexe" in einer Lexemliste findet, weiß man noch nichts darüber, ob die Kultur die Existenz einer Hexe annimmt oder nicht. Diese Frage kann erst beantwortet werden, wenn man beobachtet, wie eine bestimmte Kultur mit diesem Zeichen umgeht, wie sie es also gebraucht. In unserer Kultur wird man sehr bald feststellen, daß sie bestimmten sprachlichen Zeichen, wie etwa „Pegasus", „Hexe", „Einhorn" etc., keine existierenden Objekte zuordnet. Wenn sich beispielsweise jemand dahingehend äußert, daß eine Person den Pegasus reite, dann wird diese Äußerung in unserer Kultur augenblicklich als metaphorisch interpretiert, da niemand an die reale Existenz einer Größe glaubt, auf die die semantischen Merkmale des Zeichens „Pegasus" zutreffen. Es gibt natürlich auch den Fall, daß eine Kultur tendenziell jedem Zeichen, das sie in ihren Kodes besitzt, ein Objekt zuordnet, wie etwa die Kultur der Goethezeit, die eine Isomorphie von Sprache und Realität annimmt: „Was sagbar ist, ist auch denkbar (...) Was aber denkbar ist, existiert auch in der Realität".[3] Doch die Erkenntnis, daß dem so ist, ist nicht aus dem sprachlichen Kode der Goethezeit zu gewinnen, sondern nur aus der

Interpretation ihrer Äußerungen und Diskurse – und damit aus der Rekonstruktion ihres Wissens und ihrer Realitätskonzeption.
Semiotische Lösungsversuche des Referenzproblems, die bereits auf der Ebene des Zeichenbegriffs und damit der des Kodes ansetzen, müssen scheitern, weil sie implizit oder explizit immer eine Ontologie voraussetzen und damit von unentscheidbaren philosophischen Problemen und also außersemiotischen Fragestellungen abhängen. Zeichen sind jedoch unabhängig von den Realitätsannahmen einer Kultur (und auch davon, ob wir glauben, daß es außerhalb unserer Wahrnehmung eine Wirklichkeit gibt oder nicht): Mit dem Realitätsbegriff werden sie nur als Äußerungen verknüpft.
Der Prozeß dieser Realitätskonstruktion wird auf der Ebene der Performanz und der Äußerungen sichtbar, er konstituiert sich einerseits im Gebrauch von Zeichen und andererseits wird jede Äußerung wiederum mit dem gegenwärtig gültigen Realitätsbegriff der Kultur in Beziehung gesetzt. Was wir jetzt benötigen, ist eine Instanz, die die Äußerungen einer Kultur mit deren spezifischer „Realität" verknüpft; diese Instanz ist eine Relation, die wir als Referenzpostulat bezeichnen.

Referenzpostulat

Das Referenzpostulat ist diejenige Relation, die einer Äußerung einen der drei Werte positiv („gibt es/ist adäquat"), negativ („gibt es nicht/ist inadäquat") oder neutral („unentschieden/Adäquatheit unentschieden") zuordnet. Referenzpostulate können sowohl mit geäußerten Einzelzeichen als auch mit komplexen Äußerungen verknüpft sein.

Das Referenzpostulat hat also als Definitionsbereich Äußerungen eines oder mehrerer Zeichensysteme, denen es nach Maßgabe der Realitätskonzeption der jeweiligen Kultur einen der drei Werte zuordnet. Es stellt die Verknüpfung von Zeichensystemen, die ja nach unserer Definition aus den Ebenen „Kode" und „Performanz" bestehen, und dem her, was die diese Zeichensysteme benutzende Kultur für real hält. Das Referenzpostulat von geäußerten Einzelzeichen steht in engem Konnex zum Signifikat: je nach Signifikatsvariante und zeichenbenutzender Gruppe kann es einen anderen Wert annehmen. Dies sei am Beispiel des Zeichens „Gott" erläutert. Im späten 18. Jahrhundert koexistierten in Europa bezüglich religiöser Annahmen zwei relevante Gruppen: die deistische und die christliche. Das Denotat von „Gott" besteht aus den Merkmalen, die alle Angehörigen der Kultur teilen, also etwa „nicht-menschlich" und „Schöpfer der Welt". In diesem Basiszeichen nimmt das Referenzpostulat den Wert „gibt es" an, und zwar für alle Angehörigen der Kultur. Jede der beiden Gruppen schreibt nun Gott weitere, teilweise oppositionelle Merkmale zu, etwa das Merkmal „greift nicht in die Welt ein" von seiten der Deisten und „greift in die Welt ein" von seiten der Christen. Es existieren also verschiedene Konnotate und damit verschiedene Signifikatsvarianten. Jede Gruppe ordnet nun der eigenen Signifikatsvariante den positiven, der der anderen Gruppe den negativen Wert des Referenzpostulats zu. Anhand des Bestehens von Signifikatsvarianten und der Unterschiedlichkeit des Referenzpostulats läßt sich also ein kultureller Dissens über bestimmte Realitätsausschnitte beschreiben. Die Referentialität komplexer, aus Zeichenketten bestehender Äußerungen ist einerseits durch die Werte der Referenzpostulate der einzelnen Zeichen, die in ihr vorkommen, und andererseits durch die Adäquatheit einer Äußerung in ihrem Kontext bestimmt. Versuchen wir, die verschiedenen Möglichkeiten von Adäquatheit oder Nicht-Adäquatheit anhand eines Beispiels zu verdeutlichen. Bei Aussagesätzen besteht diese Adäquatheit in der Konsistenz mit der Realitätskonzeption der Kultur; ihr Referenzpostulat ist also mit dem Wahrheitswert identisch. Betrachten wir den Satz „Der Bundeskanzler ist göttlich" in seiner wörtlichen Bedeutung, und nehmen wir in einem ersten Fall an, die Kultur, die diesen Satz äußert, sei atheistisch. Das Referenzpostulat von „Bundeskanzler" ist positiv – es existiert eine reale Entität, auf die das Zeichen zutrifft –, das von „göttlich" negativ. Damit ist dieser Satz falsch, weil er einer Entität ein Prädikat zuschreibt, das auf keine Entität zutreffen kann. In einem zweiten Fall nehmen wir an, die Kultur sei christlich. Dann ist das Referenzpostulat von „göttlich" positiv. Durch die Merkmale des Signifikats ist nun festgelegt, auf welche Entitäten das Prädikat zutreffen kann, in der christlichen Kultur also nur auf die Glieder der „heiligen Dreifaltigkeit". Die Kombination von „Bundeskanzler" und „göttlich" im wörtlichen Sinn ist also nicht zulässig, der Satz ist falsch. Als dritten Fall können wir annehmen, wir hätten es mit einer pantheistischen Kultur zu tun, die an das Vorhandensein Gottes in jeder Entität glaubt; in diesem Fall wäre der Satz wahr. Die Referenzpostulate komplexer Äußerungen hängen also in diesem Fall von denen der einfachen Zeichen ab. In bestimmten Äußerungen werden diese nur nach einer empirischen Überprüfung bestimmt werden können. Geht es dabei um das Referenzpostulat des aktuellen Wetterberichtes, genügt ein Blick aus dem Fenster, geht es um Nachrichten von weit entfernten Geschehnissen oder um wissenschaftliche Entdeckungen, sind wir von der Glaubwürdigkeit der Quellen abhängig.

Die Bestimmung der Referenzpostulate muß also je nach Art der Äußerung auf andere Weise geschehen. Gemeinsamer Faktor ist per definitionem die Konsistenz mit der Realitätskonzeption der Kultur, die das Zeichensystem benutzt. Die Referenzpostulate nehmen den positiven Wert genau dann an, wenn die Bedeutung der Äußerung mit der Realitätskonzeption konsistent ist, den negativen, wenn sie dies nicht ist, und den neutralen, wenn dies für die Kultur unentschieden ist. Wir stellten bereits fest, daß bei Aussagesätzen die Werte des Referenzpostulats die Wahrheitswerte sind. Bei Fragesätzen sind diese Werte eine Entscheidung, ob es relativ zur Realitätskonzeption einer Kultur sinnvoll ist, diese Frage zu stellen. So ist das Referenzpostulat der Frage „Wo ist Gott?" in einer atheistischen Kultur negativ, in einer theistischen positiv. Bei Ausrufen, Gesten und ähnlichem schließlich hängt der Wert des Referenzpostulats davon ab, ob nach der Realitätskonzeption der Kultur der Ausruf im situativen Kontext sinnvoll ist. Der Ausruf „Fertigmachen zum Entern!“, in den Alpen geäußert, ist – in seiner wörtlichen Bedeutung – sinnlos, daher ist sein Referenzpostulat negativ. Ebenso verhält es sich im Falle von nicht-sprachlichen Zeichensystemen. Ein „Durchfahrt verboten“-Schild, das in der Mitte einer Mauer hängt, also an einer Stelle, an der es gar keine potentielle Durchfahrt gibt, ist inadäquat, und somit ist das Referenzpostulat dieser Äußerung negativ. Komplizierter wird die Zuordnung der Referenzpostulate bei Zeichensystemen, deren Semantik möglicherweise kulturell weniger kodiert ist als die der natürlichen Sprache. Nehmen wir wieder das Beispiel des Zeichensystems der bildenden Kunst. In der christlichen Ikonographie des Mittelalters wäre eine Äußerung, die in einem Bild von der heiligen Familie besteht, das diese mit den traditionellen Attributen versieht, adäquat, und somit ihr Referenzpostulat positiv. Ein anderes, fiktives mittelalterliches Bild, das Maria und Joseph beim Zeugungsakt zeigt, wäre nach der Realitätskonzeption dieser Kultur inadäquat, sein Referenzpostulat somit negativ. In der modernen Kunst, die keine – nach Maßgabe unserer Kultur – mimetische Ikonographie mehr besitzt, ist die Zuordnung des Referenzpostulats natürlich sehr viel schwieriger. Die Provokation von Duchamps readymades in einem Kunstmuseum bestand eben darin, daß das Referenzpostulat dieser Äußerung negativ war: eine Kloschüssel im Museum war zu dieser Zeit völlig inadäquat. Seit diesen Zeiten scheint sich die Realitätskonzeption unserer Kultur, was bildende Kunst betrifft, völlig verändert zu haben. Inzwischen kann – polemisch gesagt – in Kunstmuseen so gut wie alles herumstehen. Das Referenzpostulat einer solchen künstlerischen Äußerung ist dann oft nur noch von der Relation dieser Äußerung zum situativen Kontext abhängig: was im Museum oder in einer Galerie steht, wird als Kunst interpretiert und ist somit adäquat. Dies bedeutet auch, daß der Kode der bildenden Kunst unserer Zeit die scheinbar unbegrenzte Möglichkeit hat, beliebige Phänomene in Äquizeichen zu verwandeln.

Wir möchten abschließend noch darauf hinweisen, daß Äußerungen, denen ein negatives Referenzpostulat zugeordnet ist, deshalb keineswegs sinnlos sein müssen. Denn neues Wissen widerspricht zum Beispiel häufig der bis dahin gültigen Realitätskonzeption und hat zunächst ein negatives Referenzpostulat – solange, bis es sich zunächst in der scientific community, dann in der gesamten Kultur durchsetzt. In Zeiten, in denen man noch harscher mit realitätsinadäquaten Äußerungen umging, setzten sich diejenigen, die neues Wissen in den kulturellen Diskurs einbrachten, oft großen persönlichen Gefahren aus: Galilei beispielsweise wurde als Ketzer – und das bezeichnet ja nichts anderes als eine Person, die Dinge behauptet, die in der Kultur ein negatives Referenzpostulat haben – verurteilt. Und auch in Kunst und Literatur werden häufig Fiktionen konstruiert – man denke nur an die Fälle des Gespenster- oder des Science-Fiction-Romans –, die nicht realitätsadäquat sind und dennoch innerhalb des Kontextes „Kunst“ ihren Sinn haben.

Die praktische Bedeutung des Konzepts des Referenzpostulats besteht darin, daß dadurch beschrieben werden kann, wie eine Kultur ihre Zeichen in Relation zu ihrer Realitätskonzeption benutzt. Referenzpostulate werden Äußerungen in der Regel implizit zugeordnet; d.h. bei jeder Äußerung wird von jedem kompetenten

Mitglied der Kultur ihre Adäquatheit oder Inadäquatheit implizit wahrgenommen. Es gibt nun natürlich auch den Fall, daß das Referenzpostulat einer Äußerung in einer Kultur selbst wieder zum Gegenstand einer anderen Äußerung gemacht wird, also explizit thematisiert wird. Erläutern wir dies an einem Beispiel. Wenn ein Freund, der ein Bewunderer der schönen Literatur ist, mir mitteilte, daß er gestern abend den Pegasus geritten habe, so würde ich diese Äußerung – da ich ihren Kontext kenne – zunächst uneigentlich interpretieren und annehmen, mein Freund wolle mir sagen, er habe gestern abend ein Gedicht geschrieben; in dieser ihrer uneigentlichen Bedeutung würde ich implizit dieser Äußerung ein positives Referenzpostulat zuschreiben. Wenn sich dann aber im weiteren Gespräch herausstellte, daß mein Freund mir sagen will, er sei gestern abend tatsächlich auf einem real existierenden geflügelten Pferd durch die Lüfte geritten, so würde ich ihn wohl fragen: „Du meinst also, der Pegasus existiert tatsächlich?“ In diesem Fall hätte ich das Referenzpostulat seiner Äußerung explizit thematisiert; unsere weitere Diskussion würde wohl um den Wert dieses Referenzpostulats kreisen. Es ist also von Relevanz, ob eine Kultur einen bestimmten Wert des Referenzpostulats einer Äußerung nur implizit zuschreibt, oder ob sie ihn explizit macht, das heißt ihn selbst zum Gegenstand einer Äußerung macht. So ist es beispielsweise signifikant, ob eine Kultur das sprachliche Zeichen „Gott“, dem das Referenzpostulat implizit den positiven Wert zuordnet, ganz selbstverständlich verwendet, oder ob sie Aussagen wie „Gott existiert“ rekurrent formuliert und somit das Referenzpostulat explizit thematisiert. Im letzteren Fall ist die Zuordnung des positiven Werts offenbar nicht mehr ganz so selbstverständlich wie im ersten; die Realitätskonzeption ist bezüglich der Existenz Gottes ins Wanken gekommen.

In der Kombinatorik von expliziten und impliziten Thematisierungen der drei Werte eines Referenzpostulats sind rein logisch sechs Fälle relevant:

Referenzpostulat	*implizit*	*explizit*
positiv	für die Kultur eindeutig; keine Kontroverse	Problematisierung; Kontroverse
negativ	irrelevant	Kontroverse
neutral	nicht existent	Affirmation eines agnostischen Standpunktes

Implizit positives Referenzpostulat
Ein implizit positives Referenzpostulat bedeutet, daß eine Kultur die Existenz einer bestimmten Entität als selbstverständlich annimmt, ohne dies ständig affirmieren zu müssen: über die implizit positiven Referenzpostulate wird in der Kultur nicht gesprochen. So war etwa die Existenz einer gerechten Weltordnung im frühen 18. Jahrhundert völlig selbstverständlich; zum Gegenstand einer Kontroverse wurde sie erst im Lauf des Jahrhunderts, als die Frage nach ihrer Existenz zum Problem und damit das Referenzpostulat explizit positiv wurde.

Explizit positives Referenzpostulat
Die Kultur des späten 18. Jahrhunderts glaubte zwar immer noch an eine gerechte Weltordnung, doch wurden ihre Bedingungen und Formen diskutiert. Explizit positive Referenzpostulate werden also in einer Kultur denjenigen Entitäten zugeschrieben, deren Existenz zwar noch geglaubt wird, die aber bereits zum Problem geworden ist: die Kultur muß die Existenz dieser Entität sich selbst dauernd affirmativ bestätigen. Eine derartig rekurrente Affirmation bedeutet natürlich, daß es intra- oder extrakulturell Gruppen gibt, von denen die Kultur weiß, daß sie nicht das gleiche glauben wie sie selbst.

Implizit negatives Referenzpostulat
Implizit negative Referenzpostulate sind für die betreffende Kultur völlig irrelevant, denn sie wären mit denjenigen Entitäten verknüpft, deren Existenz eine Kultur ganz selbstverständlich nicht annimmt. Dies bedeutet, daß die Kultur nicht einmal ein Zeichen für diese Entität besitzt: sie kommt in der Kultur überhaupt nicht vor. Sowohl die implizit positiven als auch die implizit negativen Referenzpostulate sind nur von einem außerhalb der fraglichen Kultur stehenden Beobachter als implizite Basisprämissen erschließbar.

Explizit negatives Referenzpostulat
Explizit negative Referenzpostulate schließlich werden denjenigen Entitäten zugeordnet, deren Existenz eine Kultur explizit ausschließt. Dies bedeutet natürlich, daß die Kultur einen Signifikanten und ein Signifikat für diese Entität hat, was wiederum bedeutet, daß sie Wissen über eine diachron oder synchron andere Kultur hat, die den positiven Wert des Referenzpostulats dieses Zeichens glaubt oder annimmt.

Implizit neutrales Referenzpostulat
Implizit neutrale Referenzpostulate sind wiederum nur als Randphänomene relevant. Sie werden von einer Kultur solchen Äußerungen zugeschrieben, die aus einer diachron oder synchron anderen Kultur stammen, und zu deren Referentialität die Kultur keine eindeutige Stellung bezieht. Dies sind solche Äußerungen, die sich in ihrer Herkunftskultur auf einen wesentlichen Realitätsbereich beziehen, der jedoch in der hier zur Rede stehenden Kultur nicht von Bedeutung ist. Ein Beispiel dafür wären bestimmte kultische

Phänomene, die die beiden Kulturen nicht miteinander teilen. Den diesen Äußerungen zugeordneten Realitätsbereichen gegenüber nimmt die Kultur also einen implizit agnostischen Standpunkt ein, das heißt einen agnostischen Standpunkt, der nicht explizit thematisiert werden muß.

Explizit neutrales Referenzpostulat
Ein explizit neutrales Referenzpostulat wird solchen Äußerungen zugeschrieben, gegenüber denen die Kultur einen explizit agnostischen Standpunkt einnimmt. Dies können nur solche Äußerungen sein, die in einer diachronen Vorgängerkultur oder in einer synchron anderen Kultur (wenn etwa eine Gruppe ein neues Zeichen einführt) einen anderen (positiven oder negativen) Wert des Referenzpostulats hatten. So wird etwa in unserer Kultur gegenüber bestimmten metaphysischen Entitäten, die in früheren Epochen mit positiven und/oder negativen Referenzpostulaten versehen waren, ein derart agnostischer Standpunkt eingenommen. Daß dieser Standpunkt explizit thematisiert werden muß, bedeutet – wie auch beim explizit-positiven Referenzpostulat – , daß er noch nicht ganz selbstverständlich ist.

Mit unserer Begrifflichkeit kann jedoch nicht nur synchron der Status bestimmter Äußerungen in Relation zur Realitätskonzeption einer Kultur beschrieben werden, sondern auch die diachrone Veränderung der Relation von Signifikant, Signifikat und Referenzpostulat. Wir haben weiter oben mit dem Beispiel des geäußerten Zeichens „Gott" im 18. Jahrhundert festgestellt, daß anhand der Existenz zweier Signifikatsvarianten bei unterschiedlichem Referenzpostulat ein kultureller Dissens feststellbar ist. An dieses Beispiel anknüpfend, wollen wir nun die Transformation von Zeichen im kommunikativen Prozeß einer Kultur beschreiben. Eine Fortführung des beschriebenen Dissens könnte darin bestehen, daß eine der Gruppen einen anderen Signifikanten wählt, um Verwechslungen zu vermeiden; so könnten etwa die Deisten den Signifikanten „Gott" durch den Signifikanten „deus" ersetzen. Wenn dieser Signifikant kulturell allgemein akzeptiert wäre als einer, der dem deistischen Signifikat von „Gott" zugeordnet ist, dann wäre ein neues Zeichen entstanden, das damit tendenziell einen anderen Realitätsbereich beschreibt. Ein derartiger Prozess fand – hier natürlich vereinfachend dargestellt – im 20. Jahrhundert, allerdings nur in Randgruppen der Kultur, statt. Im Zuge der Beschäftigung mit indischen Religionen in theosophischen oder anthroposophischen Systemen um die Jahrhundertwende wurde der Signifikant „Gott" mit zusätzlichen, neuen Konnotationen verknüpft, die eben aus indischen Religionen stammten; es wurde also eine Signifikatsvariante von „Gott" etabliert. Die Etablierung einer neuen Signifikatsvariante ist natürlich immer auch ein Versuch der Umsemantisierung: Die Gruppe, die eine neue Signifikatsvariante etabliert, intendiert, daß diese neue Variante die alte ersetzen möge und damit zum Basiszeichen werde. Diese Umsemantisierung hat nicht stattgefunden; noch immer ist die christliche Signifikatsvariante die von den meisten Mitgliedern der Kultur akzeptierte.

Das Referenzproblem in der Semiotik

Die Frage nach der Relation zwischen dem Zeichen und dem Bezeichneten ist eines der am häufigsten kontrovers diskutierten Probleme der Semiotik. Derjenige Lösungsversuch für das Referenzproblem, der bisher die weiteste Verbreitung gefunden hat, besteht in der Einbeziehung des Objekts in den Zeichenbegriff. Mit anderen Worten: diejenige Größe, auf die mit Hilfe des Zeichens verwiesen wird, ist in solchen Modellbildungen Bestandteil des Zeichens selbst. Zu Signifikant und Signifikat tritt in solchen Zeichendefinitionen – anders als in der von uns vorgeschlagenen – das Bezeichnete als „object" (Peirce 1983, S. 64), „Referens" (Eco 1972, S. 69 ff) oder „Referent" (Titzmann 1977, S. 46) hinzu. Jedes Zeichen würde demnach das Bezeichnete und die Relation zu ihm einschließen. Dieser Typus der Definition des Zeichenbegriffs als triadische Struktur findet sich beispielsweise im Schema von Ogden und Richards (1923, S.11: symbol – thought or reference – referent) ebenso wie bei Peirce (Repräsentamen – Interpretant – Objekt). So einleuchtend dieses Vorgehen zunächst erscheinen mag, so viele Probleme bringt es mit sich. Denn die Stelle des Referenten muß dann von den heterogensten Phänomenen besetzt werden können: Konkretes und Abstraktes, Wirkliches und Unmögliches, alltägliche Gegenstände und metaphysische Entitäten könnten diesen Platz einnehmen. So verschieden diese „objects" oder Referenten in unserer Vorstellung sein können, so verschieden müßten auch die Relationen zu den anderen Elementen des Zeichens ausfallen. Ist der Referent beispielsweise ein konkretes Objekt, dann wäre das Zeichen eine merkwürdige Mischung aus abstrakten – also Signifikant und Signifikat – und mehr oder weniger konkreten Größen. Damit wäre aber bereits in der Zeichendefinition eine ontologisch vorgegebene „Realität" vorausgesetzt. Soll der Referent dagegen ein abstraktes Objekt sein, also etwa eine Abstraktionsklasse von konkreten Objekten, so könnte diese nur durch die Aufzählung ihrer

Heutige Gruppen, die sich auf indische Religionen berufen, gehen tendenziell dazu über, für die von ihnen geglaubten Entitäten nicht mehr den Signifikanten „Gott" zu benutzen, sondern für unser Kultursystem „neue" Signifikanten wie „Krischna", „Brahma" etc. zu etablieren, die Übernahmen aus indischen Sprachen darstellen. Die Auseinandersetzung dreht sich damit nicht mehr – wie am Beispiel des 18. Jahrhunderts beschrieben – um die Merkmale einer Entität (Gott), sondern um die Konkurrenz zweier Entitäten (z.B. Brahma und Gott). Von den Signifikaten beider Zeichen hängt es nun ab, ob sie sich logisch ausschließen, oder ob sie koexistieren können. Im ersten Fall hätten die beiden Begriffe oppositionelle Referenzpostulate (je nach Gruppe natürlich in umgekehrter Verteilung), im zweiten könnten sie auch die gleichen haben. Dieses Beispiel zeigt, daß mit unserem Begriffsinventar auch Transformationen von Bedeutungen beschrieben werden können.

Diese Transformationen von Zeichen können sich auf den Ebenen der beiden Zeichenelemente oder auf der Ebene des Referenzpostulats vollziehen: das Referenzpostulat kann variieren, das Signifikat sich verändern oder der Signifikant durch einen anderen substituiert werden. Eine Veränderung des Signifikats bedeutet, daß einige der semantischen Merkmale, die Inhalt des Signifikats sind, substituiert werden; die Veränderung ist um so gravierender, je hierarchiehöher das betreffende semantische Merkmal ist. Ein Austausch des Signifikanten bei Konstanz der anderen Elemente schafft auf der Oberflächenebene scheinbar ein neues Zeichen, das jedoch auf der Tiefenebene – solange der alte Signifikant noch in Gebrauch ist – nichts Neues hinzufügt und damit ein redundantes Zeichen ist. Auch wenn der alte Signifikant nicht mehr gebraucht wird, hat auf der Oberflächenebene eine Transformation stattgefunden, die jedoch auf der „Tiefenebene“ keine ist: Signifikat und Referenzpostulat sind gleich geblieben. Beim Austausch des Signifikanten sind also zwei Operationen möglich: der erste der beschriebenen Fälle führt zu einer Vermehrung der Zeichen und damit zu einer scheinbaren Vermehrung der Realitätsbereiche, der zweite Fall zu einer scheinbaren Transformation. Die dritte mögliche Transformation ist die des Referenzpostulats; diese ist ein Signal dafür, daß sich die Realitätskonzeption der Kultur verändert hat. Darüber hinaus sind natürlich auch Kombinationen von Veränderungen der verschiedenen Elemente des geäußerten Zeichens möglich. So kann etwa im Anschluß an den Austausch des Signifikanten sich auch das Signifikat verändern, so daß schließlich ein wirklich neues Zeichen entsteht.

semantischen Merkmale angegeben werden: damit hätte man aber nichts anderes getan, als das Signifikat – unnötigerweise – zu verdoppeln.

Anmerkungen

1 Derartige Äußerungen werden in der sogenannten „Sprechakttheorie“ untersucht, vgl. Austin 1972, Searle 1984.
2 Peirce 1983, S. 64; Eco 1972, S. 69 ff.; Titzmann 1977, S. 46 ; Ogden/Richards 1974
3 Titzmann 1984, S. 108.

Der Modus von Äußerungen

Beim Zappen im Fernsehen stoßen wir zufällig auf Bilder, die Menschen in weißen Mänteln und mit weißen Kapuzen auf einer Waldlichtung zeigen. Diese vermummten Gestalten richten ein großes Holzkreuz auf, zünden es an und stehen schweigend im Kreis darum herum. Eine Stimme aus dem Off sagt: „Wieder ein Treffen des Ku-Klux-Klans..." – und schon haben wir weitergezappt. Was wir gesehen und gehört haben, ist eine Äußerung oder das Fragment einer Äußerung, die aus (bewegten) Abbildungen von Aktionen des Ku-Klux-Klans und sprachlichen Zeichen besteht. Während wir weiterzappen, überlegen wir, in welchem Kontext wohl diese Äußerung gestanden haben mag. Im Medium Fernsehen gibt es grob gesprochen zwei mögliche Kontexte: Einerseits der des Spielfilms (zu dem wir hier auch Serien und Fernsehspiele rechnen wollen) und andererseits der des dokumentarisch-journalistischen.[1] Je nachdem, zu welchen der beiden Kontexte wir die Äußerung rechnen, hätten wir anders reagiert bezüglich der Zuordnung eines Referenzpostulats. Bei einer dokumentarisch-journalistischen Äußerung ordnen wir, ähnlich wie bei einer ganz normalen Alltagsäußerung („Du, gestern habe ich im Wald den Ku-Klux-Klan gesehen..."), direkt einen der drei möglichen Referenzpostulate zu: Entweder halten wir die Äußerung für eine wahre Proposition über die Realität, oder eben nicht, oder wir sind unentschieden. Reportagen sind also nach Maßgabe der Realitätskonzeption einer Kultur entweder zutreffend oder nicht zutreffend, oder es ist offen, ob sie zutreffen oder nicht. Ein Beispiel für den dritten Fall wäre etwa eine Reportage über Ufos, die die Existenz von solchen Flugobjekten behauptet. In unserer Kultur gibt es große Gruppen, die eine Existenz von Ufos für möglich halten, und ebenso große, die dies für unmöglich oder zumindest unwahrscheinlich halten. Unsere Kultur ist also hinsichtlich solcher Phänomene unentschieden – und damit würde einer Äußerung, die die Existenz von Ufos behauptet, das neutrale Referenzpostulat zugeschrieben werden.

Ganz anders reagieren wir dagegen bezüglich der Referenz auf die Ku-Klux-Klan-Äußerung, wenn wir wissen, daß sie aus einem Spielfilm stammt. Wir fragen uns dann nicht, ob genau dieses gezeigte Treffen des Klans wirklich stattgefunden hat, und es wäre auch sinnlos, an die Programmdirektion des Fernsehsenders zu schreiben und zu fragen, in welchem Wald denn dieses Treffen stattgefunden habe – eine Frage, die im Falle der Reportage durchaus sinnvoll wäre. Äußerungen, die in den Kontext eines Spielfilms eingebunden sind, relationieren wir also nicht auf die gleiche Weise mit unserer Konzeption von Realität wie Äußerungen aus einer Reportage. Einen Spielfilm, in dem ein Geheimbund mit dem Namen „Ku-Klux-Klan" vorkommt, interpretieren wir zunächst, indem wir z.B. aus der Gesamtmenge der Äußerungen, die er darstellt, folgern, was der Ku-Klux-Klan in dieser Geschichte für Merkmale hat. Erst dieses Interpretationsergebnis verknüpfen wir mit der Realitätskonzeption, indem wir ihm ein

Referenzpostulat zuordnen – wir stellen fest, ob es auch in Wirklichkeit eine Organisation mit diesem Namen gibt und ob deren Merkmale mit denen der im Film dargestellten übereinstimmen oder nicht. Ist der Klan im Film eine Organisation, die skrupellos, brutal, reaktionär und rassistisch ist, werden wir seine Darstellung als zutreffend im Sinne der bestehenden Realitätskonzeption bewerten und ihr das positive Referenzpostulat zuordnen. Womöglich fügt der Film durch die Semantisierung der Klan-Mitglieder auch Propositionen über die Mitglieder der Organisation hinzu, die im kulturellen Wissen über diese Organisation nicht vorkommen. Er könnte beispielsweise zeigen, daß der Klan von Agenten einer feindlichen Macht unterwandert ist, die durch die rassistischen Aktivitäten den inneren Frieden der USA bedrohen wollen. Diese Proposition über den Ku-Klux-Klan wäre zwar nun gemessen an unserer Realitätskonzeption falsch, die im Film erzählte Geschichte und die Darstellung des Klans in ihm könnten jedoch für sich genommen durchaus kohärent sein. Obwohl der Film also einzelne Propositionen enthält, deren Referenzpostulate negativ sind, kann seine Gesamtaussage – etwa: „innere Probleme der USA wie der Rassismus wurden immer nur von außen, von Feinden in das Land hineingetragen und sind nicht Ausdruck systeminterner Schwächen“ – auf die Realitätskonzeption bezogen und beispielsweise als Ausdruck einer massiven Verdrängung und Abwehr einer latenten mentalen und politischen Krise interpretiert werden. Was wir also aufgrund einer solchen fiktionalen Äußerung interpretieren, ist letztlich die indirekte Aussage, ist die Funktion, die genau diese in ihm konstruierten Abweichungen von der Realitätskonzeption haben. Die Tatsache der Abweichung selbst wiederum sagt nichts über die (künstlerische) Qualität des Spielfilms aus, sie ist vielmehr notwendige Bedingung dafür – während ein negatives Referenzpostulat bei einer Reportage deren Qualität als Reportage und damit als Äußerung im immediaten Modus grundsätzlich in Frage stellt: Sie ist dann nur eine „Lüge“ oder eine „Ente“.[2]

Es können natürlich bei einem Spielfilm die unterschiedlichsten Interpretationsergebnisse entstehen, durch die verschiedenen Teiläußerungen des Films unterschiedliche Referenzpostulate zugeordnet werden: Aus einem Märchenfilm kann etwa die einfache Interpretationsaussage „Es gibt Wesen wie Zauberer und Hexen“ und die komplexere „Die Welt ist so strukturiert, daß immer das Gute siegt“ gefolgert werden. Der ersten Aussage würden wir eindeutig das negative Referenzpostulat zuordnen, der zweiten wohl eher das neutrale...

Was wir hier am Beispiel von zwei Äußerungstypen innerhalb des Mediums Fernsehen durchgespielt haben, trifft natürlich auch auf alle anderen Äußerungen in allen anderen Medien oder auch außerhalb von Medien zu: Es gibt Äußerungen, die auf direkte Weise mit der Realitätskonzeption der Kultur verknüpft werden, und solche, bei denen dies nur indirekt geschieht. „Direkt“ verknüpft bedeutet, daß die Äußerung sofort, ohne zwischengeschaltete Übersetzungs- oder Interpretationsoperation auf ihre Adäquatheit beziehungsweise Konsistenz oder Inkonsistenz mit der Realitätskonzeption überprüft wird. So wären etwa Romane, Erzählungen, Karikaturen, Theateraufführungen, Kunst-

werke, Glossen oder Satiren mit dem Spielfilm vergleichbar, Zeitungsnachrichten, Sachbücher, viele Alltagsgespräche, Verkehrszeichen etc. mit der Reportage.
Nun hängt es natürlich nicht vom einzelnen Rezipienten ab, als welchem Modell folgend er eine bestimmte Äußerung einstuft, sondern von kulturellen Konventionen. Diese Konventionen schlagen sich im Modus einer Äußerung nieder und in den entsprechenden Modusdesignatoren, also denjenigen Indikatoren, die demjenigen, der mit dem kulturellen System vertraut ist, angibt, welchem Modus eine Äußerung angehört und wie er folglich auf sie bezüglich der Referenz zu reagieren hat.

Grundsätzlich können Äußerungen in zwei verschiedenen Modi stehen:

Der immediate Modus:
Eine im immediaten Modus stehende Äußerung wird auf direktem Weg mit der Realitätskonzeption der Kultur relationiert und dabei auf die Konsistenz oder Inkonsistenz mit ihr überprüft. Dies bedeutet, daß eine solche Äußerung mit allen im gegebenen Zusammenhang relevanten Propositionen der Realitätskonzeption verglichen wird. Daraufhin wird festgestellt, ob sie adäquat oder inadäquat ist und ihr damit das entsprechende Referenzpostulat zugeordnet.

Der mediate Modus:
Äußerungen, die im mediaten Modus stehen, sind nur mittelbar, unter Anwendung gattungsspezifischer Transformations- oder Interpretationsregeln, auf die Realitätskonzeption bezogen; der Rezipient weiß bei einer derartigen Äußerung, daß sie nicht im selben Sinn wahr/adäquat bzw. falsch/inadäquat sein kann wie eine Äußerung im immediaten Modus. Im mediaten Modus werden alle Formen der Simulation bzw. des Probehandelns, wie zum Beispiel Manöver, Crash-Test oder Computersimulation, rezipiert; in all diesen Fällen wissen wir, daß damit keine Aussagen über Faktisch-Reales gemacht werden sollen, sondern allenfalls über Potentiell-Reales. Auch künstlerische Äußerungen, seien es nun literarische Texte oder Werke der bildenden Kunst, werden unter dem mediaten Modus rezipiert.

Der immediate Modus ist der kulturell primäre bzw. „normale“. Das heißt, daß Äußerungen, wenn sie nicht irgendwelche Merkmale aufweisen, die klarmachen, daß sie im mediaten Modus stehen, zunächst immer im immediaten Modus rezipiert werden. Das ist auch einleuchtend, wenn man bedenkt, daß Kommunikation ja ihren primären Zweck in der Verständigung über Realität hat: In realen Situationen des sozialen Zusammenlebens geht es eben darum, sich über das gemeinsame Konzept von Realität zu verständigen und auf ihm aufbauend sich in diesen Situationen zu bewegen. Daß Äußerungen auch im mediaten Modus stehen können, hat sich wohl kultur-evolutionär erst später entwickelt. Man kann dies auch in unserer Kultur noch an Gruppen sehen, die nicht sehr geübt sind im Umgang mit fiktionalen Äußerungen. Dies sind zum einen beispielsweise kleine Kinder, die Filme oder Stücke im Puppentheater entweder als Realität auffassen oder zumindest ähnlich wie auf Realität reagieren: Sie bekommen „reale" Angst, wenn das böse Krokodil kommt, um den Kasperl aufzufressen. Doch auch Erwachsene scheinen bisweilen mit dem Erkennen des Modus einer Äußerung Schwierigkeiten zu haben. So sollen vor einigen Jahren, als die beliebte Fernsehserie „Schwarzwaldklinik" lief, des öfteren Touristen an der realen Klinik, in der die Serie gedreht wurde, angeklopft haben und nach Professor Brinkmann – der Hauptfigur der Serie – gefragt haben. Und die Redaktion der ebenfalls sehr beliebten Serie „Lindenstraße" bekam nach dem letalen Abgang einer Figur mehrere Briefe von Zuschauern, die ihre Wohnungsnot schilderten und sich um die ja nun frei gewordene Wohnung in der Lindenstraße bewarben. Ähnliches kann man auch in Autorenlesungen finden, wo der Autor bisweilen mit dem Helden seines Romans gleichgesetzt wird und dann beispielsweise auf die Frage antworten muß, wieso er diese nette (Roman-)Frau eigentlich verlassen habe, und ähnliches mehr. Erstaunliche Reaktionen in einer Zeit, in der Fernsehen und das Buch zu den am weitesten verbreiteten und meistrezipierten Medien zählen. Sie zeigen aber nur, daß die Gewöhnung an ein Medium noch nicht genügt, um mit den Äußerungen, die es transportiert, richtig umzugehen; was den Rezipienten, die sich wie in den obigen Beispielen verhalten, fehlt, ist die Fähigkeit, die Modi von Äußerungen richtig einzuschätzen, und das heißt, sie können die entsprechenden Modusdesignatoren nicht erkennen.

Modusdesignatoren sind ko- und/oder kontextuelle Elemente, die einer Äußerung einen der beiden Modi zuordnen. Wie diese Designatoren aussehen, ist von Kultur zu Kultur verschieden; eine Kultur kreiert auch ständig neue Designatoren, die innerhalb der Semiosphäre einer Kultur dann von ihren Mitgliedern gelernt werden müssen. Als Modusdesignatoren können etwa die Kopfzeilen „Nachrichten" oder „Der Kurzroman" in einer Tageszeitung dienen, die Wörter „Tatsachenbericht" oder „Erzählung" auf einem Buchumschlag, die Grafikanimationen „Nachrichten" oder „Montagskino" vor Fernsehsendungen, die Einleitungen „Weißt du, was mir gestern passiert ist" oder „Gestern nacht habe ich folgendes geträumt" zu längeren Äußerungen in der Alltagskommunikation. All dies sind Beispiele für kotextuelle Modusdesignatoren: Eine Äußerung weist einer anderen Äußerung den Modus zu (und kann daneben natürlich auch noch andere Informationen enthalten). Nicht alle Modusdesignatoren sind jedoch derart explizit; sie können auch implizit aus den Kontexten, in denen Äußerungen stehen, erschlossen werden. Diese kontextuellen Modusdesignatoren müssen natürlich ebenso gelernt werden wie die expliziten kotextuellen Designatoren. Wer den Fernseher anschaltet und eine Frau oder einen Mann hinter einem Pult sitzen sieht, der oder die irgend etwas von Blättern abliest, vor einem Hintergrund, in den z.B. Bilder von Politikern eingeblendet sind, weiß, daß er gerade die Nachrichten sieht und somit Äußerungen im immediaten Modus – falls er dieses kontextuelle setting kennt. In ähnlicher Weise

Modus

Die Klassifizierung von Äußerungen nach ihrem mediaten oder immediaten Modus unterscheidet sich von der linguistischen Klassifikation grammatischer Modi wie Indikativ, Konjunktiv und Imperativ ebenso wie von der auf dem Organon-Modell Karl Bühlers (1965) beruhenden Texttypologie, die bestimmte Textsorten bestimmten Sprachfunktionen zuordnet (vgl. Heupel 1975 unter dem Schlagwort „Textsorten"). Dort wird beispielsweise die Textsorte „Erzählung" mit der Sprachfunktion „Ausdruck" verknüpft, „Beschreibung" mit „Darstellung" und „Werbung" mit der Sprachfunktion „Appell" korreliert. Ganz abgesehen von der Tatsache, daß eine solche schematische Zuordnung von Textsorte und Sprachfunktion der Komplexität und Multifunktionalität vieler Äußerungen nicht gerecht werden kann, erfaßt sie die unterschiedlichen Arten der Referenz auf „Realität" nicht. Dubois (1974) geht im Rahmen seiner allgemeinen Rhetorik in diesem Zusammenhang ebenfalls auf die Funktionen der Sprache ein, verweist aber darauf, daß Funktionen wie Expressivität etc. „im Prinzip kumulativ" (S. 42) auftreten, und daß „in der Praxis ... die referentielle Funktion beherrschend" sei (ebd.). Diese Beobachtung korrespondiert mit der von uns festgestellten Tendenz, Äußerungen zunächst als im immediaten Modus stehend aufzufassen, sofern keine weiteren Informationen vorliegen. Dubois unterscheidet dann die figurative (tropische) und poetische Funktion von der referentiellen. Sie sei es, die den Schriftsteller in die Lage versetze, „der Sprache ohne die Kaution der Dinge zur Existenz zu verhelfen" (S. 47), wobei allerdings Dubois referiert, daß auch in der poetischen Rede Bedeutung – im Sinne referentieller Bedeutung – erhalten bleibt (S. 46ff). Diesen Aspekt haben wir – mit eindeutig positiven Vorzeichen – als indirekte Verknüpfung mit der Realitätskonzeption beschrieben.

Traditionellerweise steht in der Sprachwissenschaft nicht der Modus von Äußerungen, son-

erkennt man etwa einen Spielfilm als solchen aus bestimmten Bildqualitäten, bestimmten Weisen des Sprechens, dem Vorspann etc.[3] Doch nicht nur im Fall der Medien, sondern auch in der direkten Kommunikation fungiert oft der Kontext als Modusdesignator. Stellen wir uns einmal folgende Situation vor: Ein Mann liegt auf einer Couch, an deren Kopfende ein anderer Mann auf einem Stuhl sitzt, Schreibblock und Stift in den Händen. Der Mann auf der Couch erzählt: „Und dann bin ich durch die Luft geflogen, und plötzlich kam ein großer schwarzer Vogel, der mich packte und zu seinem Nest auf einem hohen Berg trug." Kennt man das kontextuelle setting dieser Äußerung nicht, würde man vielleicht vermuten, der Mann auf der Couch sei entweder verrückt oder berauscht oder sonstwie in seiner Einschätzung der Realität – und das ist natürlich unsere kulturelle Konzeption von Realität – beeinträchtigt. Erkennt man den Kontext jedoch als den einer psychoanalytischen Sitzung, und aktiviert man sein Wissen über die Psychoanalyse, wird man die Situation richtig als analytische Sitzung einschätzen und die Äußerungen des Mannes als Traumbericht verstehen – und damit als eine Äußerung im mediaten

Modus. Die Aufgabe des Analytikers ist es, die Übersetzung bzw. Interpretation vorzunehmen, mittels der die Traumerzählung auf die Realitätskonzeption bezogen werden kann: Er folgert aus der Erzählung die psychischen Zustände seines Patienten, die sie verursacht haben, und teilt ihm diese mit, sofern er dies für therapeutisch vertretbar hält.

Fehlen bei einer Äußerung ko- oder kontextuelle Modusdesignatoren, werden diese Äußerungen als immediate Äußerungen rezipiert, da diese gewissermaßen den kommunikativen „Normalfall" darstellen. Ein berühmter Beleg dafür findet sich in der Geschichte des Mediums Rundfunk. In den dreißiger Jahren wurde in den USA ein Hörspiel von Orson Welles nach einem Roman von H. G. Wells gesendet, das die Landung von Marsmenschen in der Nähe von New York zum Inhalt hatte, und das dramaturgisch in der Form einer Reportage gestaltet war. Die Sendung löste unter den Zuhörern Panik aus, die zu einer Massenflucht führte[4] ; die Rezipienten glaubten, es mit einer Reportage zu tun zu haben und bezogen daher den Text unmittelbar auf ihre Realitätskonzeption. Offenbar fanden sich darin Propositionen, die ihnen eine Invasion vom Mars durchaus als denkbar erscheinen ließen. Hätte man ihnen dagegen gesagt, daß es sich um eine fiktionale Äußerung, also um eine im mediaten Modus handelte, so wären sie ruhig im Sessel sitzen geblieben: Sie hätten gewußt, daß die Äußerung eine andere Funktion zu erfüllen hat, als über faktisch stattgefundene Ereignisse zu informieren. Der Modus spielt also für Äußerungen eine ähnliche Rolle wie der Notenschlüssel für ein in Notenschrift niedergeschriebenes Musikstück. Erst wenn ich weiß, ob vor der Notenfolge ein Violin- oder ein Baßschlüssel steht, kann ich die Tonhöhe erkennen und damit die Melodie richtig rezipieren. Ebenso kann die Relation einer Äußerung zur Realitätskonzeption einer Kultur erst dann bestimmt werden, wenn der Modus dieser Äußerung klar ist: entweder wird sie als direkte Aussage über die Realität verstanden, oder sie steht in einem Kontext – in unserem Beispiel ist es der Kontext eines Hörspiels, also eines künstlerischen Textes –, dessen Regularitäten ihre spezifische Relation zur Realitätskonzeption steuert.

dern die Unterscheidung von „Realität" und „Fiktion" bzw. das (sprach-)logische Problem des Verweises auf „nicht-existente" und „fiktionale" Objekte im Vordergrund des Interesses. Wie wir gesehen haben, ergibt sich eine solche Fixierung aus einem Zeichenbegriff, in dem der Referent ein wesentlicher Bestandteil ist, und der damit ein ontologisches Modell von Welt zur Grundlage hat. (Einen Eindruck von den sprach- und prädikatenlogischen Lösungsversuchen dieses Problems vermittelt Band 9, Heft 1-2 der Zeitschrift für Semiotik. 1987 zum Thema Zeichen und Fiktion.) Ein abweichendes Theoriemodell, das mit einem anderen Begriff von Referenz auskommt und damit auch zur Lösung des Fiktionalitätsproblems beitragen kann, verdankt die Semiotik Nelson Goodman mit seinem Buch „Weisen der Welterzeugung" (1990). Er weist darauf hin, daß die Unterscheidung von Realität in Wahrheit eine von verschiedenen Bezugsrahmen (frames) und Beschreibungsweisen ist.

Die Regeln des Hörspiels als fiktionale Textgattung verhindern beispielsweise, daß der (kompetente) Rezipient annimmt, die Äußerung „Dann sah ich die Marsmenschen" bedeute, daß der Autor des Textes tatsächlich Wesen von einem fremden Planeten gesehen habe. Der Hörer weiß, wenn er mitbekommen hat, daß es sich um ein Hörspiel und nicht um eine Reportage handelt, daß diese Äußerung ihre Funktion nur innerhalb der fiktionalen Gesamtstruktur des Textes hat.

Aus den angeführten Beispielen haben wir gesehen, daß es für die Zuordnung eines der beiden Modi nicht ausschlaggebend ist, ob eine Äußerung medial vermittelt ist oder nicht, und es ist auch nicht ausschlaggebend, ob sie durch ein ganz bestimmtes Medium (z.B. durch das Fernsehen) vermittelt ist. Sowohl in direkten Kommunikationssituationen als auch in medialen können immediate oder mediate Äußerungen vorkommen. Was die einzelnen Medien voneinander unterscheidet, sind jedoch die (ko- oder kontextuellen) Modusdesignatoren, die sie entwickeln: Eine Nachricht in der Tageszeitung wird anders designiert, als eine im Fernsehen, wie wir oben gesehen haben.

Anmerkungen

1 Luhmann 1996, S.119 nennt diese beiden Kontexte „Unterhaltung" und „Nachrichten"

2 Anfang 1996 gab es beispielsweise große Aufregung über den Fernsehjournalisten Michael Born, der für verschiedene Sender Beiträge – darunter einen über die Aktivitäten des Ku-Klux-Klans in Deutschland gefälscht hatte.

3 Es gibt bisher noch keine exakte Untersuchung darüber, aufgrund welcher kontextueller Merkmale Modusdesignation erkannt wird; klar ist nur, daß es, ähnlich wie beim kognitiven Wiedererkennen überhaupt, solche Merkmale gibt.

4 vgl. Schwitzke 1963, S. 142

TEIL 2: Äußerungssysteme

Geäußerte Zeichen bilden den in ständiger Veränderung begriffenen Raum der Semiosphäre. Wir haben in den vorausgegangenen Kapiteln beschrieben, wie Zeichen aufgebaut sind, wie neue Zeichen entstehen, wie Zeichen Systeme bilden und wie mit Hilfe solcher Kodes die unterschiedlichsten Äußerungen gebildet werden können. Bei aller Heterogenität dienen Äußerungen im weitesten Sinne der Verständigung einer (Sub-)Kultur über Realität; die Beschreibung von (potentieller) Realität ist mit der Realitätswahrnehmung und der (sozialen) Gestaltung von „Realität" rückgekoppelt. Weil semiotische Akte für die erfolgreiche Kooperation von Individuen und für die Orientierung in der Umwelt notwendige Bedingungen darstellen, sind die Verläßlichkeit der Kodes und die Erkennbarkeit der Art und Weise, mit der auf „Realität" referiert wird, von entscheidender Bedeutung für das Funktionieren jeder Gesellschaft.

Zu Beginn dieses Buches haben wir festgestellt, daß die wachsende Vielfalt der Äußerungen, Äußerungsformen und ihrer Distributionsmöglichkeiten für die Komplexität der „Kommunikationsgesellschaft" ebenso kennzeichnend wie mitverantwortlich ist. Will man unsere Kultur insgesamt besser zu verstehen, ihre Realitätskonzeption und ihre Entwicklungstendenzen genauer untersuchen, ist einerseits die Fähigkeit zur Interpretation komplexer Äußerungen und Diskurse in ihr und andererseits die Analyse ihrer semiotischen Muster und Gewohnheiten Voraussetzung.

Im zweiten Teil dieses Buches werden wir uns daher aus semiotischer Sicht einigen wichtigen Äußerungsformen und Distributionstypen widmen: Der Kunst als einer Äußerungsform, die sogenannte sekundäre Kodes benutzt, um komplexe Bedeutungskonstrukte zu generieren, der Kommunikation im alltäglichen sozialen Miteinander mit Hilfe von Mode und „ Outfit" und den Regularitäten der Massenmedien.

Jeder dieser drei Bereiche bietet Stoff genug für ein eigenes Buch. Daher können wir hier nur grundlegende Beobachtungen und Erkenntnisse zu dem jeweiligen Phänomen wiedergeben und an ausgewählten Fragestellungen demonstrieren, welche Möglichkeiten zu einem tieferen Verständnis von Kunst, Mode und Medien die semiotische Methode zur Verfügung stellt.

Schließlich werden wir in TEIL 3 anhand der Interpretation eines komplexen Kommunikationsbeispiels – einer Parteien-Werbekampagne und weiteren damit verknüpften Kommunikationsakten – die praktische Anwendung der von uns hier vorgestellten semiotischen Theorie demonstrieren.

Künstlerische Welten: Die Konstruktion sekundärer Systeme

„Kunst" ist innerhalb der Gesamtmenge der Äußerungen einer Kultur, also in ihrer Semiosphäre, ein Teil-System, dem reflektiert oder unreflektiert bestimmte Merkmale zugeschrieben werden. Wir haben bereits bei unseren Ausführungen über den Modus darauf hingewiesen, daß Kunst in der Regel – und im Gegensatz zu den meisten Äußerungen der alltäglichen, aber auch der wissenschaftlichen oder politischen Kommunikation – im immediaten Modus steht. Dies bedeutet, daß künstlerische Äußerungen auf andere Weise mit der Realitätskonzeption der Kultur verknüpft werden als Äußerungen im mediaten Modus.

Wir wollen in diesem Kapitel einige zentrale Regularitäten der Bedeutungskonstitution künstlerischer Äußerungen herausarbeiten, die auch erklären können, wie diese „andersartige" Verknüpfung mit der Realitätskonzeption erfolgt. Nun ist es natürlich schwierig, genau zu bestimmen, was „Kunst" ist. Der einfachste Weg besteht darin, zu sagen, Kunst ist all das, was eine Kultur dafür hält – von der sogenannten „Trivial"- bis zur sogenannten „Hoch"-Kultur. Weitere Eingrenzungen des Kunstbegriffs werden in der Regel durch ästhetische Theorien oder Ideologeme hergestellt. Auf diese Theorien wollen wir hier nicht eingehen; was uns interessiert, sind Strategien der Bedeutungskonstitution, die zumindest von einem relevanten Teil der Kunst (vor allem dem in unserer Kultur als „hochwertig" angesehenen) realisiert werden. Ob diese Regularitäten hinreichend für eine „ästhetische" Definition von „Kunst" sind, mag dahingestellt bleiben; Tatsache ist, daß der Aufbau spezieller künstlerischer Kodes die Rezeption von bestimmten Teilen der Kunst in unserer Kultur weitgehend bestimmt.

Wenn wir im folgenden anhand einiger Beispiele auf die künstlerische Bedeutungskonstitution eingehen, dann tun wir dies auch aus einer praktischen Perspektive heraus: Wir wollen zeigen, wie das theoretische Inventar der Semiotik für die Analyse und Interpretation komplexer künstlerischer Äußerungen angewendet werden kann.

Wir beginnen unsere Expedition in die künstlerische Sektion der Semiosphäre mit literarischen Texten, da sie ausschließlich ein kulturell kodiertes Zeichensystem, die Sprache, benutzen.

Literarische Texte bestehen aus Sprache, und Sprache besteht aus Zeichen. Nun ist es aber häufig offensichtlich so, daß wir einen literarischen Text nicht allein schon aus unserem Verständnis der Sprache heraus vollständig verstehen – jeder, der einmal einen komplexen literarischen Text gelesen hat, ein expressionistisches Gedicht zum Beispiel, oder den „Ulysses" von James Joyce, oder Arno Schmidts „Zettels Traum", kennt das Phänomen: Er kann jedem sprachlichen Signifikanten des Textes ein Signifikat, eine Bedeutung zuordnen, ohne deshalb schon das Gefühl zu haben, er „verstehe" den Text. Anders geht es uns bei

Sachtexten, wie etwa Artikeln in der Zeitung, Gebrauchsanleitungen oder Fachbüchern: Hier genügt letztlich die sprachliche Kompetenz, um den Text zu verstehen – zuzüglich bewußt oder ungewollt vom Erzeuger des Textes vorausgesetztes Wissen: Das Fachbuch über höhere Mathematik setzt mit Absicht ein Vorwissen über die Grundlagen dieser Wissenschaft voraus, die meisten Gebrauchsanleitungen zu technischen Geräten ungewollt ein ingenieurwissenschaftliches Studium. Der Zeitungsartikel, der die neuesten Äußerungen des Bundeskanzlers kommentiert, setzt voraus, daß ich weiß, welche Funktionen und Rechte ein Bundeskanzler in unserem politischen System hat. Doch dieses Vorwissen ist kein semiotisches; es wird zwar semiotisch vermittelt (indem ich es mir durch Lesen, Radiohören oder Gespräche aneigne), ist selbst aber kein Wissen über semiotische Sachverhalte, also über Zeichen und Weisen des Zeichengebrauchs.

Einen literarischen Text zu verstehen verlangt im Gegensatz dazu offenbar mehr, als nur das Zeichensystem, die Sprache, in dem er geschrieben ist, zu verstehen, und eventuell vorausgesetztes Wissen etwa über historische Sachverhalte, auf die der Text anspielt, zu besitzen. Betrachten wir als Beispiel einmal folgendes Gedicht von Paul Wühr:[1]

Namen

Wird der Vogel nie auf
Nachtigall fliegen

ihr Name nie singen

die Blume nie blühen
in Rose

ihr Name nie duften

der Fisch nie schwimmen
im Gold

Gold nie schweigen
als Fisch

Schweigen nie Silber
heißen dürfen

wo Silber schweigend
fliegt in den Vogel

der seinen Namen blühen
läßt als Blume die

im Wasser verschweigt
mit ihrem Namen einen
Fisch

der so heißen wird

nie

Dieses Gedicht verwendet nur solche sprachlichen Zeichen, die jeder kompetente Sprecher des Deutschen kennt, d.h. in ihm kommen keine Wörter vor, die aus gruppenspezifischen Fach- oder Fremdsprachen stammen, die nur die sogenannten „Gebildeten" verstehen. Man kann sagen, daß alle sprachlichen Zeichen dieses Gedichts auch von einem Fünfjährigen verstanden werden. Darüber hinaus spielt das Gedicht offensichtlich auf die Redensarten wie „Reden ist Silber, Schweigen ist Gold" an, deren Kenntnis als Wissen vorausgesetzt wird. Aber auch dieses Wissen ist kein sehr esoterisches; die meisten Menschen, deren Muttersprache Deutsch ist, kennen diese Redensart.

Dennoch ist das Gedicht offenbar nicht leicht zu verstehen. Die Wörter sind in einer Weise kombiniert, die wir aufgrund des alltäglichen Sprachgebrauchs nicht erwarten; obwohl wir die Bedeutung der einzelnen Wörter kennen und nicht gegen die syntaktischen Regeln der Kombination verstoßen wird, fragen wir uns, was dieses Gedicht „bedeutet". Wir können nun auf zwei Weisen auf diesen Text reagieren: Wir können ihn als „Unsinn" abtun, als einen Text, dessen Referenzpostulat negativ ist, oder wir können versuchen herauszubekommen, ob dieser Text Mechanismen der Bedeutungskonstitution benutzt, die über die des Zeichensystems „Sprache" hinausgehen. Da der Text von Paul Wühr als „Literatur" fungiert (weil auf dem Band, in dem er abgedruckt ist, „Ein Gedicht" steht, wir wissen, daß es sich beim Autor um einen preisgekrönten Dichter handelt, und wir per kulturelles Wissen damit die Texte darin dem System „Literatur" zuordnen), werden wir in der Regel den zweiten Weg wählen. Erst wenn es uns unter Aufbietung unseres ganzen Scharfsinns und mit der Hilfe von Fachleuten – etwa Literaturwissenschaftlern – nicht gelingt, die Mechanismen der Bedeutungskonstitution dieses Textes zu entschlüsseln und uns so eine Grundlage für das Verständnis des Textes zu schaffen, werden wir vielleicht sagen, er sei Unsinn, der sich als Literatur ausgibt.

Ohne eine vollständige Interpretation dieses komplexen Wühr-Textes anzustreben sei hier anhand einiger Beispiele demonstriert, wie die Rekonstruktion der Bedeutung ablaufen kann.

Wir haben schon festgestellt, daß das Gedicht nur sprachliche Zeichen verwendet, die jedem kompetenten Sprecher des Deutschen bekannt sind; d.h. Zeichen, die im Zeichensystem der Sprache kodiert sind. Außerdem folgt die Zusammensetzung der einzelnen Zeichen zu Zeichenketten den Regeln der deutschen Syntax, wenn das Gedicht auch auf strukturierende Satzzeichen wie Punkte oder Kommata verzichtet und Satzanfänge nicht wie üblich durch Großschreibung markiert. Das Gedicht führt dagegen mit seiner Gliederung in strophenähnliche Gebilde andere, abweichende Strukturierungen ein, über die man jedoch im Sinne einer Rekonstruktion der Syntax hinweglesen könnte: „...als Blume, die im Wasser verschweigt mit ihrem Namen einen Fisch..." könnte man etwa den Übergang von der 9. zur 10. Stophe lesen, und es ist auch die einzige Möglichkeit, wie wir ihn nach den Regeln der deutschen Syntax lesen können. Daß nach dem „die" der Bruch einer Strophengrenze liegt, müßte man natürlich weiter interpretieren. Das würde bedeuten, daß wir die Tatsache des Strophenbruchs an dieser Stelle als ein Äquizeichen auf einer zweiten, über der natürlichen Sprache liegenden Ebene betrachten, ein zeichenhaftes Element, das nicht allgemein bekannt ist, sondern das der Text erst dadurch, daß er es benutzt, aufbaut. Den Kode dieses (Äqui-)Zeichensystems zu rekonstruieren, nennt man „Interpretation". Wir werden weiter unten genauer zu klären versuchen, wie Zeichen auf einer solchen zweiten Ebene funktionieren.

Die am meisten ins Auge springende Abweichung des Textes von normalsprachlichen Äußerungen liegt jedoch auf der Ebene der Semantik. Schwer zu verstehen ist ein Satz wie „Wird der Vogel nie auf Nachtigall fliegen" – syntaktisch eindeutig ein Fragesatz – deshalb, weil die Verknüpfung von „Nachtigall" als Akkusativobjekt zu „fliegen" ungewöhnlich ist; ähnlich auch die Verknüpfung von „Name" und „duften" in der vierten Strophe: Namen sind sprachliche Termini, also abstrakte Größen, und als solche sind sie einer Sinneswahrnehmung wie dem Riechen nicht zugänglich. Präziser können wir in unserer Terminologie sagen: „Name" ist ein Zeichen, das seinerseits wiederum nur rein sprachliche Größen bezeichnet, Größen also, in deren semantischer Merkmalsmenge sinnlich wahrnehmbare Qualitäten wie „duften" etc. nicht vorkommen. Die Kombination des Verbs „duften" mit dem Subjekt „Name" in einem Satz enthält also einen semantischen Widerspruch, der auf der Ebene der normalen Sprache das Referenzpostulat der aus diesem Satz bestehenden Äußerung negativ macht. Die „Bedeutung" dieser Äußerung muß sich also – wenn wir sie nicht als Unsinn abtun wollen – in Kombination mit den anderen Sätzen des Gedichts auf der schon erwähnten zweiten Ebene, die über der der normalen Sprache liegt, rekonstruieren lassen.

Natürlich ist das Vorkommen solcher semantischen Widersprüche kein Spezifikum literarischer bzw. künstlerischer Äußerungen. Auch in der normalen Sprache treten sie häufig auf, und das Gedicht von Paul Wühr liefert sogar Beispiele dafür. „In Gold schwimmen" ist eine Redensart des Deutschen, die einen ähnlichen Widerspruch aufweist, denn schwimmen kann man nur in Flüssigkeiten, und Gold ist keine Flüssigkeit. Allenfalls könnte man noch wie Dagobert Duck in einem Bassin voller Goldmünzen schwimmen, allerdings wohl auch nur mit Mühe. Redensarten wie diese funktionieren in Alltagsäußerungen – ähnlich wie das Beispiel aus dem Gedicht – auf einer sekundären

Ebene: Die Zeichenkette „im Gold schwimmen" behandeln wir wie ein einziges Zeichen, als Synonym für „reich" oder „sehr reich". Der Unterschied zum vorherigen Fall besteht darin, daß im Falle der Redensarten die entsprechende Äußerung als (sekundäres) Zeichen kulturell kodiert ist und damit jedem kompetenten Benutzer des Zeichensystems (in diesem Fall der deutschen Sprache) bekannt ist, während für den „duftenden Namen" dies nicht zutrifft; die Wendung ist eine „Erfindung" des Textes und damit kann ihr nicht schon allein durch den Rekurs auf einen kulturell vorgegebenen Kode eine eindeutige Bedeutung zugeordnet werden.

Sieht man sich nun die sprachlichen Zeichen, die der Text benutzt, genauer an, so fällt zunächst auf, daß im ersten Teil Zeichen für drei Klassen von Lebewesen vorkommen, die, wie man per kulturelles Wissen erschließen kann, drei verschiedenen Lebensräumen zugeordnet sind: Der Vogel der Luft, die Blume der Erde, der Fisch dem Wasser. Diese drei Lebensräume repräsentieren die Gesamtheit der Lebensräume der Welt und damit im Text die Welt selbst. Gestützt wird diese interpretatorische Folgerung noch durch die Tatsache, daß sich der Text mit der impliziten Erwähnung von Erde, Wasser und Luft auf das kulturell tradierte Modell der vier Elemente bezieht, das ja ebenfalls „die ganze Welt" repräsentiert. Das vierte Element, das Feuer, fehlt hier allerdings, und es fehlt deshalb, weil Feuer nicht der Lebensraum irgendeines Lebewesens ist (da wir im Gegensatz zu zeitlich zurückliegenden Kulturen nicht mehr glauben, daß etwa Salamander im Feuer leben)[2].

Den drei Klassenbezeichnungen von Lebewesen wird jeweils eine Unterklasse, eine bestimmte Art von zu dieser Klasse gehörenden Lebewesen zugeordnet: Der Klasse „Vogel" die Nachtigall, der Klasse „Blume" die Rose und der Klasse „Fisch" der Goldfisch. Im letzten Fall geschieht diese Zuordnung allerdings auf andere Weise als in den beiden ersten: Das sprachliche Zeichen „Goldfisch" wird nicht explizit genannt; es ist nur durch die Vorkommen der beiden Zeichen „Fisch" und „Gold" im gleichen Satz konnotativ präsent. Damit ruft der Text das Wissen darüber ab, daß im Zeichenreservoir der deutschen Sprache ein Zeichen „Goldfisch" existiert, und zwar deshalb, weil er vorher schon die Regel „Gattungsbezeichnung – Spezifizierung" durch die Paare „Blume – Rose" und „Vogel – Nachtigall" aufgebaut hat; diese Regel ist ein Bruchstück des sekundären Kodes, den der Text selbst konstruiert, und der eben dazu führt, daß das implizite Zeichen „Goldfisch" evoziert wird. Durch die implizite Präsenz dieses Zeichens gelingt dem Text unter anderem auch etwas, was eines der Hauptmerkmale von literarischen bzw. künstlerischen Äußerungen überhaupt ist: die Mehrfach-Kodierung. Denn in der einen Äußerung „der Fisch nie schwimmen im Gold" ist nicht nur implizit das Zeichen „Goldfisch" präsent, sondern explizit auch, wie gesagt, die Redensart „in Gold schwimmen". Allerdings wird auch diese Redensart nicht auf die übliche Weise angewendet: Da „in Gold schwimmen" ein sekundäres Synonym für „reich" ist, kann es normalerweise nur auf Menschen oder anthropomorphe Entitäten, wie etwa die Comic-Figur Dagobert Duck, angewendet werden. Ein Fisch, auch ein Goldfisch, kann dagegen nicht reich sein.

Wenn wir sammeln, was der Text durch die Mehrfachkodierung erreicht – in diesem speziellen Fall durch die vom normalsprachlichen Gebrauch sprachlicher Zeichen abweichende Benutzung dieser Zeichen –, so haben wir folgende potentielle Äußerungen, die in diesem einen Satz des Textes implizit oder explizit präsent sind.

1. Der Fisch wird nie im Gold schwimmen (im wörtlichen Sinn, was natürlich eine physikalische Banalität ist);
2. Der Fisch wird nie reich sein (was eine sprachlogische Banalität ist, denn nur Menschen können reich sein);
3. Der Fisch wird nie ein Goldfisch sein bzw. nie als Goldfisch schwimmen (diese Äußerung ist durch die Parallelität der vorgeschalteten Paare „Blume – Rose" und „Vogel – Nachtigall" sowie der dadurch implizit aufgebauten Regel erschließbar).

Die beiden ersten, scheinbar banalen impliziten Äußerungen sind im Kontext des Gedichts alles andere als banal. Dadurch, daß der Text diese scheinbaren Selbstverständlichkeiten betont, macht er Regularitäten deutlich, auf die es ihm ankommt: Es gibt physikalische und sprachlogisch-soziale Grenzen in der Welt, die nicht überschritten werden können. Dies ist auch eine Aussage – bzw. eine Frage – des gesamten ersten Teils des Gedichts: Auch die Blume wird vermutlich nie die Grenze zur Rose überschreiten – wie diese Grenze genau semantisch aufgebaut ist, lassen wir in dieser rudimentären Interpretation einmal beiseite –, und der Vogel nie die Grenze zur Nachtigall. Rosen und Nachtigallen aber sind innerhalb ihrer jeweiligen Gattung – Blumen und Vögel – die kulturell und in der Literaturgeschichte am höchsten bewerteten Spezies: Die Nachtigall ist der Vogel mit dem schönsten Gesang, und sie singt in romantischen Liebesnächten, und die Rose wird meist als die Blume mit dem lieblichsten Duft angesehen, und man schenkt sie traditionsgemäß jemandem, den man liebt. Und auch das Gold des Fisches ist traditionell sowohl ökonomisch als auch symbolisch einer der wertvollsten Stoffe. Der erste Teil des Gedichts stellt also die Frage, bzw. stellt in Frage, ob in der Welt – repräsentiert durch die drei „Lebensräume" Erde, Wasser und Luft – Grenzüberschreitungen möglich sind, die das System als Ganzes auf das Qualitätsniveau der „besten" in ihr existierenden Entitäten heben würden. Es wird also eine Struktur der Welt dargestellt, in der es doch sehr fraglich ist, ob solche Grenzüberschreitungen hin zur „besten aller möglichen Welten" denkbar sind.

Bevor wir kurz auf den zweiten Teil des Gedichts eingehen, noch einige kurze Anmerkungen zu den erwähnten Mehrfachkodierungen. Wir haben hier nur ein Beispiel – das des Gold-Fisches – etwas näher untersucht; doch der Leser wird unschwer erkennen, daß der Text voll ist von solchen Mehrfachkodierungen. Mehrfachkodierungen sind häufig nicht insofern auflösbar, als man eine Entscheidung treffen könnte, welche der impliziten Äußerungen nun vom Text wirklich „gemeint" sind: Sie sind alle Bestandteil der Äußerung, die das Gedicht darstellt, und tragen zu der Komplexität dieser Äußerung bei. Der literarische Text ist also über die Strategie der Mehrfachkodierung in der Lage, sehr komplexe Strukturen mit sehr ökonomischen Mitteln aufzubauen: Will man alle Informationen, die in dem einen Satz stecken, normalsprachlich vermitteln, muß man mindestens drei, wenn nicht noch mehr Sätze hinschreiben; wir haben dies oben ja vorgeführt. Mehrfachkodierung ist eine der Möglichkeiten von Literatur, mit relativ geringem (normalsprachlichem) Zeichenaufwand ganze Weltmodelle zu konstruieren und zu reflektieren. Nahezu jeder literarische Text nutzt diese Möglichkeit, wenn auch nicht immer in dem Maße wie das Gedicht von Paul Wühr.

Nun noch ganz kurz zum zweiten Teil des Gedichts. Während der erste Teil die Frage nach bestimmten Regularitäten der Welt, der Realität stellt, fragt der zweite Teil nach dem Verhältnis dieser Realität zu ihrer semiotischen, in diesem Fall sprachlichen Repräsentation. Ist auch im ersten Teil schon immer das titelgebende Wort „Name" präsent, so häufen sich im zweiten Teil Wörter, die sich auf Sprache bzw. auf sprachliches Repräsentieren von Realität beziehen. „Schweigen" – und mit der erwähnten Anspielung auf die Redensart „Reden ist Silber, Schweigen ist Gold" ist auch das „Reden" implizit präsent –, „heißen" und „Name" sind die Schlüsselworte dieses Teils. Die Frage, die hier gestellt wird, ist die, ob kraft der Sprache die Regularitäten der Realität veränderbar sind. „Ihr Name nie duften" – das heißt: Kann die Sprache, können semiotische Mittel das schaffen, was vermutlich in der Realität nicht realisierbar ist: der Blume die Qualitäten der Rose, ihren Duft, zu geben? Diese Frage ist natürlich auch die Grundsatzfrage nach dem Verhältnis von Sprache und Realität. Kann die Sprache die Realität lediglich abbilden, oder kann sie Gegen-Realitäten aufbauen, semiotisch die Realität verändern? Da diese Frage in einem Gedicht gestellt wird, hat sie natürlich auch eine poetologische Dimension: Was kann Dichtung im Verhältnis zur Realität erreichen?

So weit zu dem Gedicht von Paul Wühr, das hier natürlich nur ansatzweise interpretiert werden konnte; es ging uns vor allem darum, an einigen Beispielen die semiotischen Strategien von literarischen und künstlerischen Äußerungen – die Mehrfachkodierung und die Einführung sekundärer Zeichen zu erläutern. Diese Strategien werden wir nun genauer definieren. Zuvor noch, um Mißverständnisse zu vermeiden: Diese Strategien sind nicht spezifisch für Texte, die bereits an der Oberfläche erkennbar vom alltäglichen Sprachgebrauch abweichen, wie beispielsweise das zitierte Gedicht. Jeder literarische Text weist sie auf, auch wenn er an der Oberfläche wie eine normalsprachliche Äußerung wirkt. Auch scheinbar „realistische" Erzählungen, die sich vielleicht lesen wie eine Zeitungsmeldung, arbeiten bei näherem Hinsehen mit diesen Strategien – und sei es auch nur dadurch, daß sie etwa bestimmten Entitäten implizit über das normalsprachliche hinausgehende Bedeutungen zuordnen. So könnten etwa in einem Text immer am Morgen die Figuren sterben, und wenn Kinder geboren werden, so geschieht dies immer am Abend. „Morgen" und „Abend" sind damit mit der zusätzlichen, konnotativen Bedeutung „Tod" bzw. „Leben" versehen, Konnotationen, die im normalsprachlichen Kode nicht zum Signifikat dieser Zeichen gehören. Um solche „sekundären" Bedeutungen zu erkennen, bedarf es jedoch der Interpretation.[3]

An unserem Beispiel haben wir gesehen, daß der literarische Text bzw. die künstlerische Äußerung (auf Kunstformen wie die bildende Kunst und die Musik werden wir weiter unten noch eingehen) Bedeutungen konstruieren kann und tatsächlich konstruiert, die über die normalsprachlichen Bedeutungen, die die Äußerungen über die Signifikate der einzelnen sprachlichen Zeichen erhalten, hinausgehen. Die Frage ist nun, wie künstlerische Äußerungen, semiotisch gesehen, diese zusätzlichen Bedeutungen aufbauen. Einen ersten Anhaltspunkt kann uns die Theorie des russischen Literaturwissenschaftlers Jurij M. Lotman, von dem auch der Begriff „Semiosphäre" stammt, geben, der den „künstlerischen Text" (und das ist in seiner Terminologie etwa das, was wir als „künstlerische Äußerung" bezeichnen) als „sekundäres modellbildendes System" erklärt:

Die Kunst ist ein sekundäres modellbildendes System. „Sekundär im Verhältnis zur (natürlichen) Sprache" ist nicht nur zu verstehen als „die natürliche Sprache als Material benutzend". Wenn das der Inhalt des Terminus wäre, so wäre die Einbeziehung der nichtverbalen Künste (Malerei, Musik u.a.) nicht gerechtfertigt.[4]

„Modellbildend" ist nach dieser Theorie jedes semiotische System, also jeder Kode, denn jedes Zeichensystem baut mit seinem Zeichenreservoir, seinen Verknüpfungsregeln und seinen Regeln für die Einführung neuer Zeichen ein – sich potentiell ständig wandelndes – Modell des Kommunizierens über einen bestimmten Realitätsausschnitt auf, und bildet damit natürlich auch ein Modell der kulturellen Konstruktion dieses Realitätsausschnitts in gewisser Weise ab. Wie wir schon in früheren Kapiteln dieses Buches gesehen haben, ist dabei nicht entscheidbar, ob die Ebene der Zeichen ein Konstrukt der Realität nur „abbildet" oder es erst erzeugt; diese Frage zu stellen, ist wie die berühmte Frage, ob zuerst die Henne oder das Ei war. Das Modell eines Realitätsausschnitts und das Modell eines Kodes bedingen sich gegenseitig; das „Unsagbare" ist allenfalls als Leerstelle Bestandteil der Realitätskonzeption einer Kultur. Nehmen wir als Beispiel nochmals den Kode der Verkehrszeichen. Dieser bietet auf einer paradigmatischen Ebene Zeichen an, mit deren Hilfe in konkreten (Verkehrs-) Kontexten Äußerungen gemacht werden können wie „Durchfahrt verboten für alle Kraftfahrzeuge", „Durchfahrt verboten für Lastkraftwagen" oder „Durchfahrt verboten für Motorräder". Der Kode hat jedoch aktuell keine Zeichen, mit denen Äußerungen wie „Durchfahrt verboten für rote Kraftfahrzeuge" oder „Durchfahrt verboten für Kraftfahrzeuge mit Automatikgetriebe" gemacht werden könnten. Der Kode „Verkehrszeichen" modelliert also durch das, was mit seiner Hilfe kommuniziert werden kann, den Realitätsausschnitt „Straßenverkehr". Ein anderes Modell, nach dem die Durchfahrtserlaubnis etwa nach der Farbe der Autos geregelt würde, erschiene unserer Kultur als sinnlos. Theoretisch wäre jedoch eine Kultur denkbar, die den Straßenverkehr nicht nach den uns pragmatisch erscheinenden Regeln strukturiert, sondern beispielsweise nach ästhetischen: Diese Kultur würde etwa Straßenzüge in einem bestimmten Farbspektrum halten, und nach den ästhetischen Vorstellungen dieser Kultur würde es etwa „das Auge beleidigen", wenn ein rotes Auto durch eine in Blautönen gehaltene Straße führe. Auch wenn uns eine solche Kultur ein wenig verrückt erschiene, sie hätte jedenfalls – weil sie in ihrem Realitätskonzept andere Schwerpunkte als wir setzt – ein anderes Modell des Realitätsausschnittes „Straßenverkehr" und damit auch einen anderen Kode der Verkehrszeichen.

„Sekundär modellbildend" nennt Lotman künstlerische Äußerungen deshalb, weil sie ihre Modelle auf einer Ebene über den „normalen" kulturellen Modellen und den „alltäglichen" Kodes bilden. Unser Beispiel des Wühr-Gedichts bildet seine spezifischen Modelle der Realität auf einer sekundären Ebene über den normalen kulturellen und über denen des primären semiotischen Systems der deutschen Sprache. Vollständig semiotisch sind sowohl primäre als auch sekundäre Ebene nur im Falle des literarischen Textes, denn ein sprachlicher Text verwendet als Material nur Entitäten, die bereits semiotisch sind, nämlich sprachliche Zeichen. Für andere künstlerische Äußerungen, wie zum Beispiel Werke der Malerei oder der Musik, trifft dies für die primäre Ebene nur begrenzt zu; wir werden weiter unten darauf noch eingehen.

In Ahnlehnung an Lotman können wir nun sagen: Künstlerische Äußerungen konstruieren sekundäre semiotische Systeme bzw. Kodes mit Hilfe und auf der Basis einer primären Ebene. Diese primäre Ebene kann vielerlei sein: Äußerungen eines einzigen semiotischen Kodes (wie im Falle der Literatur die Sprache), eine Mischung aus Äußerungen mehrerer Kodes (z.B. Theater, Oper), eine Mischung aus Äußerungen und anderen, zunächst nicht-semiotischen Entitäten (Abbildungen), oder – im Extremfall – sogar völlig nicht-semiotische Entitäten (manche abstrakten Bilder). Sekundär ist das semiotische System einer künstlerischen Äußerung einerseits deshalb, weil es sich zu seiner Konstitution einer darunterliegenden, also primären Ebene bedient, und andererseits, weil es nicht identisch ist mit einem der primären semiotischen Kodes, die in einer Kultur allgemein bekannt sind, wie z.B. die Sprache, die Verkehrszeichen, der kulinarische Kode oder der der Kleidung.

Ein Spezifikum der sekundären semiotischen Systeme von Kunstwerken ist, daß es nicht einen Kode gibt, den zumindest alle Äußerungen einer Kunstgattung teilen. Jedes einzelne Kunstwerk baut seinen eigenen sekundären Kode auf, der, will man ihn beschreiben, letztlich für jeden Einzelfall in der Weise rekonstruiert werden muß, wie wir das bruchstückhaft für das Wühr-Gedicht vorgeführt haben. Es lassen sich zwar mehr oder weniger allgemeine Regularitäten beschreiben, wie künstlerische Äußerungen (zumindest die einer bestimmten Kunstsparte) Bedeutungen aufbauen[5], aber es kann nicht allgemein vorausgesagt werden, welche Bedeutungen Kunstwerke aufbauen. Natürlich gibt es Durchschnittsmengen, vor allem zwischen Kunstwerken der gleichen Epoche. So teilen etwa die meisten Erzähltexte des 18. Jahrhunderts ein Bedeutungselement, das sich in dem Satz zusammenfassen ließe: „Gegen Normen verstoßendes Handeln wird noch zu Lebzeiten des Handelnden in irgend einer Weise bestraft". Erschließbar ist dieser Satz aus der Handlungsstruktur der Texte – etwa weil regelmäßig, wenn eine Figur etwas „Böses" tut, ihr im Lauf der weiteren Handlung ein Unglück widerfährt. Solche Bedeutungen, die viele Kunstwerke einer Epoche teilen, sind ein Indiz dafür, daß es sich dabei um eine explizite oder implizite, der Kultur selbst bewußte oder nicht bewußte Basisprämisse ihres Realitätssystems handelt.[6]

Was sind nun die Elemente derartiger sekundärer Kodes, die „Zeichen" und die syntaktischen Regeln, die ein Kunstwerk konstruiert, um ihre Bedeutungen zu kommunizieren? Nehmen wir als Beispiel wieder den literarischen Text als den einfachsten Fall. Wir haben bei unserer Interpretation des Paul Wühr-Gedichts aus der Kombination der (primären) sprachlichen Zeichen, ihrer normalen Bedeutung, ihrer Syntagmatik und ihrer teils vom semantisch Erwartbaren abweichenden Position in den einzelnen Sätzen unsere interpretatorischen Folgerungen gezogen. Diese interpretatorischen Folgerungen sind nun nichts anderes als Rekonstruktionen von (sekundären) Bedeutungen, die der Text durch die oben aufgezählte Menge von Operationen aufbaut. Elemente des primären Kodes der natürlichen Sprache, mit seinen Signifikaten, syntaktischen und pragmatischen Regeln werden damit zu Signifikanten der sekundären Ebene, denen der Text sekundäre Signifikate zuordnet. Nur als ein Beispiel: Wir haben bei der Interpretation des Wühr-Gedichts aus der zeichenhaften (in diesem Fall eben sprachlichen) Präsenz von Lebewesen der drei Hauptlebensräume Erde, Wasser und Luft sowie der Tatsache, daß jeder Lebensraum durch eine Klasse von dort lebenden Lebewesen und einer speziellen, kulturell hochbewerteten Gattung verbal besetzt ist, geschlossen, daß a) der Text ein Modell von „Welt" konstruiert, das b) ganz bestimmte Eigenschaften hat, nämlich die Existenz einer (potentiell unüberschreitbaren) Grenze zwischen „normalen" und „hochbewerteten" Entitäten. Was wir, gewissermaßen als „Prämissen" dieser Folgerung, gebraucht haben, waren – etwas vereinfacht ausgedrückt – a) die normalsprachlichen Signifikate der Lexeme „Vogel", „Nachtigall", Blume", „Rose", „Fisch" „Gold", „nie", „fliegen", „blühen" und „schwimmen"; b) kulturelle Konnotate, die den Zeichen „Rose", „Nachtigall" und „Gold(fisch)" „Hochwertigkeit" zuordnen, c) die Kenntnis der syntaktischen Funktion von Fragesätzen in der normalen Sprache, und d) Kenntnis der Synonymitäts-Funktion der Äußerung „im Gold schwimmen" für das sprachliche Zeichen „reich" im normalsprachlichen Gebrauch. Der Text ordnet also einem – von ihm selbst strukturierten – Bündel von Signifikaten weitere Signifikate zu; die ursprünglichen Signifikate benutzt er wie Signifikanten für seine sekundären Signifikate. Diese als Signifikanten benutzten Signifikate in Äußerungen der primären Ebene und die ihnen zugeordneten sekundären Signifikate in ihrer Gesamtheit konstituieren den spezifischen sekundären Kode, die „Sprache" dieses konkreten Textes.

Der Prozeß der Benutzung von geäußerten Zeichen und ihren Signifikaten als Signifikanten auf einer höheren Ebene kann auch rekursiv sein; ein Text kann sekundäre Signifikate zusammen mit anderen Elementen selbst wieder als Signifikanten für die Gewinnung weiterer Bedeutungen benutzen.[7]

Der Text von Paul Wühr baut seine sekundäre Bedeutungsebene dadurch auf, daß er normalsprachliche Terme (also z.B. Signifikate, syntaktische und pragmatische Strukturen, etc.) abweichend von ihrem normalsprachlichen Gebrauch verwendet. Erst dadurch, daß er sprachliche Zeichen in seinen Äußerungen in Relationen bringt, die von ihren normalsprachlichen Signifikaten her nicht erwartbar wären, kann er neue, sekundäre Bedeutungen gewinnen. So behandelt er beispielsweise Entitäten und ihre Namen (also ihre semiotischen Repräsentationen) tendenziell als ontologisch gleichwertig: Er stellt die Frage, ob der Name der Blume oder des Vogels nie singen oder duften werde. Damit verändert er das Signifikat von „Name" gegenüber seiner normalsprachlichen Kodierung; im Deutschen ist im Signifikat von „Name" eben festgelegt, daß es sich dabei um semiotische Repräsentationen handelt, die selbst nicht den gleichen ontologischen Status wie die Entitäten haben, die sie bezeichnen und deshalb auch nicht singen oder duften können.

Solche Veränderungen der normalsprachlichen Signifikate können Texte natürlich auf die verschiedensten Weisen herbeiführen; sie können sowohl explizit als auch implizit konstruiert werden. So verändert etwa ein Text, der explizit behauptet „Gott ist tot", das in unserer Kultur geltende Signifikat von „Gott", das eben auch das Merkmal „unsterblich" enthält. Implizit kann ein Text z.B. durch seine narrative Struktur Signifikate verändern. Nehmen wir z.B. eine fiktive Erzählung, in der es zwei Hauptgruppen von Figuren gibt: die einen sitzen in der Psychiatrie und haben qua klinischem Befund schizophrene oder paranoide „Störungen der Realitätswahrnehmung", die anderen laufen frei herum und gehen ihren Geschäften nach und gelten daher als „normal". Wenn in der Erzählung nun die Figuren der ersten Gruppe in einer vom Text als „objektiv" gesetzten Realität bestens zurechtkommen, die der zweiten aber ständig aufgrund von Fehleinschätzungen, selektiver Wahrnehmung etc. scheitern, dann hat er die Signifikate der Zeichen „normal" und „psychisch krank" offenbar verändert; und damit hat er auch ein vom „normalen" abweichendes Modell von Welt konstruiert.

Literarische Texte können jedoch nicht nur durch die Veränderung von normalsprachlichen Signifikaten neue Bedeutungen gewinnen, sondern auch dadurch, daß sie neue Konnotate für normalsprachliche Zeichen oder Zeichengruppen explizit oder implizit einführen; als Beispiel sei hier die berühmt-berüchtigte „blaue Blume" des Novalis erwähnt, die dann als „Symbol" für irgendwelche Sehnsüchte des Helden fungiert. Weitere Möglichkeiten der Konstruktion von sekundären Bedeutungsebenen in literarischen Texten finden sich in Titzmann 1997. Aus diesem Text seien zusammenfassend die Bedingungen für den Aufbau sekundärer semiotischer Kodes zitiert:

> „Für den Aufbau sekundärer semiotischer Systeme gilt somit:
> (1) der Text muß eine Teilmenge der von ihm benutzten primärsprachlichen Terme nicht-abweichend gebrauchen: nur wenn es „normal"/„primärsprachlich korrekt" gebrauchte Zeichen gibt,

a) sind die abweichend gebrauchten primären Zeichen als abweichend gebraucht erkennbar;
b) ist die abweichende Bedeutung ko(n)textuell rekonstruierbar; schon jeder Tropus ist erkennbar und übersetzbar nur, weil sein Ko(n)text nicht abweichend ist.
(2) der Text muß eine Teilmenge der primärsprachlichen Zeichen abweichend verwenden (d.h. Bedeutungsveränderungen/Semantisierungen bzw. Umsemantisierungen vornehmen und/oder neue sekundäre Zeichen schaffen), so daß ko(n)textuell primäre Signifikate zu sekundären Signifikanten werden.[8]

Es ist klar, daß ein Text nicht vollständig vom normalsprachlichen Gebrauch abweichen darf, sonst wäre er nicht mehr verständlich und man hätte keinen Anhaltspunkt, seine Bedeutungen zu erkennen. Wenn er dagegen überhaupt keine Abweichungen aufweist, ist er nicht sekundär modellbildend und damit nicht von z.B. einer rein berichtenden Zeitungsmeldung zu unterscheiden. Ob ein solcher Text als „Literatur" gelten kann, ist eine Frage der kulturellen Definition von Literatur; festgehalten kann hier nur werden, daß er sich durch das Fehlen solcher Strategien von der überwältigenden Mehrheit der literarischen Texte unterscheiden würde.
Auch wenn die genauen Strategien, wie literarische Texte im einzelnen sekundäre Bedeutungen aufbauen, natürlich äußerst komplex sind, ist das zugrundeliegende Prinzip relativ klar:

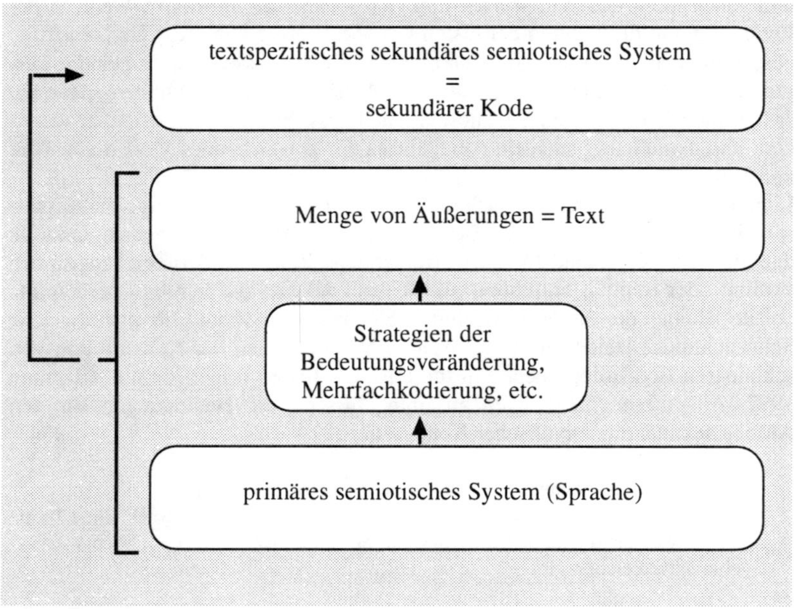

Die Tatsache, daß im Falle des literarischen Textes bei aller theoretischer Abstraktion das Verhältnis von primärer und sekundärer Ebene relativ klar zu beschreiben ist, ist dem Umstand zu verdanken, daß hier die primäre Ebene bereits völlig semiotisch ist, weil sie eben aus Äußerungen eines semiotischen Kodes, der Sprache, besteht. Bei Werken aller anderen Kunstformen ist dies zumindest nicht notwendig gegeben. Wir haben uns ja bereits weiter vorne mit Bildern beschäftigt und festgestellt, daß ein Bild eine beliebige Mischung aus zeichenhaften und (zunächst) nicht-zeichenhaften Entitäten sein kann. Die primäre Ebene ist daher auch beim künstlerischen Bild nur in den allerseltensten Fällen rein semiotisch (z.B. wenn nur Zeichen abgebildet werden oder ikonographisch kodierte Formen benutzt werden); der Normalfall ist eine Mischung aus Abbildungen, Zeichen und sonstigen Elementen, die zu Äquizeichen werden können. Zeichen in Bildern wären etwa Abbildungen von Zeichen (ein Mercedes-Stern, ein Friedenszeichen, ein sprachliches Wort), oder aber die Benutzung sonstiger kulturell kodierter Zeichen. Die Kleidung, die Figuren in einem Bild tragen, kann kulturell kodiert sein und ihnen bestimmte Merkmale zuschreiben; ein weites, reich geschmücktes Kleid kann eine dargestellte Dame in einem Bild des 17. Jahrhunderts als dem Hofe zugehörig klassifizieren; ein Mann mit Schläfenlocken und einem Kaftan ist als Jude klassifizierbar. Darüber hinaus können Zeichen eines ikonographischen Kodes der Kultur, aus der das Bild stammt, verwendet werden: Pfeile im Körper eines halbnackten Mannes kennzeichnen diesen in der christlichen Ikonographie als heiligen Sebastian; ein goldener Kreis hinter dem Kopf einer Figur macht klar, daß es sich dabei um einen Heiligen handelt. Solche ikonographischen Zeichen können auch in räumlichen und strukturellen Relationen bestehen. Auf Verkündigungsbildern der frühen Neuzeit z.B. ist der Raum, den der Engel einnimmt, i.d.R. kleiner, als der Marias; ein Zeichen für die theologische Bedeutung der beiden Figuren: der Engel ist eben nur der Bote, Maria dagegen die Mutter Gottes. Ein Bild aus dieser Zeit, das die Raumrelationen umkehrte, würde gewissermaßen einen „Neologismus" einführen, der jedoch eindeutig auf das traditionelle Zeichen bezogen wäre (und daher auch als neues Zeichen überhaupt erkennbar wäre), und es würde im oben beschriebenen Sinne das primäre Signifikat des ursprünglichen Zeichens verändern: Der Engel ist das eigentlich wichtige, Maria vielleicht nur ein zufälliges und auswechselbares Gefäß für Gottes Willen.
Neben solchen Zeichen gibt es in den meisten künstlerischen Bildern auch Elemente, die zunächst keine Bedeutung haben; wir könnten sie also als „bedeutungslos" abtun. Doch ähnlich wie wir im Fall des literarischen Textes von der Prämisse ausgehen, einen gegen Konventionen der normalen Sprache verstoßenden Text nicht als „Unsinn" abzuqualifizieren, wenn er als Literatur fungiert, werden wir im Falle des bildlichen Kunstwerks zunächst davon ausgehen, daß es – da es als Kunstwerk komponiert wurde – nichts Zufälliges und damit Sinnloses enthält. Wir werden beginnen zu interpretieren und versuchen, Bedeutungen zu ermitteln, die diesen Elementen durch die Relationen, in denen sie zu den eindeutig zeichenhaften Elementen stehen, zugeordnet werden; wir

rekonstruieren also die Äquizeichen dieses Bildes. Der Aufbau eines sekundären semiotischen Systems unterscheidet sich im Falle des bildlichen Kunstwerks dadurch ein wenig von dem des literarischen: Wenn zum Beispiel auf einem Bild einige Figuren zu sehen sind, die durch Zeichen (Hakenkreuze, Uniformen) als Nationalsozialisten erkennbar sind, andere durch die oben beschriebenen Zeichen als Juden, und die ersteren Figuren mit einem blauen, die letzteren mit einem roten Hintergrund versehen sind, so werden – qua Zuordnung und Rekurrenz – in diesem Bild die zunächst zumindest nicht eindeutig signifikanten Farben Blau und Rot zu Äquizeichen für Nationalsozialismus und Judentum. Wenn auf dem Bild dann noch eine Abbildung Hitlers zu sehen ist, die jedoch mit rotem Hintergrund versehen ist, dann geschieht offenbar eine Umsemantisierung zumindest des Komplexes „Nationalsozialismus": Das Bild baut ein von dem normal-kulturellen abweichendes Modell von „Welt" auf, indem es Hitler in die Nähe des Judentums rückt. Welche Folgerungen sich daraus ergeben, ließe sich nur anhand weiterer Elemente des Bildes interpretieren.

Schwierig wird es, einen potentiellen sekundären Kode eines Bildes oder sonstigen Kunstwerks zu rekonstruieren, wenn es überhaupt keine zeichenhaften Elemente enthält, die gewissermaßen zum Katalysator für die Semantisierung von nicht-zeichenhaften Bildelementen werden können. Dieser Fall ist in der abstrakten Kunst des 20. Jahrhunderts nicht gerade selten. Die Frage ist, ob derartige Bilder oder Kunstwerke, für sich allein genommen, überhaupt semiotisch sind, ob sie also mit Hilfe von Zeichen Bedeutungen vermitteln und somit Elemente von Kommunikation sind.

Nehmen wir als Beispiel ein Bild, das nur aus drei verschiedenen quadratischen Farbflecken besteht. Weder die Form noch die Farben sind kulturell als Zeichen definiert, und auch die spezifische Anordnung der drei Objekte läßt sich nach keinem ikonographischen Kode als Zeichen deuten. Da es also in dem Bild kein einziges kulturell kodiertes Zeichen gibt, das als Katalysator für die Bedeutungsaufladung anderer Elemente dienen könnte, können wir auf der Ebene des Einzelbildes keine Bedeutungen und auch keine sekundäre Ebene rekonstruieren. Das Bild ist, für sich alleine genommen, nicht semiotisch.

Nun könnte es natürlich sein, daß der Maler einen Text mitgeliefert hat, in dem er beschreibt, was die Formen auf seinem Bild „bedeuten" oder was er mit diesem Bild ausdrücken wollte. Er könnte in diesem Text etwa sagen: „Gelb ist die Farbe der Liebe, Blau die der Macht und Grün die des Geldes, die drei Triebkräfte unserer Welt". Mit Hilfe dieses Textes können wir nun das Bild interpretieren; allerdings nicht aufgrund von Zeichen, die das Bild selbst hat, sondern aufgrund der Bild-Text-Relation. Für sich allein genommen bleibt das Bild weiterhin nicht-semiotisch. Man könnte sogar sagen, daß unter dem Aspekt der Bedeutung der Text das Bild überflüssig macht: Das Bild kann – durch die Relation zu dem Text – nur genau die Bedeutungen vermitteln, die der Text alleine auch schon vermittelt. Überflüssig wäre das Bild jedoch nur unter dem Aspekt der Bedeutung; nach ästhetischen Kriterien könnte es vielleicht wegen seiner „Schönheit" oder anderen Merkmalen doch künstlerische Qualität haben.

Tatsächlich ist es ja so, daß eine der Antriebsfedern der abstrakten Malerei dieses Jahrhunderts unter anderem auch die war, sich vom Joch der Bedeutung zu befreien; die Bilder sollten nicht mehr Gefäß sein für etwas anderes, sondern in ihrer Materialität (Farbe, Figur, etc.) für sich stehen. Ähnliches wurde von der Dada-Bewegung nach dem Ersten Weltkrieg auch für die Literatur versucht; daß es hier nur ein Intermezzo blieb, liegt wohl daran, daß die Variationsmöglichkeiten des Aneinanderreihens bedeutungsloser Wort-Äquivalente sehr begrenzt sind, was den künstlerischen Mehrwert solcher Texte betrifft. In der bildenden Kunst ist jedoch eine große, kunsthistorisch sehr prominente Menge von Kunstwerken entstanden, die – zumindest auf der Ebene des Einzelbildes – nicht semiotisch und damit nicht kommunikativ sind. Hier ist es jedoch so, daß auf der Ebene eines Œuvres, einer Kunstrichtung oder sogar mehrerer sich ablösender Kunstrichtungen Bilder, die intern keine Äußerungen machen, auf der Metaebene eines Kunstdiskurses selbst wieder zu Äußerungen werden. So könnte etwa ein junger Maler auf die Bilder von Yves Klein, die häufig nur eine homogene blaue Fläche zeigen, durch ein Bild reagieren, das eine homogene blaue Fläche zeigt, die von einem diagonalen roten Strich geteilt wird. Für sich genommen ist auch dieses Bild nicht semiotisch; auf der Ebene des Kunst-Diskurses kann es aber als Äußerung fungieren, die vielleicht besagt, die Kunst Geigers sei durchgestrichen, passé. Vermutlich ist dies sogar ein relativ häufiger Fall, wenn die Beobachtung des amerikanischen Philosophen Arthur C. Danto stimmt, daß die Kunst zunehmend zu ihrer eigenen Philosophie, also ihrer eigenen Metatheorie, geworden sei.[9] Ein anderes Beispiel dafür wäre das berühmte Pissoir, das Duchamp in einer Kunstausstellung präsentierte. Das Pissoir selbst ist nur ein Pissoir, es ist kein Zeichen und keine Äußerung. Eine Äußerung ist dagegen die Tatsache, daß es im Kontext einer Kunstausstellung steht, eine Äußerung auf einer Metaebene, die einen Diskurs über die Frage, was eigentlich Kunst sei, auslöste.

Noch schwieriger ist die Frage nach dem semiotischen Status der Musik zu klären. Selbstverständlich gibt es auch in dieser Kunstform Zeichenähnliches, etwa bestimmte Motive, Themen, Rhythmen und Stilrichtungen, die bedeutungstragend sind. Wenn z.B. Gustav Mahler in seine Symphonien Volksmusik-Motive einbaut, so kommuniziert dies vielleicht eine Opposition zwischen einfachem ländlichen Leben und irgend etwas anderem. Andere Motive erkennen wir als aus Trauermusik und Militärmusik stammend und ordnen ihnen damit bestimmte Bedeutungen zu. Allerdings werden diese Bedeutungen erst durch außermusikalische Korrelationen gewonnen: Ein bestimmtes Motiv wird in einer Kultur immer bei Trauerfeiern gespielt, deshalb ist es überall, wo es auftaucht, mit „Trauer“ verknüpft; das Militär bevorzugt einen bestimmten Rhythmus, bei dem man leicht marschieren kann, deshalb sind Marschrhythmen wo sie auch vorkommen mit „Militär“ oder „Macht“ oder „Obrigkeit“ korreliert. Derartige Semantisierungen können dann von anderen Kunstwerken wieder als Zeichen verwendet werden. So wurde beispielsweise das musikalische Thema des „Walkürenritts“ aus Richard Wagners „Ring“ in Francis Ford Coppolas

Vietnam-Film „Apocalypse Now“ im Kontext eines Hubschrauberangriffs eingesetzt. Die Semantisierungen des „Walkürenritts“ werden damit auf die genannte Szene des Films übertragen.
Auch durch das sogenannte „Leitmotiv“ können innerhalb eines musikalischen Kunstwerks bestimmten Folgen von Tönen Bedeutungen zugeordnet werden: Das Leitmotiv der Riesen, ebenfalls in Wagners „Ring“, ertönt immer dann, wenn die Figuren der Riesen auftreten; erklingt es später an einer anderen Stelle der Oper, ohne daß diese Figuren auftreten, hat sich das Riesen-Motiv gewissermaßen semantisch „emanzipiert“: Der Hörer weiß nun, durch das zum Äquizeichen gewordene Leitmotiv zumindest, daß hier auf die Riesen verwiesen wird.
Ein weiteres oft gebrauchtes Mittel, Musik mit „Bedeutung“ aufzuladen, ist die Korrelation mit Texten. Doch auch hier ist es fraglich, ob die Musik zusätzlich zu den vom Text vermittelten weitere, konkret faßbare Bedeutungen vermittelt. Zudem hat es immer Musik gegeben, die ohne Text und ohne Verwendung von kulturell kodierten Motiven auskam.
Die Schwierigkeit bei der Musiksemiotik liegt daran, daß das Material, mit dem die Musik arbeitet, anders als beim literarischen Text, nahezu vollständig unsemiotisch ist: einzelne Töne sind keine Zeichen, im Gegensatz zu einzelnen Wörtern. Musik ist also – wieder auf der Ebene des Einzelwerkes – tendenziell nicht-semiotisch; auf der Ebene der Verwendung von Musik in bestimmten kulturellen Kontexten kann – ähnlich wie für die bildende Kunst beschrieben – das Musikstück selbst wieder zur Äußerung werden.
Wir sind uns natürlich völlig bewußt, daß wir hier im Falle der Musik der Komplexität der Probleme kaum Rechnung tragen; das Problem ist jedoch, daß es noch kaum ernstzunehmende Untersuchungen zur Musiksemiotik gibt[10]. Wir denken jedoch, daß die Beobachtung richtig ist, daß es ein Gefälle bezüglich der „Semiotizität“ von der Literatur über die bildende Kunst bis zur Musik gibt. Die beschriebenen Beispiele machen auch deutlich, daß nicht jedes Kunstwerk semiotisch und damit ein Akt der Kommunikation im engeren Sinne, also im Sinne der Übermittlung von Bedeutung, ist.

Anmerkungen

1 Paul Wühr: Sage. Ein Gedicht. München 1988, S. 116
2 Vgl. Bächtold-Stäubli 1987, Bd. 6, S. 455
3 Eine umfassende Theorie der Interpretation literarischer Texte liegt mit Titzmann 1977 vor.
4 Lotman 1972, S. 22f
5 Im Falle der Literatur hat z.B. M. Titzmann diese Regularitäten beschrieben; vgl. Titzmann 1977.
6 Vgl. Müller 1992
7 Darauf hat auch Titzmann hingewiesen; vgl. Titzmann 1997; in diesem Text finden sich auch genauere Spezifizierungen der semiotischen Regularitäten literarischer Texte.

8 Titzmann 1998
9 Vgl. Danto 1991, S. 12
10 Ein Ansatz wäre Karbusicky 1987

Semiotik und Gesellschaft: Differenzierung, Ausgrenzung, Hierarchisierung und soziale Zeichen

> „Wo auch immer soziale Strukturen gegeben sind und soziale Interaktionen stattfinden, da werden sie auch begleitet von oder konstituiert durch Kommunikation mittels Zeichen(systemen). Ohne Gesellschaft gibt es keine Kommunikation: aber ohne Kommunikation auch keine Gesellschaft. ... Obwohl Kommunikation auch für traditionelle Gesellschaften konstitutiv ist, so ist ihre Relevanz für die modernen industriellen Gesellschaften nochmals unermeßlich gestiegen. ... Unsere sozialen, unsere ökonomischen, unsere politischen Strukturen basieren auf der Funktionsfähigkeit der technischen und semiotischen Systeme der Kommunikation.“[1]

Daß dem so ist, wird heute niemand mehr ernsthaft leugnen wollen. Ein soziales System, in dem Individualisierung der personalen und biographischen Zusammenhänge, Spezialisierung der Tätigkeiten und Fraktalisierung von Produktion und Verwaltung zu bestimmenden Faktoren geworden sind, kann sich selbst nur aufgrund einer quantitativ stark ausgedehnten und technisch hochkomplexen Kommunikationsstruktur organisieren. Somit kann auch keine soziologische Beschreibung sozialer Beziehungen, Veränderungen und Tendenzen in der sich mittlerweile post-industriell nennenden Gesellschaft auf die Berücksichtigung semiotischer Systeme und Fragestellungen verzichten – auch, wenn sie sich dabei nur intuitiver semiotischer Theorien bedient.
Daß Kommunikation „Gesellschaft konstituiert“, heißt allerdings mehr, als daß sie bloß deren „Funktionieren“, die Koordination von ökonomischen und politischen Abläufen, ermöglicht. Vielmehr sind wir die Gesellschaft, die Kultur, die wir sind, weil wir die Inhalte, die wir produzieren und rezipieren, auf die Art und Weise kommunizieren und interpretieren, wie wir das eben tun.
Kommunikation wird mehr und mehr der Raum, in dem sich für uns „Welt“ vermittelt und der die Voraussetzungen ihrer individuellen wie kollektiven Konstruktion bestimmt. Je komplexer diese „Welt“, diese Gesellschaft wird, je steiler die Kurve ihrer Ausdifferenzierung wird, je unüberschaubarer die Anzahl der potentiellen Wahlmöglichkeiten für den einzelnen, die Gruppe(n), die Kulturen und die „Weltgesellschaft“, desto größer wird die Kluft zwischen den Möglichkeiten, von unmittelbarem Erleben bestimmter Realitätsausschnitte auf das „große Ganze“ zu schließen. Die Bedeutung von Erfahrungswissen gilt mehr und mehr nur noch für eng umgrenzte Bereiche – beispielsweise im Beruf – und reicht jenseits davon nicht einmal hin, sich im Alltag verläßlich zu orientieren, geschweige denn, die Komplexität von „Welt“ und „Gesellschaft“ zu erfassen. Wobei „Orientierung“ hier nicht im emphatischen Sinne verstanden wird: orientiert sein heißt hier nicht, aufgrund umfassenden, objektiven Wissens zu agieren, den „großen Durchblick“ zu besitzen, sondern wird hier in dem Sinne verwen-

det, in dem der Soziologe Gerhard Schulze „Orientierung" definiert hat – als die als sinnvoll erachtete, wiederholte Koppelung von Subjekt und Situation, als jene „situativ-subjektiven Muster", die darin bestehen, daß „Menschen unter ähnlichen Bedingungen ähnliches tun".[2] Und solche „Orientierung", so betont Schulze, kommt in der „Informationsgesellschaft" stärker als je in der Geschichte und nahezu ausnahmslos über Kommunikationsakte zustande:

> „In historisch bisher unbekanntem Ausmaß ist unser Alltagsleben [...] von Informationsaufnahme, Informationsentsorgung und Revision von Gewohnheiten geprägt. Um kurzfristig orientiert zu sein, sind wir zu ständiger Umorientierung bereit. Wenn wir einige Wochen ohne Zeitung und Fernsehen leben, beschleicht uns das ungute Gefühl, daß uns die Gegenwart davonläuft. Da wir die gesamte Arbeit der Vergegenwärtigung in der gebotenen Kürze der Zeit nicht selbst leisten können, ist Vergegenwärtigung zu einer unentbehrlichen Dienstleistung geworden. Werbung, Zeitschriftenmarkt, Sachbücher, TV-Magazine, Talk-Shows, Beratungsstellen, Psychotherapie und andere Angebote betreiben das Geschäft der ununterbrochenen Aktualisierung unseres Orientierungswissens."[3]

Solcherart Orientierung stellt sich also her, wenn der einzelne zu wissen glaubt, was andere wissen, woran sie glauben, was sie für „Realität" halten. Und je kleiner der für den einzelnen Menschen direkt beobachtbare Bereich der „Realität" im Verhältnis zur Gesamtheit der angenommenen und für relevant gehaltenen Realitätsbereiche insgesamt wird, desto größer das Gewicht der semiotisch vermittelten „Realität". Zumal, wenn man sich bewußt macht, daß es ein „unmittelbares Erleben" des Menschen ab dem Zeitpunkt seines Eintritts in das soziale Leben und damit in die semiotische Existenz nicht geben kann: schon dem Kleinkind werden unterschiedlichste Realitätsbereiche zeichenhaft nahegebracht, die weit jenseits seines Aktionsradius liegen und in ein Realitätsmodell integriert, das wesentlich umfassender ist als die eigene kleine Welt. Lange bevor ein Stadtkind einen traditionellen Bauernhof zu Gesicht bekommt, sind Kuh und Stall, Pferd und Weide, Hahn und Hof für es Elemente einer ländlichen „Wirklichkeit", die sich ausschließlich aus Zeichnungen in Bilderbüchern, Spielfiguren und Erzählungen der Eltern herleitet. Und der Bauernhof, den es später einmal tatsächlich besucht, wird an diesem Modell gemessen, und diese Erfahrung wird ein revidiertes Konstrukt von „Bauernhof" – und wahrscheinlich auch so manche Enttäuschung – generieren.

Eigene Erfahrungen finden immer vor dem Hintergrund eines individuell bereits vorgeformten Realitätsverständnisses statt, das weitgehend aus kommunikativen Äußerungen stammt und auch wieder in diese eingeht. Was aber beim Kind und dem Bauernhof noch partiell funktionieren mag – der präzisierende, erweiternde Vergleich eines semiotisch vermittelten Modells mit der augenscheinlichen Realität – wird genau dann obsolet, wenn der entsprechende Realitätsbereich nur teilweise, oberflächlich oder gar nicht zugänglich ist. Wer sich über Risiken der Kernspaltung eine Meinung bilden will, wird aus einem Rundgang durch ein

Kernkraftwerk kaum deren Unbedenklichkeit folgern können. Er bleibt nach wie vor angewiesen auf Wissen aus politischen, wissenschaftlichen, technischen Diskursen.

Hier wie in anderen Bereichen konstituiert sich gesellschaftliches Handeln wesentlich über das Verhältnis großer Gruppen zu verschiedenen Klassen von kommuniziertem Wissen: Was wissen andere, z.B. Wissenschaftler, Experten, „Entscheidungsträger"? Was wissen andere über das Wissen solcher anderen? Was wissen wir darüber, welche Folgerungen andere aus diesem Wissen ziehen? Daß bei der Kommunikation dieses Wissens die Massenmedien – nicht nur Fernsehen und Zeitung, sondern auch Film, Werbung, Sachbuch, Belletristik und auch das World Wide Web – eine um so entscheidendere Rolle spielen, je individualisierter und differenzierter die gesellschaftliche Organisation sich gestaltet, scheint außer Frage zu stehen. Gleichzeitig ist allerdings das Problem, wann Medien in welchem Ausmaß dabei als bloße Distributoren oder als Katalysatoren oder als Initiatoren eines solchen Wissens und damit entsprechender Orientierung fungieren, auf den ersten Blick nahezu unentscheidbar. Nicht zufällig häufen sich Vorwürfe des Typus, dieses oder jenes Problem sei „von den Medien herbeigeschrieben" oder „herbeigeredet" worden. Wobei nicht vergessen werden darf, daß wir von solch einem Vorwurf wiederum nur über eben jene Massenmedien erfahren. Ebenso wie beispielsweise die Behauptung einer Vielzahl von Menschen, sie würden, was sie in Talkshows oder Boulevardblättern rezipieren, ohnehin nicht glauben, uns nur über die Massenmedien erreicht.[4]

Wie funktioniert also die (Selbst-)Verständigung der modernen komplexen Gesellschaft tatsächlich? Und welche Rolle spielen semiotische Prozesse für die permanente soziale Re-Konstituierung im einzelnen? Diese Fragen wollen wir näher untersuchen. Angesichts der großen Komplexität solcher sozialer Kommunikationsprozesse wollen wir uns dabei auf ein spezifisches Segment beschränken: das Konstituieren und Signalisieren von „Differenz" im öffentlichen Raum anhand von visuell wahrnehmbaren, personenbezogenen Merkmalen wie Kleidung, Asseccoires, Frisur, also individuelle und gruppenspezifische „Outfits" im weiteren Sinne.

Differenzierung per Zeichen

Jegliche Strukturbildung wird durch die Konstruktion von Grenzen konstituiert. Sei es, daß die Bildung von Membranen, die einerseits durchlässig, andererseits aber stabil genug sind, eine effektive Grenze zum umgebenden Milieu zu bilden, Voraussetzung für die Entstehung autopoietischer biologischer Entitäten ist,[5] sei es, daß ein Kunstwerk nur dann als solches konstruiert und erkannt werden kann, wenn es gelingt, einen Rahmen zu schaffen, der den künstlerischen „Text" von der sonstigen Semiosphäre abgrenzt:[6] Immer ist Grenzziehung die Voraussetzung sowohl für die Genese als auch für die Wahrnehmung von Systemen.

Dieses Grundprinzip setzt sich bei der internen Strukturbildung fort: Differenzierung und Komplexitätssteigerung setzen interne Grenzziehung voraus, im lebenden Organismus wie im Kunstwerk.
In der Geschichte menschlicher Gesellschaften läßt sich der gleiche Mechanismus beobachten: Von einem Sozialsystem – einer Gruppe, einem Stamm, einer Nation – kann sinnvoll erst dann gesprochen werden, wenn es sich wiederholt und erkennbar von anderen in relevanten Merkmalen unterscheidet, sowohl zur Selbstverständigung im Inneren als auch nach außen hin, um Differenz zu signalisieren. Das heißt aber, daß diese Merkmale zeichenhaft repräsentiert werden müssen – völlig unabhängig davon, ob die von der jeweiligen Kultur als relevant erachteten Differenzmerkmale nun bloß erdacht, behauptet oder in irgend einer Form objektiv gegeben sind.
Es ist wichtig, sich diesen Unterschied zwischen einem „objektiv gegebenen" Merkmal und seiner semiotischen Repräsentation klarzumachen.

Stellen wir uns eine Stadt vor, in der Menschen unterschiedlicher Hautfarbe konfliktfrei zusammenleben. Nehmen wir weiter an, daß sich in einer bestimmten Phase unter den Bürgern dieser Stadt zwei Gruppen herauszubilden beginnen: Ein gewisser Kreis von Leuten, in dem alle Hautfarben vertreten sind, stellt fest, daß man sich an bestimmten Orten und bei bestimmten Anlässen immer wieder begegnet. Offenkundig teilt man spezifische Vorlieben und in der Folge auch Erfahrungen. Womöglich ist es eine Person, die besonders aktiv und bei all diesen Gelegenheiten anzutreffen ist, die durch ein bestimmtes Detail – die Art, die Haare zu tragen, eine auffällige Besonderheit der Kleidung oder ein anderes sichtbares Merkmal – auffällt und Nachahmer findet. Man kennt sich, kommuniziert, weiß um die Gemeinsamkeiten in als wichtig erachteten Bereichen. Es bildet sich ein Kern von Personen, die diese Übereinstimmung mittlerweile mit dem gewählten äußeren Merkmal verknüpfen und die Tatsache ihrer Zusammengehörigkeit auch nach außen signalisieren – sagen wir, durch das Tragen von Zipfelmützen. Unaufgefordert oder auf Nachfrage kommunizieren sie „Außenstehenden" ihre Einstellungen, Übereinstimmungen, Vorlieben. In unserer Stadt existiert nun auch außerhalb dieser Clique ein ungefähres Wissen über diese Merkmale. Wird jemand mit Zipfelmütze gesichtet, heißt es bald: „Das ist doch einer von denen, die diese und jene Musik hören, diese Kneipen besuchen, sich dort und dort treffen, für dieses und gegen jenes sind." Das Tragen von Zipfelmützen ist in unserer Stadt zum Zeichen geworden. Bürgerinnen und Bürger mit anderen Einstellungen und Vorlieben werden vom Tragen einer Zipfelmütze auch dann Abstand nehmen, wenn sie ansonsten gegen diese Kopfbedeckung eigentlich nichts einzuwenden haben, während umgekehrt auch jene, die im Grunde keine Zipfelmützenfans sind, zu dieser Kopfbedeckung greifen werden, wenn sie in diesen Kreis aufgenommen werden wollen oder sich mit ihm identifizieren. Unsere Zipfelmützenfraktion wächst jedenfalls stetig an, und bald bildet sich eine neue Untergruppe, für die völlig klar ist, daß nur links gewendet getragene Mützen den Angehörigen der wahren Zipfelmützensubkultur erkennen läßt.
Parallel dazu bildet sich aber in unserer Stadt noch eine weitere Gruppe. Auch diese Gruppe entsteht aus einem kleinen Kreis, in dem man irgendwann einmal feststellt, daß man die Abneigung gegen das teilt, was gerade die Vorlieben der späteren Zipfelmützenfraktion ausmacht. Auch dieser Kreis ist zunächst gemischtfarbig – allerdings stellen die Mitglieder blau-

er Hautfarbe in ihm die Mehrheit. Womöglich wird dieses Faktum irgendwann zum Gegenstand einer Diskussion. Jemand stellt die These auf, daß es eben Blauhäuten gemäß sei, Zipfelmützenvorlieben zu verabscheuen. Jedenfalls verlassen die Andersfarbigen daraufhin die Gruppe und die Blauen beschließen, zukünftig unter sich zu bleiben. Sie überzeugen sich in der Folge davon, daß Blauhäutige die besseren Menschen und den Andersfarbigen grundsätzlich überlegen sind. Innerhalb dieser Gruppe gilt also das Merkmal „blaue Haut" semiotisch gesehen als Anzeichen, denn in der Ideo-Logik dieser Leute besteht eine feste Relation zwischen der äußerlich wahrnehmbaren Hautfarbe und einem behaupteten Komplex sozialer, biologischer, mentaler Eigenschaften, die in ihrer Summe „Überlegenheit" generieren. Und auch sie kommunizieren in Gesprächen und Schriften ihre Auffassung. Allerdings müssen die Blauen dabei die Erfahrung machen, daß die meisten Mitbürger diese Ideologie nicht teilen und wenig Aussicht besteht, alle von dieser Theorie zu überzeugen. Im Alltag wird also die Tatsache, daß jemand blauer Hautfarbe ist, nicht als Anzeichen – geschweige denn als Zeichen – von dessen Überlegenheit wahrgenommen und kann nicht einmal die Zugehörigkeit zur blauen Gruppe signalisieren (es könnte allenfalls eine Nachfrage provozieren: „Was hältst du von der Überlegenheitstheorie einiger Blauer?"), während ein blauhäutiger Zipfelmützenträger dadurch weiterhin seine Zugehörigkeit zu seiner Gruppe kommunizieren kann und darüber hinaus nun gleichzeitig folgerbar ist, daß er die Ideologie der Blauen nicht teilt. Die rassistischen Blauhäute beraten daraufhin, was zu tun sei: Einer schlägt vor, die Realität der Theorie anzupassen und einfach alle blauhäutigen Bürger, die nicht ihrer Idee anhingen, aus der Stadt zu vertreiben. Danach könne jeder, der einen Blauen sehe, sicher sein, daß er an deren Überlegenheit glaube. Ein zweiter schlägt vor, man solle alle Blauhäutigen, die nicht mit ihnen übereinstimmen, zwingen, eine Erkennungsmarke an der Kleidung zu tragen. Da beide Vorschläge nicht durchführbar sind, beschließen die Blauen schließlich, sich selbst zu kennzeichnen. Jedes Mitglied der Gruppe trägt fürderhin einen Nasenring. Die Beringung wird zum Aufnahmeritual in die Gruppe erklärt.

Die Verwirrung ist groß, als kurze Zeit darauf in unserer Stadt vereinzelt Personen blauer Hautfarbe gesehen werden, die eine Zipfelmütze auf dem Kopf und einen Ring durch die Nase tragen...

Unsere Geschichte verdeutlicht, daß soziosemiotische Prozesse sowohl Abbildungen manifester sozialer Realitäten, als auch Ausdruck und Mittel der Gestaltung sozialer Realität sein können. Dabei generiert die Verwendung von Zeichen auf der Ebene des sozialen Gesamtsystems häufig genug Prozesse, die für das kommunizierende Subjekt selbst nicht (völlig) kalkulierbar sind und die seine „Intentionen" weit übersteigen können. Wer etwa in unserem Beispiel mit dem Ziel zur Zipfelmütze greift, Anschluß zu finden, „dazuzugehören", obgleich er dem Lebensstil dieser Gruppe eher neutral gegenübersteht, kommuniziert dennoch in der „Öffentlichkeit" unserer Stadtgesellschaft seine Übereinstimmung mit der Gesamtmenge der Denotate jener Gruppenzugehörigkeit. Er trägt also nolens volens mit dazu bei, die Relevanz dieser Gruppe innerhalb des Sozialsystem zu erhöhen, den Diskurs über sie und die von ihr vertretenen Auffassungen anzukurbeln, wahrnehmbare soziale Differenzierung oder Polarisierung zu steigern, egal, ob ihm selbst dies bewußt ist oder nicht. Seine Art des

Zeichengebrauchs ist gleichzeitig auch wiederum ein Faktor bei der internen Ausdifferenzierung der Gruppe, denn er führt ab einer bestimmten Häufigkeit zur semantischen Entleerung des Zeichens „Tragen der Mütze", das dann im Extremfall nur noch bedeutet: „Ich bin Mützenträger – im Unterschied zu Nicht-Mützenträgern". Wer immer aus der Gruppe weiterhin ein bestimmtes inhaltliches Paradigma öffentlich kommunizieren will, muß also ein neues Zeichen setzen und mit anderen „verabreden", was in unserem Falle dann durch das Wenden der Mütze bewerkstelligt wird. Auch hier zeigt sich wieder, daß die Genese neuer Zeichen nur über die Korrelation mit bereits existierenden Zeichen vollzogen werden kann: Kommunikation setzt immer Kommunikation voraus.

Daß das Semiotische immer auch der Ausdruck der Konstruierbarkeit und der Multioptionalität sozialer Wirklichkeit ist, zeigt implizit der Vorschlag des rassistischen Blauen, alle nicht-rassistischen Bürger blauer Hautfarbe aus der Stadt zu vertreiben. Hier soll ein „Kommunikationsproblem" gelöst werden, indem auf einem bestimmten Gebiet alle Optionen bis auf eine getilgt werden. Denn was selbstverständlich und ohne Alternative ist, kann und muß nicht mehr kommuniziert werden. Daß die Vorschläge unserer Rassisten dahin tendieren, ihr „Problem" jenseits semiotischer Vorgehensweise zu lösen und Kommunikationsprozesse zu umgehen, kommt nicht von ungefähr. Denn da die Verwendung von Zeichen Übereinkunft voraussetzt, sind die Blauen, was die „Zeichenhaftigkeit" der Hautfarbe betrifft, notwendigerweise ausschließlich auf die gruppeninterne Kommunikation zurückgeworfen. Mit den nicht-rassistischen Blauhäuten und den andersfarbigen Mitbürgern läßt sich eine Übereinkunft, nach der blaue Hautfarbe „Überlegenheit" und Andersfarbigkeit demgemäß „Minderwertigkeit" bedeuten soll, selbstredend nicht treffen. Kommunikabel ist lediglich ein Wissen darüber, daß es „Blauhäute" mit dieser Weltsicht gibt. Also wird über einen Kennzeichnungs-Zwang beraten – ein Vorschlag, der zwar im Gegensatz zum ersten semiotische Elemente beinhaltet, wie dieser aber „normale" Kommunikation durch Macht und Gewalt ersetzt. Dieses Abzielen auf Macht anstelle von Verständigung oder Übereinkunft liegt bereits in der „Zeichenwahl" der Blauen begründet. Denn sie versuchen, etwas, das in der Kultur bestenfalls als Anzeichen gelten könnte, das gegebene, natürliche Phänomen „Hautfarbe", zum Zeichen umzudeuten. Allein schon die Akzeptanz der Hautfarbe als Anzeichen würde allerdings bestimmte Basisannahmen im Denksystem der Kultur voraussetzen: Etwa, daß es bestimmte, biologisch bedingte qualitative Unterschiede zwischen Gruppen von Menschen gibt, die regelhaft auftreten und die aufgrund der unterschiedlichen Hautfarbe erschlossen werden könnten.

Das Beispiel der „Blauen" mit ihrem hermetischen Weltbild zeigt übrigens auch, wie sozio-semiotische Regularitäten, Weltbild und Denkstruktur einer Gruppe oder (Sub-)Kultur korrelieren können: der Ablehnung der Koexistenz unterschiedlicher sozialer Gruppen entspricht der Versuch, semiotische Differenzierung zu tilgen.[7]

Sanktionierung von Zeichengebrauch

Auf den ersten Blick scheint der Grad und das Ausmaß der Sanktionierung von Zeichengebrauch und die Monopolisierung von Zeichen und Äußerungen in einer Gesellschaft ein gutes Kriterium zur Typisierung von Gesellschaften zu sein. Totalitäre Staaten, autoritäre und geschlossene Gesellschaften regulieren auf nahezu allen Ebenen der Äußerung und des Zeichengebrauchs deren Verwendung – angefangen von der Zensur bestimmter Inhalte über die Normierung ästhetischer Modelle bis hin zu spezifischen Kleiderordnungen.
In der ständisch organisierten Gesellschaft waren bestimmte Kleidungsstücke, Materialien und Accessoires bestimmten Ständen und innerhalb derer wiederum bestimmten Unterklassen vorbehalten: Das Tragen einer bestimmten Kleidung war untrennbar mit der Zugehörigkeit zu Adel, Bürgertum, Klerus, zu bestimmten Berufen, Zünften verknüpft, und eine Verletzung dieser Regel konnte schwerwiegende Strafen nach sich ziehen. Kleidung hatte demnach in solchen Kulturen eine Zeichenfunktion – einer bestimmten Kombinatorik von Kleidungsstücken als Signifikant konnte jeder Angehörige der Kultur ein bestimmtes Signifikat (der Träger ist Angehöriger dieses Standes/dieser Zunft etc.) zuordnen. In seiner Summe konnte der Kode der Kleidung die Struktur der gesamten Gesellschaft abbilden. In jeder Straßenszene, auf jedem Marktplatz hielt sich eine solche Gesellschaft sozusagen ihre eigene Ordnung vor Augen. Eine ähnliche kommunikatorische Funktion hatte auch die Einheitskleidung in der Volksrepublik China, nur daß die Standardkluft hier die behauptete Gleichheit aller Staatsangehörigen bedeuten sollte und die Grenzziehung nicht gruppenintern, sondern gegenüber der eigenen Vorgängerkultur und den kapitalistischen Gesellschaften verlief.
Aber auch in demokratischen Gesellschaften kann die staatliche oder soziale Sanktionierung bestimmter Äußerungsformen beträchtliche Ausmaße annehmen. Bleiben wir beim Komplex der Zeichen, die am Körper getragen werden. Noch in den 60er Jahren war es in unseren Breiten nahezu unmöglich, nicht „korrekt gekleidet" – also ohne Anzug und Krawatte bzw. Abendkleid – in bestimmte Restaurants oder in ein Opernhaus eingelassen zu werden. Langhaarige Männer hatten bei Bewerbungen keine Chance. Und auch ein Minister Joschka Fischer, der seinen Amtseid in Turnschuhen ableistet, wäre damals nicht vorstellbar gewesen. (Wenn derselbe Politiker heute als Fraktionsführer seiner Partei im Bundestag in Nadelstreifen, mit Weste und Krawatte auftritt, dann ist dies im Hinblick auf die eigene „semiotische Biographie" wiederum interpretierbar).
Nicht zu vergessen ist der Kleiderkode[8], der die kulturell definierte Geschlechterdifferenz semiotisierte: Frauen in Hosen, in Anzug und Krawatte – das war bis in die Mitte unseres Jahrhunderts ein klarer Normverstoß und eine Provokation. Wobei die Aufweichung dieser Normen wiederum eine bestimmte Tendenz erkennen läßt: Es sind die Frauen, die das von Männern vorgegebene Modell potentiell übernehmen dürfen, während die Grenze in umgekehrter

Richtung nach wie vor besteht: Ein Mann im Blümchenkleid gilt als sozial abweichend. So bleibt hier als beobachtbares Faktum, daß für die gesamte Gesellschaft das für die Rolle „Mann" entwickelte Modell der Bekleidung den Standard bildet, an den sich Frauen ganz oder teilweise anpassen können oder auch nicht. Dieser „männliche" Standard selbst bleibt durch die Öffnung in eine Richtung dabei relativ untransformiert.

Daneben wird aber immer noch quer durch alle Gesellschaftsformen hindurch die Reservierung bestimmter äußerlich wahrnehmbarer Zeichen für bestimmte soziale Funktionen beibehalten. Das Exklusivrecht des Staates auf Gewaltausübung manifestiert sich im exklusiven Recht von Militär und Polizei, spezifische Uniformen zu tragen. Nur der Stammeshäuptling darf einen bestimmten Kopfschmuck tragen, nur der Medizinmann eine bestimmte Haartracht und das Fell eines bestimmten Tieres.

Der Top-Manager wiederum muß in der Welt des Unternehmens, wo eine implizite Kleiderordnung das Tragen von Anzug und Krawatte auch dem „kleinen Angestellten" nahelegt, auf andere Zeichen ausweichen, wenn er seinen Status signalisieren will. So entwickeln Unternehmen häufig einen elaborierten Kode der Hierarchiezeichen, die die hierarchische Stellung der Mitarbeiter kommuniziert: Angefangen bei Größe und Lage der Büros über Größe und Materialien von Schreibtischen und Schreibtischstühlen (solche mit hoher Rückenlehne können beispielsweise qua Vorschrift nur an Direktoren o.ä. herausgegeben werden), bis hin zu Unterschieden bei der Bewirtung von Kunden und Gästen: „Wichtige" Mitarbeiter mit „wichtigen" Gästen bekommen andere Kekse zum Kaffee als der Durchschnittsangestellte.

Besonders deutlich wird diese Kodierung bei der Dienstwagenordnung, die beispielsweise dem Vorstandsmitglied bestimmte Marken und/oder Typen vorbehält und es der jeweils nächst tieferen Hierarchieebene – auch beim Angebot, die Mehrkosten selbst zu tragen – nicht gestattet, einen gleichen Wagentyp im Dienste des Unternehmens zu benutzen. Offenkundig wird dabei, daß es nicht in erster Linie funktionale Differenzen sind (etwa höhere Geschwindigkeit oder Sicherheit), die hier die Zusammensetzung eines kostspieligen Wagenparks bestimmen, sondern primär semiotische Funktionen. Solche semiotischen Funktionen von Produkten werden auch in anderen Zusammenhängen in unserer Kultur immer relevanter.[9]

Im Kontext von Institutionen wie Unternehmen wird dabei besonders deutlich, was insgesamt für Konsumgesellschaften zu gelten scheint: Bei einer in hohem Maße „demokratischen" Praxis der Verwendung von Soziozeichen und gleichzeitig breiter Verfügbarkeit hochwertiger Produkte wie Kleidung, Möbel, Autos etc. differenziert und verfeinert sich die Kodierung sozialer Zeichenverwendung und geriert ein elaboriertes System der „feinen Unterschiede"[10] ,die unter der Oberfläche zunächst wahrnehmbarer Offenheit und „Klassenlosigkeit" der Kultur ein subtiles Muster durchaus geschlossener Gruppen und Klassen erkennbar werden lassen.

Soziosemiotische Fragestellungen

Eine Sozialstudie, die bei der Bestandsaufnahme und Interpretation semiotischer Phänomene ansetzt, könnte etwa danach fragen, wie stark eine Gesellschaft semiotisch differenziert ist, wie hoch der Grad der zeichenhaften Abgrenzungen der Gruppen untereinander ist, durch welche Zeichentypen diese Abgrenzung kommuniziert wird, usf.

Verläßlichkeit der Zeichengebung:
Voraussetzung für das semiotische Funktionieren einer solchen Kommunikation von Differenz ist selbstverständlich der Grad der Verläßlichkeit dieser Zeichengebung: Es geht also darum, wie umfänglich das Zeichen geäußert wird und wie stark seine Verwendung sanktioniert ist. Auch solche Faktoren sind selbstverständlich weiter interpretierbar.

Grad der Öffentlichkeit rekonstruierbarer Kodes:
Welche Semantisierungen von Produkten, Asseccoires etc. sind allgemein verständlich, welche sind „esoterisch", können nur von Mitgliedern der jeweiligen Gruppen als Zeichen erkannt und verstanden werden und dienen demnach der subkulturellen (Selbst-)Verständigung. Solche esoterischen Kodes können wiederum unterschiedliche Funktionen erfüllen, sei es, daß sich eine Gruppe gegen sozialen Druck oder Sanktionierung schützen will, sei es, daß sie damit eine für andere unsichtbare Form der Ausgrenzung betreibt usf.

Interne Differenziertheit der Kodes:
Wieviele Elemente auf wievielen Ebenen generieren einen bestimmten Aussagetypus? So tendieren beispielsweise bestimmte Subkulturen zu einem höheren Grad der semiotischen Ausdifferenzierung als andere. Bestimmte „Lebenstil-Modelle" folgen dabei einem Kode, der angefangen von der Kleidung bis hinein in die alltägliche Sprachverwendung ebenso stark verfeinert wie geregelt ist. Jede scheinbar marginale Abweichung kommt in diesen „Lebensstilmodellen" einem Aus-der-Rolle-Fallen gleich und gefährdet die Gesamtkonstruktion. Interessanterweise scheinen hier strukturelle Ähnlichkeiten zwischen großbürgerlichen Oberschichtsgruppen und dissidenten Subkulturen zu bestehen.

Semiotische Differnziertheit des Sozialsystems:
Eine festgestellte Differenziertheit auf der Ebene visueller, personengebundener Zeichen ist im Hinblick auf ihre Relation mit anderen semiotischen Systemen und Äußerungsformen in der Gesellschaft zu untersuchen. So kann etwa in einer streng nach Kasten strukturierten Kultur die Zugehörigkeit zu einer Kaste mit einem grundsätzlichen Kommunikationsverbot mit Angehörigen anderer Kasten einhergehen. Damit aber erhält die unmittelbare Erkennbarkeit der Kastenzugehörigkeit im Alltag eine gesteigerte Relevanz. Die semiotische Differenz muß demnach entsprechend deutlich und unmißverständlich sein.

Korrelation mit ideologischen Diskursen:
Selbstverständlich ist auch danach zu fragen, wie sich solche Kodes der Kleidung, der Mode, des Outfits zu den ideologischen Diskursen über soziale Differenz(ierung), Hierarchisierung usf. verhalten.
So ist durchaus denkbar, daß eine Kultur auf der Diskursebene das Element der sozialen Gleichheit all ihrer Mitglieder besonders hervorhebt, während auf der Ebene der Alltagskommunikation durch Kleidung eine starke Differenzierung erkennbar ist. Eine (Sub-)Kultur, die sich Individualität als höchsten Wert auf ihre Fahnen geschrieben hat, könnte hingegen durch hohe Übereinstimmung im Outfit ihrer Mitglieder auffallen. Solche Phänomene fordern selbstverständlich eine genauere Interpretation heraus.
Das gleiche gilt beispielsweise für den erwähnten Fall der Geschlechterrollendifferenz im Bereich des gesamten Outfits. Die Beobachtung, daß hier die Grenze zwischen dem „männlichen" und dem „weiblichen" Modell tendenziell vor allem in eine Richtung geöffnet wurde, nämlich für die Übernahme des ersteren durch die Frauen, könnte auch in anderen Bereichen auf ihre Gültigkeit hin untersucht werden. Womöglich stellte sich heraus, daß die durch semiotische Phänomene auf dieser Ebene repräsentierte Struktur – daß nämlich die als „männlich" definierte Rolle den für beide Geschlechter tendenziell übernehmbaren Standard bildet – auch auf anderen Ebenen gültig ist. Das würde bedeuten, daß die Entwicklung der Emanzipation in diesem Jahrhundert als Zwischenmodell eher eine Verbreiterung der Basis der „männlichen" Sozialrolle gebracht hat, deren Definition insgesamt dabei weniger transformiert wurde als beispielsweise die der „weiblichen", die dann eher durch ein mögliches Changieren, wählen oder akkumulieren beider Rollendefinitionen gekennzeichnet wäre.

Soziosemiotische Tendenzen der Gegenwartskultur

Werfen wir also einen Blick auf den kommunikativen Umgang mit Kleidung, Stil und „Outfit" in unserer Gegenwartskultur: Auf den ersten Blick scheint klar zu sein, daß wir in einer semiotisch offenen Kultur leben – im Inneren wie nach Außen. Benetton verkauft seine Bekleidung in über 100 Ländern der Erde. Wer beim Oktoberfest in der Hirschledernen erscheint, ist vermutlich ein „Preiß". Der Mann mit dem Armani-Sakko kann ebensogut Schalterbeamter wie Bankdirektor sein. Daß jemand einen goldenen Ohrring trägt, heißt schon lange nicht mehr, daß er zur Schwulenszene gehört. Die Bravo-Leserin ist ebenso gepierct wie die Punkerin. Ordentliche Beamtenanwärter werfen sich am Wochenende in ihre Rockerkluft und steigen auf die Harley. Der junge Handwerksmeister geht mit abgewetzten Jeans und umgedrehter Baseballmütze in die Szenekneipe.
Soziale Distinktion und Differenz öffentlich für jeden unmittelbar erkennbar über „heraldische" Objekte zu signalisieren, scheint insgesamt schwieriger und aufwendiger geworden zu sein[11], zumal in den urbanen Zentren, in denen die

Wechselfrequenz der Trends und Stile und die Oberflächendifferenz der Gruppen und Szenen gegenüber dem statistischen Durchschnitt der Gesamtkultur nochmals gesteigert ist.
Selbst wer gerne auf den ersten Blick als Angehöriger „gehobener Kreise“ und „Besserverdienender“ erkannt werden möchte, kommt in Schwierigkeiten, wo Waren, die öffentlich Status symbolisieren sollen, potentiell allen zugänglich sind: Der Mercedes-Limousine sieht man nicht an, ob sie mit Schwarzgeld bezahlt ist oder geleast wird, ob man sich für sie bis zum Hals verschuldet oder den Kaufpreis aus der Portokasse hingeblättert hat.
Es gibt zwar nach wie vor den Drang, sich unmittelbar erkennbar gewissen Gruppen, Klassen zuzuordnen und seinen Status innerhalb einer insgesamt weicher und flexibler gewordenen sozialen Gruppenhierarchie zu signalisieren – allerdings ist die Verläßlichkeit solcher Äußerungen offenkundig erheblich eingeschränkt.
Das zeigt sich am deutlichsten dort, wo Elemente des Zeichensystems einer abweichenden sozialen Gruppe relativ schnell und massenhaft zu modischen Asseccoires in der Kultur transformiert werden und dabei ihre Zeichenfunktion weitgehend einbüßen.
Nahezu zeitgleich mit dem Überschwappen der Punk-Welle nach Deutschland Ende der siebziger Jahre konnte man in Nobel-Trendmode-Läden bereits stilisierte Punk-Insignien für teures Geld erwerben: Designer-Springerstiefel mit dazu passenden Lederjacken, die Metallzacken an den Schulterklappen, die bei den „echten Punks“ verhindern sollte, daß irgend jemand es wagen könnte, sich ihnen in väterlich-verständnisvoller Umarmung zu nähern, wurden zu wenig verletzungsträchtigen Pyramiden verflacht. Und wo sich der Punker der ersten Stunde die Haare noch mit Zuckerwasser zusammendröselte, gab es nun eine Fülle von leicht auswaschbaren Hair-Styling-Produkten für den Wochenendpunk.
Ähnliches läßt sich beim Import anderer jugend- bzw. subkultureller Äußerungsformen immer wieder beobachten: Was ein Gymnasiast aus einer mittelständischen Wohlstandsfamilie äußert, indem er mit offenen Basketballschuhen, Kapuzen-Shirt und Ghetto(!)-Blaster, aus dem Musik der HipHop-Gruppe „Public Enemy“ tönt, über den Pausenhof flaniert, kann nicht mehr so eindeutig verstanden werden, wie das Tragen einer Zipfelmütze in unserem Beispiel – und zwar auch dann nicht, wenn dieser Gymnasiast damit durchaus etwas bestimmtes äußern will. Die Tatsache, daß einige der Jugendlichen, die bei den ausländerfeindlichen Ausschreitungen in Rostock 1992 Malcolm-X-Kappen – einst Symbol eines militanten Emanzipationsstrebens schwarzer Amerikaner – trugen, veranlaßte beispielsweise Diedrich Diederichsen dazu, in der Zeitschrift SPEX unter dem Titel „The Kids are not allright“ das „Ende der Jugendkultur (wie wir sie kennen)“ zu verkünden und auch später noch festzustellen, daß die bis dahin geglaubte Relation zwischen „bestimmten Dresscodes und bestimmter Musik“ zu betimmten Inhalten, den „ ‚heiligen' Inhalte(n) der Auflehnung“[12] so nicht mehr besteht. Mit anderen Worten: Was einstmals als

Kommunikation im semiotischen Sinne aufgefaßt werden konnte, ist jetzt „neutralisiert“: Die Folgerbarkeit bestimmter „Inhalte“ und Bedeutungen aufgrund der Äußerung bestimmter signifikanten Elemente wurde aufgelöst.[13]
Die beiden Beispiele reichen aus, um eine ganze Reihe von Transformationen zu beschreiben, die sich in den vergangenen Jahrzehnten auf soziosemiotischem Gebiet vollzogen haben.
Zunächst einmal ist festzuhalten, daß Kleiderkodes potentiell noch zur Selbstverständigung von Gruppen und Szenen dienen können. Selbstverständlich konnte im ersten Beispiel der „echte“ Punk weiterhin auf den ersten Blick erkennen, wer dazugehörte und wer nicht. Und umgekehrt wollte der Edelpunker mit dem Bausparvertrag nichts weniger, als „wirkliche“ Punks zu täuschen und von ihnen akzeptiert zu werden. Dennoch bedeutet die mühelose Übernahme bestimmter Elemente aus dem spezifischen Zeichenrepertoire durch ganz andere Gruppen auf der Ebene der gesamtgesellschaftlichen Kommunikation eine deutliche Einschränkung der Kommunikationsmöglichkeiten bei gleichzeitiger Erhöhung der Menge der verfügbaren Zeichen: In der Öffentlichkeit vermischte sich die Wahrnehmung bestimmter – erst durch die „verfälschende“ Wiedergabe einzelner Signifikanten des Kodes populär gemachter – „Symbole“ in verschiedenen Kontexten zu einer dritten, aus Schlagwörtern und Alltagsbeobachtungen, Medienberichten und Werbesprüchen zusammengebrauten Banaldefinition von „Punk“, die dann ungefähr so lautete: „Punker sind junge Leute, die es schick finden, „no future“ zu haben.“ Für kurze Zeit wurde dann von „der Jugend“ um 1980 sogar als der „No-Future-Generation“ gesprochen. Das kulturelle Wissen über die tatsächlichen Kodes des Punk, über die Inhalte der Punk-Kultur blieb der – damals bereits primär re-konstruierenden – Arbeit weniger Spezialisten vorbehalten und ist bis heute eher ein Nischen-Wissen geblieben.[14] War es den Punks zu Zeiten der Kultband „Sex Pistols“ in Großbritannien für kurze Zeit (1977/78) gelungen, nicht nur erfolgreich Differenz zu signalisieren, sondern tatsächliche Abgrenzungs- und Ausgrenzungsreaktionen der „Gegenseite“ und damit auch eine Art „Diskurs“ über Inhalte zu provozieren, so war dies bald darauf auf dem Kontinent schon nicht mehr möglich: Punk geriet unter anderem auch wegen der beschriebenen Übernahmemechanismen bestimmter äußerlicher Kode-Elemente zur „Toten Hose“.[15]
Der am Beispiel „Punk“ beobachtbare Übernahmemechanismus, bestimmte signifikante Elemente eines Gruppenkodes – sowohl Signifikanten als auch Signifikate – zu isolieren, nachzuahmen, und marktförmig zu machen, ist mittlerweile quasi selbstverständlich geworden. Er zwingt diejenigen Gruppen, die nicht nur sozial erkennbar Differenz signalisieren, sondern zusätzlich auch noch diese Differenz „inhaltlich“ definieren wollen, zu immer weiterer Spezialisierung einerseits und zur immer intensiveren Auslotung der Grenzen dessen, was noch allgemein „nachahmungsfähig“ ist. Um wenigstens die Funktion der Selbstverständigung der Gruppe (wie grenzen wir uns intern von Nachahmern ab, wie erkennen die „Eingeweihten“ sich verläßlich untereinander?) zu gewähr-

leisten, muß die Signifikantenebene, muß die Oberfläche der benutzten „Zeichen" immer weiter differenziert werden, muß das Heil in der richtigen Kombinatorik verschiedener, detaillierter Elemente gesucht werden. Die Ver-Marktung von gruppenspezifischen Insignien und die Vermehrung, Variation und Neu-Kombination solcher äußerlich wahrnehmbarer Elemente sind also ein positiv rückgekoppelter Prozeß, der zur Zeit eine sich beschleunigende Spirale oberflächlicher Ausdifferenzierung auf der Signifikantenebene hervorbringt: „Die Marketingforscher der Industrie haben inzwischen allein in Deutschland über vierhundert existierende ‚Jugendkulturen' aufgespürt... Alle Versuche, die Jugend auf einen gemeinsamen Nenner zu bringen, sind folglich von vornherein zum Scheitern verurteilt...", schreibt Klaus Farin hierzu.[16] Allerdings drängt sich die Frage auf, welche Form von Differenzierung hier eigentlich genau vorliegt, bzw. auf welchen Ebenen diese Differenzierung wirksam wird. Ähnlich wie Farin argumentieren auch Vertreter sogenannter Trendagenturen mit ihren „Scouts" in den diversen „Jugendkulturen", die den ständigen Wandel an ihre Auftraggeber weitermelden. Die Selbst- und Eigenständigkeit der „Jugendkulturen", so deren Argumentation, werde eindrucksvoll dadurch dokumentiert, daß die Industrie längst keine Massentrends mehr vorgeben könne, sondern den immer neu entstehenden „Trends" in den unterschiedlichsten, diversifizierten Subkulturen „hinterherlaufen" müsse: Das erfordere ständiges Beobachten, ständige Umstellung (der Produktion) und hohes Risiko, Trends zu verpassen oder falsch einzuschätzen. Nach dem bisher gesagten liegt aber der Verdacht nahe, daß es sich bei dieser Argumentation um einen abgefeimten Marketingmythos handeln könnte. Denn aufgrund der gleichen Beobachtungen ließe sich ebensogut schließen, daß die Produzenten, aufgrund ihrer Übernahmestrategie der Signifikanten, nicht hinter den „Signifikantentrends" der Kids „herlaufen", sondern diese vielmehr vor sich hertreiben! Zumal nichts besser ins postindustrielle Marktkonzept paßt, als eine wachsende Zahl von Marktnischen in hoher Wechselfrequenz immer neu mit immer der gleichen Art von Produkt zu beliefern.

Wie dem auch sei: Es läßt sich wohl kaum leugnen, daß der Differenz auf der Oberfläche der Signifikation keine entsprechende Differenz potentiell mit ihr verknüpfter Inhalte entspricht. Und das gilt bei weitem nicht nur für die „Kommunikationsversuche" von „Jugendkulturen", sondern für den gesellschaftlichen Umgang mit potentiell Differenz kommunizierenden Objekten – ob Mode oder Status-Güter – allgemein.

Wie auch immer beispielsweise Skateboarder und Roller-Blader ideologisch ihre „tiefe" Differenz und gegenseitige Abneigung konstruieren mögen: Sie spiegeln diese behauptete Differenz auf der Ausdrucksebene gleichermaßen anhand von Markenprodukten und empfangen ihr Rüstzeug über die gleichen medialen Kanäle und von nicht selten identischen Quellen – nach den gleichen Prinzipien, wie ihre Eltern sich in Opel- und Ford-Fahrer „differenzieren", und darüber unter Umständen erbitterte Auseinandersetzungen führen können. Farin schreibt weiter: „Versuche, Menschen verschiedenster Kulturen, Herkunftsländer, Geschlechter und sozialer Milieus aufgrund weniger oberflächlicher Merkmale wie Geburtsjahrgänge, Outfit, Musik- oder Computerleidenschaften in eine (Generations-)Schublade zu stecken, sind oft genug ein Produkt der Verkaufsstrategien der betreffenden Institutionen und Autoren, die erkannt haben, daß die lukrative Vermarktung ihrer Arbeiten mit simplifizierenden Verallgemeinerungen besser funktioniert. Mit den differenzierten Lebenswelten von Jugendlichen der '90er Jahre hat das nichts zu tun."[17] Es gibt diese unterschiedlichen Herkünfte und Milieus tatsächlich. Nur darf man daraus nicht voreilig den Schluß ziehen, diese Art sozialer Differenz werde in irgend einer Form auf der Ebene der Sozio-Signifikanten abgebildet. Ganz im Gegenteil: Es ist – von wenigen Ausnahmen abgesehen – gerade das Kennzeichen unserer Kultur, die Scheindifferenzierung soziosemiotischer Pseudo-Sprachen so weit zu treiben (und so umfassend vom „Markt" steuern zu lassen), daß die eigentlichen sozialen Differenzen, die durchaus auch potentielle Konflikte, Widersprüche etc. „sichtbar" werden lassen könnten, nicht mehr auf diese Art und Weise ausgedrückt werden können. Zwar können noch kleine und kleinste Gruppen im Wettlauf mit den Übernahmestrategen (und nicht zuletzt als kostenlose Zuarbeiter ihrer Produktdesigner) immer neue, hochkomplexe Kodes zur soziosemiotischen Selbstverständigung entwickeln, aber mit diesen Kodes ist eine Öffentlichkeit jenseits der eigenen Gruppe kaum mehr zu erreichen.

Die von Diederichsen beschriebene Irritation, die darin bestand, daß man bei den Fernsehberichten über die Ausschreitungen von Hoyerswerda, Rostock und anderswo „unter den durch die Dunkelheit huschenden Typen...einen repräsentativen Querschnitt der bekannten jugenkulturellen Typen erkennen (konnte): langhaarige Dinosaur-jr.-Typen, Homies mit allen Arten von Kappen, bunte Techno-Typen"[18] verdeutlicht eine Konsequenz der beschriebenen soziosemiotischen Mechanismen: Oberflächendifferenz ist zum sozialen Standard, zur sozialen Selbstverständlichkeit geworden und kann per Saldo nicht mehr auf inhaltliche und strukturelle Differenz verweisen. Zwar mag es für den einzelnen noch subjektiv bedeutsam sein, für welche „Szene", Musikrichtung, Mode etc. er sich entscheidet: auf der Ebene sozialer Öffentlichkeit handelt es sich dabei aber meist um ein Null-Ereignis. Denn aufgrund solcher paradigmatischer Wahlen „Differenz" und „Individualität" zu signalisieren, ist – so widersprüchlich es klingen mag – in unserer Gesellschaft der Einheitstrend. „Differenz" auf der Signifikantenebene – beispielsweise von „Dresscodes" – und ein relativ hochfrequentiger Wechsel solcher Outfits, um jeweils auf dem „neuesten Stand" zu sein, ist das verbindende Merkmal der Mainstreamkultur. So signalisiert also unter Umständen gerade die Wahl eines besonders auffälligen, detailreichen, spezifizierten und „stilechten" Outfits vor allem eines: grundsätzliche Übereinstimmung mit der zeitgenössischen Kultur und Gesellschaft. Wer versucht, durch die Wahl und Präsentation bestimmter, sichtbarer Elemente öffentlich „Individualität" und „Differenz" zu signalisieren, kommuniziert also vor allem anderen zunächst nicht „Abweichung", sondern „Normadäquatheit". Wenn aber die Norm darin besteht, an der sichtbaren Oberfläche Differenzen zu produzieren, gibt es keine signifikante „Normalität" mehr, in die man sich kommunikativ retten könnte. Innerhalb des Multioptionsparadigmas kann der einzelne „Abweichung" nicht mehr gegenüber der Allgemeinheit, sondern nur noch gegenüber einem kleinen Zirkel „kommunizieren", indem er die Insignien dieser Gruppe nicht mehr „äußert": damit wandert er aber nolens volens bereits wieder zu einer anderen „Gruppe". Völlig zutreffend klassifizieren Jugendliche daher „die Normalos" als eine Gruppe unter vielen. „Normalität" zu äußern um „Abweichung" zu signalisieren, ist dort unmöglich, wo „Abweichung" als Äußerungsform „normal" ist.[19]

Wer in dieser Situation – bewußt oder unbewußt – auf der Ebene des soziosemiotischen Austauschs als tatsächlich „abweichend", „oppositionell" etc. wahrgenommen werden will, ist daher gezwungen, diese Kommunikation entlang der wenigen verbliebenen Grenzen aufzubauen, die jenseits des Paradigmas allgemein akzeptierter Multioptionalität gelten und daher für eine verläßliche Kommunikation – so rudimentär sie auch sein mag – genutzt werden können. Mit anderen Worten: Die eigentliche Kommunikationsfunktion von personengebundenen, visuellen Zeichen in der sozialen Öffentlichkeit zurückzugewinnen, fordert die Verwendung „extremer" Zeichen oder eine extreme Art der Zeichenverwendung.

Es waren wiederum die Punks, die diese Strategie – semiotisch durchaus komplex – nutzten, indem sie faschistische Symbole wie Hakenkreuze oder SS-Runen auf ihrer Kleidung anbrachten – ein Zeichengebrauch, der gleichzeitig auf mehreren Ebenen wirksam wurde. Zum einen verletzten sie damit eine Norm, die nicht nur sozial, sondern auch juristisch sanktioniert war. In Verbindung mit entsprechenden Ko-Texten, etwa aus den Songs der Sex-Pistols, semantisierten sie gleichzeitig die Bedeutung der Äußerung, die im Tragen solcher Nazi-Symbole bestand, um: Nicht sie zeigten damit an, daß sie „Faschisten" seien, sondern die „normalen", „anständigen" anderen wurden damit – im Rahmen der Selbstdefinition der Punks als „Spiegel der Gesellschaft" – als Faschisten bezeichnet. Und schließlich war damit ein tatsächliches Zeichenparadigma gefunden, das von anderen so nicht übernommen werden konnte, ein semiotisches Terrain, auf das die anderen nicht folgen konnten. Ebenso wie das „No Future" – das ja als „Keine Zukunft für diese Bürger/diese Gesellschaft", semantisiert war – wurde auch die Verwendung faschistischer Symbolik durch die Punks häufig mißdeutet. Aber während das „No Future" sich als übernahmefähig erwies und z.B. im Rahmen eines Kokettierens mit einem hedonistischen „Nach-uns-die-Sintflut-Modell" vermarktet wurde, blieb die Nazi-Symbolik aus den Edel-Punk-Boutiquen draußen.

Selbstverständlich funktionierte diese Art des Gebrauchs der Nazi-Zeichen im Punk nur in Verbindung mit gleichzeitig wahrnehmbaren Punk-Zeichen und die entsprechende Semantisierung nur unter Zuhilfenahme sprachlicher Ko-Texte aus Songs und sprachlichen Äußerungen von Punks.

Eine andere Strategie, den Mechanismus der mühelosen und massenhaften Übernahme von zunächst gruppenspezifischen visuellen Zeichen zu unterlaufen, liegt

gleichzeitig im vorsemiotischen und im metasemiotischen Bereich. Diese Strategien zielen jeweils auf die „Schnittstelle" von Körper und Zeichen ab: Die durch Wange oder Mundwinkel gesteckte Sicherheitsnadel, der Ring durch Nase oder Braue, die Ziernarbe oder das Tattoo sind jeweils nicht von jedem „mühelos" nachzuahmen: das Anbringen solcher Differenzmerkmale ist in der Regel aufwendig und schmerzhaft. Wie stark allerdings die allgemeine Übernahmetendenz gegenüber jeglichen neuen, sichtbaren sozialen Differenzmerkmalen ist, zeigen die vielfältigen Versuche, diese Flucht hinter die Schmerz- und Körpergrenze durch die Verfügbarmachung von Simulakren zu unterlaufen, indem Nasenringe als Clips oder Tattoos als abwaschbare Applikationen angeboten werden.
Gleichzeitig belegt das Ausmaß der Piercing-Welle, daß auch solche Strategien nicht extrem genug sind, um tatsächlich kommunikationsfähige Sozio-Zeichen-Räume zu besetzen: Noch bevor sich überhaupt ein differenzierter Kode entwickeln könnte, der bestimmten Piercings bestimmte Bedeutungen zuordnen würde, sind schon so viele Menschen unterschiedlicher Provenienz, Einstellung und Gruppenzugehörigkeit gepierct, daß eventuelle Be-Zeichnungsfunktionen wiederum obsolet geworden sind. Der Ring oder Stecker im Gesicht signalisiert allgemein dann lediglich noch, daß das jeweilige Individuum „in", modisch auf dem laufenden, zeitgeistgemäß „different" ist und bestätigt somit wiederum nichts anderes als seine Kulturadäquatheit.
Allerdings teilen die erwähnten Phänomene eine Tendenz, die im Gegensatz zu den oben beschriebenen Trends der beliebigen, häufig wechselnden Übernahme von äußerlichen Merkmalen und Zeichen steht: Die Verbindung von Merkmal und Körper ist hier wesentlich dauerhafter angelegt. Am deutlichsten wird dies im Falle der Tätowierung, die das Merkmal de facto lebenslänglich mit dem jeweiligen Individuum verknüpft. In der Zunahme des Auftauchens solcher kontinuierlicher Merkmale kann auch eine Tendenz zur „Festschreibung", ein Bedürfnis zur dauerhaften Signalisierung von Zugehörigkeiten, Mentalitäten oder Selbstdefinitionen gesehen werden, die sich zur kulturellen Tendenz der Hochbewertung von Wandel, Wechsel, Neuheit oppositionell verhält.
Zusammenfassend läßt sich also sagen, daß visuell und öffentlich wahrnehmbare Merkmale und Zeichen wie Mode, Accessoires, Frisur, Schmuck in und zwischen sozialen (Sub-)Systemen die Funktion haben (können), Zugehörigkeit und Nicht-Zugehörigkeit, Ab- und Ausgrenzung, bestimmte, von allen Mitgliedern der Kultur gewußte Positionen und Aufgaben, aber auch Status, Einstellungen bis hin zu Zustimmung oder Opposition zu kommunizieren. Sofern diese Merkmale allgemein und verläßlich kodiert sind, dienen sie der Orientierung und der Selbstverständigung der Kultur beziehungsweise Subkultur. Sie dienen aber auch in zunehmendem Maße der Selbstvergewisserung bzw. Selbst-Verunsicherung des Individuums im Hinblick auf seine Fähigkeit, medial vermittelten, prototypischen Modellen entsprechen zu können, in einer Art narzißtischer Selbstdisziplinierung sozusagen.
Der Grad der Zeichenhaftigkeit solcher öffentlichen Oberflächenmerkmale von Individuen kann jedoch, wie wir gesehen haben, stark variieren und sogar gegen

Null tendieren. Er hängt unter anderem davon ab, wie zugänglich oder unzugänglich die Übernahme bestimmter Merkmale für Gruppen und Individuen, wie stark sanktioniert die Verwendung solcher Zeichen, und wie hoch die Differenzierung, Komplexität und Diversifizierung solcher Merkmale innerhalb der Kultur ist, und wie stark ihre Verknüpfung mit anderen semiotischen Subsystemen, mit Ko-Texten oder entsprechenden Diskursen ist.

Unsere Kultur neigt tendenziell zu Neutralisierung der Zeichenfunktion solcher soziosemiotischer Merkmale bzw. zur Reduktion ihrer Signifikate auf wenige, „selbstverständliche" semantische Elemente. Das beobachtbare Faktum, daß immer mehr Gruppen und Grüppchen immer schneller neue (oder wieder „neue") Elemente zu immer mehr unterschiedlichen Merkmalsparadigmen kombinieren, läßt der Entstehung beziehungsweise Etablierung neuer Kodes und damit kommunizierbarer Bedeutungen – sofern dies überhaupt gewollt ist – wenig Spielraum. Vorhandene Soziozeichen werden dabei häufig auf ihre Signifikantenseite reduziert und über Bildmedien und die Umwandlung in Produkte popularisiert, ohne daß ihre ursprünglichen Signifikate und Kontexte dabei mittransportiert werden. Bei der öffentlichen Wahrnehmung signalisieren sie von da ab nur noch ihre (vorübergehende) Neuheit und erfüllen die Funktion, den Eindruck gesamtgesellschaftlicher „Differenziertheit" zu stärken.

Damit wird nicht nur tagtäglich implizit die Existenz einer Form der sozialen „Buntheit" und „Vielgestaltigkeit" zelebrierend behauptet, deren tieferer Realitätsgehalt durchaus fragwürdig ist, sondern es wird auch einer der Kardinalmythen der Marktwirtschaftsdemokratie zelebriert, der vorgibt, jeder könne sein, was und wie er möchte und sich problemlos der gegebenen Optionsfülle bedienen. Diese massenhaft vorgetragene oberflächliche Scheindifferenziertheit verschleiert damit gleichermaßen Phänomene der Gleichheit wie der Ungleichheit: Sie verstellt den Blick auf Vereinheitlichungstendenzen im Denk- und Wertesystem der Kultur ebenso wie auf in ihr real existierende Gegensätze zwischen Gruppen: (Options-)Armen und (Options-)Reichen, Mächtigen und Marginalisierten.

Der Versuch, gegenüber dieser „Normalität" der Scheindifferenzierung auf der Oberfläche der kulturellen Kommunikation wiederum echte Differenz auf der Ebene von „Dresscodes" etc. zu kommunizieren, erweist sich als problematisch, weil er seinerseits neue, übernahmefähige Oberflächenmodelle und Signifikatskombinationen verfügbar macht. Die Kommunikation tatsächlicher Abweichung auf der Ebene von Kleidung, Stil etc. treibt also die beschriebene Art von „Normalität" in dem Maße voran, wie sie von ihr angetrieben wird. Aus der Perspektive des „Marktes" stellt sich diese semantische Neutralisierungsspirale als „Dynamik" dar, weil sie eine hohe Produktdiversifizierungs- und -innovationsrate bietet. Dabei profitieren die Warenproduzenten, die Signifikanten in Produkte umwandeln, davon, daß es für die Produzenten und Anwender sozialer Zeichen unmöglich ist, deren korrekte Verwendung zu schützen. Interessanterweise wächst in unserer Kultur parallel dazu die Menge derjenigen Zeichen, die als Produktnamen, Markennamen und Markenzeichen tatsächlich rechtlich geschützt werden. Auch auf semiotischem Gebiet läßt sich also die allgemeine Tendenz unserer Kultur beobachten, die darin besteht, natürliche und soziale Ressourcen in ökonomische Größen umzuwandeln und in der Folge nach ökonomischer Rationalität über sie zu verfügen.[20]

Wenn es möglich ist, (Sozio-)Zeichen – unter Verlust ihrer eigentlichen Zeichenhaftigkeit – in Waren umzuwandeln, ist es dann auch möglich, Waren/Produkte zu semantisieren und als Zeichen zu verwenden?

Der Versuch wird selbstverständlich andauernd unternommen – und zwar aus zwei Richtungen: Einerseits geht die Kreation beispielsweise eines neuen „Dresscodes" in einer jugendlichen Subkultur von vornherein mit der Semantisierung beziehungsweise Umsemantisierung käuflicher Produkte einher. Da Zeichen arbiträr sind, kan auch jedes beliebige Produkt den materiellen Träger für bestimmte semantische Größen abgeben, sofern sich Menschen über die entsprechende Zuordnung verständigen. Allerdings zeigt das bisher Gesagte, daß solche Kodes zumeist nur der gruppeninternen Kommunikation dienen und von der gruppenexternen „Öffentlichkeit" meist nur in einer reduzierenden Umsemantisierung wahrgenommen werden.

Die Wahrnehmung solcher „heraldischer" Zeichen wird nämlich permanent von Semantisierungsversuchen überlagert, die aus einer anderen Richtung kommen: den mit den entsprechenden Waren und Stilen gekoppelten, im weitesten Sinne werblichen Ko-Texten, die diese Produkte mit bestimmten Werten, Images und ideologischen Konzepten korrelieren sollen.

Hinzu kommen massenmediale Ko-Texte – angefangen von Berichten über neue Trends, Moden, soziale Gruppen und ihre „Diskurse" bis hin zur medialen (Selbst-)Inszenierung ihrer Repräsentanten. Solcherart allgemein verfügbar gemachte „Information" hat in aller Regel selbstverständlich wesentlich bessere Chancen, zum kulturellen „Orientierungs-Wissen" im hier verwendeten Sinne zu werden als die Kommunikationsoperationen bestimmter Subkulturen mit ihren spezifischen Inhalten.

Dennoch zeigen die hier vorgestellten Überlegungen, daß sozio-semiotische Phänomene wie Dresscodes, Stile etc. durchaus auch weiterhin interpretierbar sind. Zwar schwindet in unserer Gesellschaft die Möglichkeit, mit bestimmten Outfits unmittelbar spezifische, inhaltlich auffüllbare „Differenzen" zu kommunizieren. Aber auf einer abstrakteren Ebene lassen sich die für unsere Kultur spezifischen Umgangsweisen mit solchen Phänomenen durchaus interpretieren, wie dies die Folgerungen zu den Geschlechterrollendefinitionen, zu den geschilderten Übernahmestrategien oder zur Signalisierung von „Abweichung" und „Normalität" gezeigt haben. Dabei zeigen diverse Tendenzen der Kode-Differenzierung und der Auslotung von „Grenzen" bei der Zeichenverwendung, daß Teile der Gesellschaft offenbar erkannt haben, daß die soziosemiotische Kommunikation von (inhaltlicher) Differenz problematisch geworden ist. Gleichzeitig haben entsprechende Problemlösungsversuche wiederum Merkmale, die als typisch für die vorherrschenden Problemlösungsstrategien unserer Kultur insgesamt angesehen werden können: „Krisen", die beim Weg auf einem einmal beschrittenen Pfad auftreten, werden nicht durch einen Richtungswechsel zu lösen versucht, sondern durch forciertes Voranschreiten in die bisherige Richtung. Deshalb gilt weithin Wachstumssteigerung als Lösung der Probleme wachstumsorientierten Wirtschaftens, Beschleunigung des Verkehrsflusses – etwa durch Einsatz der Telematik – als Lösung für den Verkehrsinfarkt, Fusionierung als Rettung für unflexibel gewordene Großunternehmen, weitere Rationalisierung als Heilmittel für die negativen Folgen vorangegangener Rationalisierung – und die Produktion immer neuer Signifikanten mit immer kürzeren Halbwertszeiten als Lösung für das Problem, daß die Differenzfunktion der Zeichen zunehmend schwindet.

Anmerkungen

1 Titzmann 1993, V
2 Schulze 1994, S. 82
3 ebd. S. 98
4 Mehr zur Funktion der Medien vgl. das folgende Kapitel
5 Maturana/Varela 1990. S. 58
6 Lotmann 1972, S. 300ff
7 Daß das konstruierte Beispiel nicht völlig aus der Luft gegriffen ist, zeigt folgender Interviewauszug über die Situation in einigen Gebieten der neuen Bundesländer: „SZ: Was sind „national befreite Zonen"? Kahane: So bezeichnen die Rechten selbst bestimmte Regionen, zum Beispiels das Muldental bei Wurzen, aber auch bestimmte Einrichtungen, zum Beispiel Jugendklubs ... In „national befreiten Zonen" gibt es eine totale Hegemonie der rechten Gruppen, und wenn da sich Andersartige mit einem Palästinensertuch oder so blicken lassen, dann wird es für die gefährlich." (Anetta Kahane, Leiterin der Regionalen Stellen für Ausländerfragen in Ostdeutschland. SZ Nr. 86, 15.4.1997, S.10)
8 Vgl. Barthes 1984, Sontag 1987, Neckel 1993
9 Karmasin 1993, S. 223ff
10 Bourdieu [6]1993
11 Karmasin 1993. S. 325
12 Diederichsen 1992, S. 28 ff; Diederichsen 1993, S. 253ff
13 Zu den Strategien der Neutralisierung von Zeichenfunktionen vgl. Müller/Sottong 1993
14 Vgl. z.B. die Reflexionen über Punk in Marcus 1992
15 Vgl. Farin 1997, S. 71ff
16 ebd., S. 9f
17 ebd.
18 Diederichsen 1993, S. 254
19 Es ist allerdings zu vermuten, daß in unserer Kultur Regularitäten existieren, die steuern, wie hoch der Grad solcher geäußerter Abweichung (gerade noch) sein darf, um „normal abweichend" und damit „akzeptabel" zu sein.
20 Vgl. Müller/Müller 1996

Äußerungen und Öffentlichkeit: die Medien

Der Begriff „Medium" ist, vor allem in seiner Pluralform „Medien" eines der zur Zeit am meisten gebrauchten Worte. Verwendet wird dieses Wort vor allem in den Medien: In Zeitungen und Zeitschriften, von denen die meisten inzwischen ihre eigene „Medienseite" haben, in Fernsehen und Hörfunk und in einer großen Menge von medientheoretischen, wissenschaftlichen oder populären Büchern. Daneben wird in Parlamenten über Mediengesetze beraten oder in unzähligen Symposien werden verschiedene Aspekte von Medien diskutiert. Über die Resultate dieser (politischen oder wissenschaftlich-kulturellen) Veranstaltungen informieren wir uns dann wieder durch die Medien; denn selbst können wir in der Regel – wenn wir nicht gerade auf „Medien" spezialisierte Wissenschaftler oder Journalisten sind – im Höchstfall nur bei einigen wenigen dieser Veranstaltungen anwesend sein. Und auch in der direkten Alltagskommunikation nehmen sowohl durch Medien vermittelte Inhalte – angefangen bei Sportereignissen, über Politik, Wissenschaft bis hin zu Klatsch und Mode –, als auch die Medien selbst, ihre „Qualität", „Moral" und ihr „Fortschritt", einen breiten Raum ein.

Die (mediale) Diskussion über Medien bekommt immer vor allem dann neuen Autrieb, wenn sogenannte „Neue Medien" entstehen oder popularisiert werden; in Deutschland also etwa bei der Einführung des Privatfernsehens in den 80er Jahren oder im Zuge der plötzlichen Popularität des Internets, die etwa 1994/95 begann. Die Karriere des Internets ist ein schönes Beispiel dafür, wie die Medien selbst mediale Realität schaffen, und „neue" Medien zum kommunikativen Standard werden oder zumindest auf den Weg dorthin gebracht werden: Vor 1994 kannte nur ein verschwindend kleiner Teil der deutschen Bevölkerung – Computerfreaks und „Netheads" – das Internet aus eigener Anschauung, eine weitere, ebenfalls eher kleine Gruppe, wußte vielleicht vom Hörensagen von der Existenz eines weltumspannenden Computer-Netzwerks. Dabei wäre es schon seit mindestens 15 Jahren nicht allzu schwierig gewesen, sich – entsprechende finanzielle Mittel vorausgesetzt – einen Internet-Zugang zu besorgen. Doch es gab offenbar keinen großen Bedarf, d.h. das Internet zählte für die meisten Menschen nicht zu einem relevanten Teil der Realität; dazu wurde es erst durch die dauernde extensive Berichterstattung darüber in den herkömmlichen Medien. Auch wenn sich diese Berichterstattung oft anhört, als sei ein Internet-Anschluß schon zum flächendeckenden kommunikativen Standard geworden, ähnlich dem Telefon oder dem Fernsehen, liegt die Zahl der privaten Internet-Benutzer immer noch im einstelligen Prozentbereich der Bevölkerung. In bestimmten professionellen Bereichen dagegen gehört die E-mail-Adresse auf der Visitenkarte inzwischen ebenso zum guten Ton wie seit zehn Jahren die Faxnummer; jedes Unternehmen und jede Organisation ab einer bestimmten Größe ist davon überzeugt, daß es den Anschluß an die Zukunft (was immer das auch sein mag) verlieren werde, wenn es nicht eine Internet-Homepage einrichtet und ermöglicht, daß seine Mitarbeiter per elektronischer Post erreichbar sind. Mit dieser Überzeugung geht seltsamerweise meist eine große Unsicherheit darüber einher, wie diese neuen Kommunikationsmittel mit Inhalten zu füllen und welche Kommunikationsziele mit ihnen zu verfolgen seien. In der Regel gehen Unternehmen derzeit so vor, daß zunächst die EDV-Abteilung beauftragt wird, die Mitarbeiter intern zu vernetzen und extern für die Einrichtung einer Web-Site zur Selbstdarstellung des Unternehmens zu sorgen. Sind diese technischen Grundlagen geschaffen, beginnt man sich entweder, oft mit der Hilfe externer Experten und Schulungen, darüber Gedanken zu machen, wie diese Einrichtungen effizient und im Sinne der Unternehmensziele zu nutzen seien, oder aber sie versinken nach der ersten Euphorie in einen Dornröschenschlaf; beim Surfen im Internet trifft man ziemlich häufig auf Web-Seiten, deren letzte Aktualisierung Monate, wenn nicht über ein Jahr zurückliegt. Die Präsenz im Internet hat dann in etwa die gleiche Funktion wie das Messing-Firmenschild am Eingang der Hauptverwaltung, die wegen Betriebsferien geschlossen ist. Wie auch immer von Unternehmen, Organisationen, vereinzelt aber auch von Individuen mit den neuen Medium umgegangen wird – in den Überzeugungen der Verantwortlichen ist es eine eherne Prämisse, daß, wer auf dem „Datenhighway" nicht Gas gebe, „nicht zukunftsfähig sei", „vom Markt gefegt werde", „den Herausforderungen der Globalisierung nicht gewachsen sei".[1] Das primäre Ziel ist also nicht mehr und nicht weniger als bloße Teilhabe an dem neuen Medium; Fragen nach der inhaltlichen Nutzung des Mediums, dem tatsächlichen Wert der durch es vermittelten Informationen oder den strategischen Einsatz des Mediums im „Kommunikations-Mix" der Organisation werden, wenn überhaupt, erst sekundär relevant und reflektiert.

Dieser auf den ersten Blick etwas seltsam anmutende Umgang mit dem „Medium" Internet wird erklärlich, wenn man sich die Funktion vergegenwärtigt, die Medien – und wenn über Medien gesprochen wird, meint man meist die sogenannten Massenmedien – in unserer Kultur erfüllen. Niklas Luhmann bringt sie in seinem Buch „Die Realität der Massenmedien" auf den Punkt: „Was wir über unsere Gesellschaft, ja über die Welt, in der wir leben, wissen, wissen wir durch die Massenmedien. Das gilt nicht nur für unsere Kenntnis der Gesellschaft und der Geschichte, sondern auch für unsere Kenntnis der Natur."[2] Wir haben bereits im Zusammenhang mit sozio-semiotischen Regularitäten darauf hingewiesen, daß sich Gesellschaft als System über Kommunikation konstituiert; und in einer komplexen und ausdifferenzierten Gesellschaft wie der unseren bedeutet dies eben, durch (massen-)mediale Kommunikation. Und wenn wir alles, was wir wissen, durch die Medien wissen, dann bedeutet das auch, daß den Medien in der Konstitution dessen, was unsere Kultur für Realität hält, eine Schlüsselfunktion zukommt; denn wie wir ja schon sagten, taugt das persönliche Erfahrungswissen von Individuen nur noch zur Orientierung in sehr eng umgrenzten Bereichen. Was wir – abgesehen von einigen Basisprämissen – für real halten, hängt davon ab, was wir über die „Realität" wissen; und in unserer

Kultur haben die (Massen-)Medien die Distribution, Diskussion und Aktualisierung von Wissen übernommen, und damit auch die ständige (Re-) Formulierung dessen, was wir für Realität halten. Wenn nun die Medien rekurrent behaupten, ein neues Medium wie das Internet sei ab jetzt von großer Bedeutung für Kommunikation und damit auch für Realitäts-Definition und dieser Behauptung offenbar Glauben geschenkt wird, dann bedeutet Nicht-Teilhabe an der Kommunikation durch dieses Medium auch Nicht-Teilhabe an einem Teil der Realitäts-Konstitution bzw. selektive Wahrnehmung der Realität. Von daher ist die Angst von Unternehmen verständlich, durch Nicht-Teilhabe an der Kommunikation über ein neues, für die Zukunft als eminent wichtig angesehenes Medium, Realität zu verlieren – sowohl als Kommunikator, der in der „Welt" des Marktes nur präsent sein kann, wenn er in den Medien präsent ist, als auch als Rezipient, dem vielleicht wichtige Informationen, z.B. über Tendenzen von Märkten, Trends, Kapitalflüsse etc., entgehen. Auch wenn man also nicht weiß, wozu das neue Medium „gut ist", überzeugt man sich selbst davon, daß Nicht-Teilnahme an diesem Kommunikationsprozeß von Übel wäre – „zur Sicherheit" ist man mit im Boot.

(Massen-)mediale Kommunikation ist also in unserer Kultur die Form von Kommunikation, die am meisten zur Realitätskonstitution beiträgt. Nicht-Teilnahme an dieser Kommunikation bedeutet Ausschluß von den meisten gesellschaftlich relevanten Systemen unserer Kultur. Ein Individuum, das sich in einen abgelegenen Einödhof zurückzöge, dort als Selbstversorger zu leben versuchte und sich strikte Medienabstinenz auferlegte, könnte kaum am politischen oder ökonomischen Leben unser Gesellschaft teilnehmen. So könnte es etwa seine demokratische Funktion als Bürger nicht ausfüllen, da es weder wüßte, wann eine Wahl stattfindet, noch welche Politiker mit welchen Zielen sich zur Wahl stellen. Außerdem könnte es nur sehr begrenzt ökonomisch tätig werden, etwa durch Verkauf von Früchten an einen regelmäßig vorbeikommenden Händler; in diesem Fall wäre es jedoch auf Gedeih und Verderb den Behauptungen des Händlers über die derzeitigen Preise am Obstmarkt ausgeliefert. Das Individuum könnte nun natürlich diesen Mangel zu beheben versuchen, indem es Kontakt mit den Nachbarn hält und sich das wichtigste mündlich referieren läßt. Doch das wäre wiederum eine indirekte Teilnahme an der medialen Kommunikation; denn die Nachbarn wissen, was sie erzählen, ja auch nur aus den Medien.

Wenn auch auf der Ebene des Individuums ein derartiger Solipsismus funktionieren würde, so ist doch eines klar: Der Solipsist ist allenfalls noch in sehr reduziertem Ausmaß Mitglied einer Gesellschaft, weil er am kommunikativen Austausch nicht mehr teilnimmt. Vielleicht teilt der Einzelgänger noch die fundamentalen Basisprämissen über Realität mit den Mitgliedern der Gesellschaft, vielleicht aber auch nicht, vielleicht leben in seiner Welt Trolle und Nymphen, und über sein Haus fliegende Flugzeuge sind Götterboten. Es ist für die Gesellschaft völlig gleichgültig, da es keine Kommunikation darüber gibt; und auch für das solipsistische Individuum ist es letztlich gleichgültig, welches

Realitätskonzept es hat, da für es keine Notwendigkeit einer übersubjektiven Abstimmung besteht, solange das Realitätskonzept nicht das biologische Überleben verunmöglicht: Wenn jemand dagegen Schweineschmalz für das einzig genießbare Lebensmittel hielte, dessen Tage und die seines Realitätskonzepts wären bald gezählt. Zum Konflikt käme es erst, wenn unser Solipsist zurück in die Gesellschaft ginge und dort sein abweichendes Realitätsmodell kommunizierte; solche Konflikte verlaufen in aller Regel zuungunsten des Individuums und enden mit dessen Pathologisierung und Psychiatrisierung.

Ein Beispiel für einen Konsistenzzwang zwischen medial vermittelter und individueller Realitätskonzeption ist die ästhetische Modellbildung in Design und Mode. Obwohl wir wissen, daß Design und Mode höchst künstlich und von nur wenigen Individuuen geplant sind, kann sich kaum jemand vollständig dem Zwang entziehen, die eigenen ästhetischen Anschauungen dem anzugleichen, was „in“ ist. In den 80er Jahren fanden die meisten Menschen die Schlaghosen, die sie selbst in den 70ern trugen, ausgesprochen häßlich; in den 90ern hat man sich im Zuge des Revival-Trends wieder ein wenig an sie gewöhnt. Und auch die schreienden, „poppigen“ Farben, mit denen die 70er alles überzogen, werden heute nur noch von ausgesprochen wenigen Mitmenschen geschätzt. Was gerade „in“ ist, erfahren wir aus den Medien, auch wenn wir gar nicht die Absicht haben, uns darüber zu informieren: Die Fernsehansagerin ist „modisch“ gekleidet, ebenso die Cover-Girls und -Boys der Illustrierten, die man sich gar nicht kaufen muß, um sie an jedem Eckkiosk zumindest unbewußt wahrzunehmen. Vermutlich funktioniert die Übernahme der jeweiligen ästhetischen Modelle deshalb so gut, weil – zumindest die meisten Menschen – sehr wenig Bewußtheit darauf richten: Man sieht Mode in den Medien „ganz nebenbei“, und wenn man dann zum Einkaufen geht, ist die Wahrscheinlichkeit sehr groß, daß man halbwegs modische Kleidung kauft, auch wenn man darüber gar nicht nachgedacht hat. Jemand, der sich explizit der Mode verweigert, muß sich dagegen bewußt mit Mode beschäftigen (ebenso, wie der Atheist sich – ex negativo – viel mit Gott beschäftigen muß): Er muß wissen, worin sein Gegenmodell zur Mode besteht, muß es vom „Modischen“ abgrenzen können und daher wissen, was derzeit modisch ist.

Aller Wahrscheinlichkeit nach funktioniert diese „Modellierung“ in Bereichen, die kulturell relevanter sind und daher bewußter wahrgenommen werden, nicht ganz so glatt; dennoch wird dieser Mechanismus wohl häufig unterschätzt. Denn sieht man sich bestimmte Diskurse in den Medien und ihre Folgediskurse von der Politik (soweit sie in Parlamenten stattfindet) über Diskussionsveranstaltungen bis hinunter zu den Stammtischen an, fällt vor allem bei solchen Diskursen, die zu einem bestimmten Zeitpunkt hohe Aufmerksamkeit erregen, wie z.B. (selbstreferentielle) Diskurse über Gewalt in den Medien, virtuelle Realität oder (fremdreferentielle) Diskurse über die Globalisierung, die Zukunft der Arbeit etc., häufig auf, daß sie sich sowohl medial als auch außermedial der gleichen Argumentationstypen bedienen und die gleichen Argumente und Argumentationstypen hier wie dort ausgeblendet bleiben.

Wir haben uns durch einige Beispiele von der Bedeutung der Medien für die Kommunikation und damit die Realitätskonstitution unserer Kultur überzeugt. Es lohnt sich also, uns einmal genauer anzusehen, was Medien sind und wie sie semiotisch funktionieren.

Verstärker, Medien und Massenmedien

Trotz des exzessiven Gebrauchs des Begriffs „Medien“ – oder vielleicht gerade deswegen – ist seine Bedeutung unklar und unscharf; auch wir haben ihn bisher in einem eher intuitiven Verständnis gebraucht. Der Begriff „Medien“ begegnet uns in Formulierungen wie „Neue Medien“, „audiovisuelle Medien“, „das Medium Fernsehen“, „das Medium Sprache“, „Multimedia“ oder „das Medium Bild“. Offenbar werden hier sehr verschiedene Sachverhalte als „Medien“ bezeichnet: So ist beispielsweise die Sprache ein Zeichensystem, das Fernsehen jedoch ein technisch-organisatorisches System zur Übertragung audiovisueller Äußerungen. Unsere Aufgabe ist es also, zu differenzieren und einzugrenzen, in welcher Bedeutung es semiotisch sinnvoll ist, den Begriff „Medium“ zu benutzen.

Die Unschärfe des Medienbegriffs rührt wohl daher, daß „Medium“ in seiner ursprünglichen Bedeutung nichts anderes als „Mittel“ bedeutet; und als „Mittel“ wird der Medienbegriff in den oben angeführten Beispielen in zweifacher Bedeutung benutzt: Einerseits im Sinne eines „Mittels der Verständigung“, und andererseits im Sinne eines „Mittels der Übertragung“. Das Fernsehen ist zunächst einmal ein Mittel der Übertragung von Kommunikationsakten, die auf verschiedenen Kodes basieren: auf sprachlichen, bildlichen, musikalischen, etc.; die Sprache dagegen ist ein Mittel der Verständigung, und die auf ihm basierenden Kommunikationsakte können auf ganz verschiedene Weisen übertragen werden – durch akustische Schallwellen, digital über ISDN-Telefonleitung oder durch schriftliche Fixierung. Für derartige „Mittel der Verständigung“ gibt es in der Semiotik bereits einen Begriff: den Begriff des Zeichensystems bzw. des Kodes. Das Medium „Fernsehen“ benutzt also verschiedene Zeichensysteme, darunter auch das der Sprache, während das Zeichensystem „Sprache“ nicht auf das Medium „Fernsehen“ angewiesen ist: Sprachliche Äußerungen können in ganz verschiedenen Medien (Buch, Hörfunk, Zeitung etc.), oder auch ohne mediale Hilfe (im direkten Face-to-face-Gespräch) übermittelt werden. Zeichensysteme wie das der Sprache liegen also auf einer anderen kategorialen Ebene innerhalb der Semiosphäre als Medien vom Typus des Fernsehens. Um diese beiden Ebenen auseinanderzuhalten, schlagen wir als eine erste Annäherung vor, den Begriff „Medium“ Übertragungsmitteln wie dem Fernsehen, dem Hörfunk, der Zeitung etc. vorzubehalten, vor allem, zumal wir für die „Mittel der Verständigung“ schon die Begriffe „Zeichensystem“ bzw. „Kode“ haben.

Noch eine kleine Anmerkung sei zu dem Begriff „Multimedia“ erlaubt, der in jüngster Zeit in aller Munde ist und es 1995 sogar zum „Wort des Jahres“ brachte. Gemeint sind damit in der Regel mehr oder weniger interaktive Kommunikationsangebote auf CD-Roms oder in Computernetzwerken wie dem Internet. Der Begriff legt nahe – und wird auch häufig so definiert – daß die Besonderheit dieser Kommunikationsangebote darin besteht, verschiedene Medien miteinander zu verknüpfen. Als ein Merkmal von Multimedia nennt zum Beispiel das Buch von Paul Klimsa „die computergestützte Verbindung von Medien, wie Text, Bild, Grafik, Ton und Video, die interaktiv genutzt werden können.“[3] In dieser Auflistung wird die oben beschriebene Unschärfe des Medienbegriffs nochmals deutlich: „Text“ (also geschriebene Sprache) oder (zumindest teilweise) „Bild“ sind Zeichensysteme bzw. Äußerungen, die auf einem Zeichensystem beruhen, Video dagegen ist eine Technik zur Speicherung bewegter Bilder. Nicht nur, daß hier in der skizzierten Weise Zeichensysteme und Techniken als auf der gleichen Ebene befindlich betrachtet werden: Nach dieser Definition unterscheidet sich „Multimedia“ nur durch das Merkmal der Interaktivität von einem Medium wie dem Fernsehen – denn auch dieses benutzt Text, Bild, Video etc. Der Begriff Multimedia ist also irreführend; man müßte, um der Besonderheit eines Mediums wie der CD-ROM gerecht zu werden, eher von einem „interaktiven Medium“ sprechen. Warum sich der Begriff „Multimedia“ in der heute gebräuchlichen, irreführenden Bedeutung etabliert hat, ist aus der Entwicklungsgeschichte des Computers zu verstehen: Als die ersten „persönlichen Computer“ Ende der 70er/Anfang der 80er Jahre auf den Markt kamen, konnten sie außer rechnen nicht viel mehr, als geschriebene Sprache zu verwalten; weder die Speicherkapazität (der damals am weitesten verbreitete „Heimcomputer“, der Commodore C64, hatte ganze 64 Kilobyte Arbeitsspeicher), noch die Digitalisierungstechniken ließen mehr zu. Nach und nach gelang es dann, Bilder, Töne, Filme zu digitalisieren und die Speicherkapazität so zu erhöhen, daß Kombinationen davon heute auf beinahe jedem Rechner verarbeitbar sind. Grob gesprochen könnte man sagen, der Computer – vor allem, wenn er vernetzt ist – ist ein Medium, über das Äußerungen in verschiedensten Kodes kommuniziert werden können.

Als Ergebnis unserer bisherigen Überlegungen können wir also zunächst die Abgrenzung von „Zeichensystemen“ bzw. „Kodes“ von „Medien“ festhalten: Der Begriff „Kode“ wurde bereits im ersten Teil dieses Buches ausführlich bestimmt. Über Medien können wir bis jetzt sagen, daß sie bestimmte Formen der Kommunikation mittels verschiedenster Kodes sind. Um den Begriff genauer bestimmen zu können, müssen wir nun zwischen verschiedenen Stufen der Übermittlung von Äußerungen unterscheiden. Diese Stufen sind die unmittelbare Kommunikation, die Verstärkung/Fixierung von Kommunikationsakten und schließlich die mediale Kommunikation.

Unter unmittelbarer Kommunikation verstehen wir diejenigen Kommunikationsakte, die ohne Zuhilfenahme irgendwelcher technischer Hilfsmittel oder sonstiger Artefakte nur mit den bio-physikalischen Möglichkeiten des menschlichen Körpers ausgeführt werden können. Plastischer ausgedrückt: Es sind diejenigen Kommunikationsakte, mittels derer auch zwei nackte Menschen in einem vollständig leeren Raum Botschaften austauschen können. Sie können zum Beispiel miteinander sprechen, sie können mittels Gestik und Mimik kommunizieren, oder sie können durch zärtliche oder grobe Berührungen Zu- oder Abneigung ausdrücken. Die Formulierung, daß diese Kommunikationsakte ausschließlich auf die bio-physikalischen Möglichkeiten des menschlichen Körpers zurückgreifen, bedeutet natürlich nicht, daß die Kodes, mittels derer hier kommuniziert wird, „angeboren" wären: Sprache, gestische und mimische Kodes oder die Kodes des Ausdrucks von Zu- und Abneigung sind vollständig kulturell ausgeformt. Wenn die beiden Nackten in dem leeren Raum aus völlig verschiedenen Kulturen stammen, können sie zunächst wohl kaum miteinander kommunizieren: Sie verstehen weder die Sprache, noch die Gestik und Mimik des jeweils anderen, und es könnte sogar sein, daß eine zärtlich gemeinte Berührung des einen vom anderen als Bedrohung interpretiert wird, denn auch „die Sprache der Liebe" – der Kode, wie Zuneigung ausgedrückt wird – ist keineswegs so universell, wie uns Schlager und Trivialromane manchmal weismachen wollen. Die beiden Menschen können erst miteinander kommunizieren, wenn entweder der eine die Kodes des anderen erlernt, oder sie gemeinsam neue Kodes, eine neue „Sprache" entwickeln.

Auf den ersten Blick mögen die Möglichkeiten der unmittelbaren Kommunikation sehr eingeschränkt erscheinen. Doch wenn man sich die meisten alltäglichen Kommunikationsakte ansieht, stellt man fest, daß wir einen Großteil davon auf der Stufe der unmittelbaren Kommunikation erledigen. Ob in Gesprächen mit Bekannten oder Freunden, ob beim Einkaufen oder beim Autofahren – immer übermitteln wir einen Großteil der Botschaften sprachlich und gestisch-mimisch. Daß die Möglichkeiten der unmittelbaren Kommunikation so groß sind, liegt natürlich vor allem daran, daß sie die Sprache miteinschließen – und die Sprache ist ja das stärkste und elaborierteste Zeichensystem, das Menschen zur Verfügung steht.

Die zweite Stufe der Übermittlung von Kommunikationsakten ist die der Verstärkung bzw. Fixierung. Gemeint ist damit, daß Kommunikationsakten durch technische Vorrichtungen im weitesten Sinne eine größere räumliche und/oder zeitliche Reichweite gegeben wird, als es allein durch die bio-physikalischen Möglichkeiten des menschlichen Körpers möglich wäre. Ersteres nennen wir Verstärkung, zweiteres Fixierung. Ein Megaphon oder ein Mikrophon mit Lautsprechern wären Beispiele für Verstärker: Durch sie bekommen die menschliche Stimme und die mit ihrer Hilfe gemachten Kommunikationsakte eine größere räumliche Reichweite. Der verbreitetste Fall von Fixierung ist der der Schrift: Mit Hilfe der technischen Vorrichtung, die aus einem Schreibwerkzeug (eine Feder, ein Stift oder eine Tastatur) und einer Schreibfläche (seien dies nun Tontäfelchen, Pergament, Papyros, Papier oder der Editor eines Schreibprogramms) besteht, werden sprachliche Zeichen fixiert; die damit gemachten Äußerungen haben eine größere zeitliche Reichweite als die gesprochene

Sprache (das Papier kann aufbewahrt und von verschiedenen Menschen zu verschiedenen Zeiten immer wieder gelesen werden), und sie haben potentiell – wenn zusätzliche Vorrichtungen oder Organisationsformen (Boten, Post, Faxgerät) vorhanden sind – auch eine größere räumliche Reichweite; der Brief ist ja die klassische Form der zeitlich versetzten Kommunikation über räumliche Distanzen hinweg. Weitere Beispiele für Verstärkung sind:

E-Mail: bereits schriftlich fixierte Äußerungen werden durch Computernetze übertragen;
Telefon: Auditive Äußerungen werden mittels analoger oder digitaler Impulse über große Distanzen übertragen;
Telegraphie: Äußerungen werden mit elektrischen Impulsen durch Kabel geschickt;
Rauchzeichen: Botschaften werden durch eine bestimmte Abfolge von Rauchwolken übertragen.

Die beiden letzten Beispiele sind insofern interessant, als sie bedingt durch die „Technik", die sie zur Verstärkung verwenden, den Kode modifizieren bzw. einen spezifischen Kode vorraussetzen. Die frühe Telegraphie entwickelte das sogenannte Morsealphabet, das sprachliche Zeichen in Abfolgen von langen und kurzen Impulsen kodierte. Hier werden also die normalen sprachlichen Signifikanten – Lautfolgen oder Buchstabenfolgen – durch neue Signifikanten ersetzt – Abfolgen von langen und kurzen Impulsen. Das Zeichensystem als solches, die Sprache, bleibt davon jedoch unangetastet; die Impulsabfolgen des Morsealphabeths sind eineindeutig den Elementen des lateinischen Alphabets zugeordnet, aus denen dann die Signifikanten der natürlichen Sprache zusammengesetzt werden.
Die indianischen Rauchzeichen dagegen stellen einen Grenzwert von Verstärkung dar: die Art der Übertragung von Botschaften bedingt die Entwicklung eines eigenen Kodes; nur in diesem Kode ist die Verstärkung möglich. Außerdem stellen die Rauchzeichen auch einen Grenzwert zur medialen Kommunikation dar, da – die allgemeine Bekanntheit des Kodes vorausgesetzt – beliebig viele in der visuellen Reichweite der Rauchzeichen sich aufhaltende Menschen die Botschaften rezipieren können und der Sender die Rezeption nicht gezielt steuern kann; doch mehr zu den hier implizierten Bedingungen für mediale Kommunikation weiter unten
Bevor wir uns jedoch der Bestimmung der medialen Kommunikation zuwenden, hier noch einige Beispiele für Fixierung:

Audio- und Video-Bänder: Auditive oder audiovisuelle Botschaften werden auf Magnetbänder aufgezeichnet;
Digitale Speicher (Festplatten, Disketten, CD-ROMs etc.): Botschaften verschiedenster Zeichensysteme werden digital gespeichert;
Lageplan: Eine Wegbeschreibung wird auf Papier fixiert.

Die Beispiele für Verstärkung und Fixierung überschneiden sich wiederum mit dem erwähnten unscharfen alltagssprachlichen Medienbegriff: Disketten oder CD-ROMS werden als „Speichermedien" bezeichnet, das Telefon als „Übertragungsmedium". Dies hängt natürlich auch damit zusammen, daß Medien im engeren Sinn stets auf Techniken der Verstärkung und Fixierung angewiesen sind.

Der Medienbegriff, den wir vorschlagen, ist im wesentlichen identisch mit dem der „Massenmedien". Dies schließt sich auch an unsere alltagsprachliche Verwendung des Begriffs an: Wenn wir ohne weitere Spezifizierung von „den Medien" sprechen, dann meinen wir in der Regel das Fernsehen, den Hörfunk, Zeitungen, Zeitschriften und das Internet – diejenigen Vorrichtungen also, über die Botschaften an große Mengen von Rezipienten vermittelt werden.

Um uns unserer Definition von Medien anzunähern, gehen wir zunächst von der Begriffsbestimmung aus, die der Soziologe Niklas Luhmann formuliert hat:

> Mit dem Begriff der Massenmedien sollen im folgenden alle Einrichtungen der Gesellschaft erfaßt werden, die sich zur Verbreitung von Kommunikation technischer Mittel der Vervielfältigung bedienen. Vor allem ist an Bücher, Zeitschriften, Zeitungen zu denken, die durch die Druckpresse hergestellt werden; aber auch an photographische oder elektronische Kopierverfahren jeder Art, sofern sie Produkte in großer Zahl mit noch unbestimmten Adressaten erzeugen. Auch die Verbreitung der Kommunikation über Funk fällt unter den Begriff, sofern sie allgemein zugänglich ist und nicht nur der telephonischen Verbindung einzelner Teilnehmer dient. Die Massenproduktion von Manuskripten nach Diktat wie in mittelalterlichen Schreibwerkstätten soll nicht genügen und ebensowenig die öffentliche Zugänglichkeit des Raumes, in dem die Kommunikation stattfindet – also nicht: Vorträge, Theateraufführungen, Ausstellungen, wohl aber eine Verbreitung solcher Aufführungen über Filme oder Disketten. Die Abgrenzung mag etwas willkürlich erscheinen, aber der Grundgedanke ist, daß erst die maschinelle Herstellung eines Produktes als Träger der Kommunikation – aber nicht schon Schrift als solche – zur Ausdifferenzierung eines besonderen Systems der Massenmedien geführt hat. [...] Entscheidend ist auf alle Fälle: daß keine Interaktion unter Anwesenden zwischen Sender und Empfängern stattfinden kann.[4]

Diese Begriffsbestimmung stellt drei zentrale Merkmale von (Massen-)Medien in den Vordergrund:

- Es werden technische Mittel zur Kommunikation benutzt;
- Kommunikationsakte – also Äußerungen – werden vervielfältigt;
- Es gibt keine Interaktion unter Anwesenden zwischen Sender und Empfänger.

Das erste dieser Merkmale haben wir als Verstärkung/Fixierung beschrieben. Medien sind also zunächst einmal ein spezieller Fall von Verstärkung und/oder Fixierung. Tatsächlich liegt jeder medialen Kommunikation mindestens eine dieser Operationen zugrunde. Das gedruckte Buch oder die Zeitung fixiert einen sprachlichen Kommunikationsakt, die Life-Rundfunksendung verstärkt durch die Übermittlung über Radiowellen die Stimmen der Sprechenden. In vielen Fällen geht einem Akt der Verstärkung einer der Fixierung voraus: Die meisten Fernseh- und Hörfunksendungen werden zuerst auf Video- oder Audiobändern aufgezeichnet und dann gesendet.

Das zweite Merkmal, das der Vervielfältigung, unterscheidet mediale Kommunikation von vielen anderen Formen von Verstärkung/Fixierung. Der Notizzettel, auf dem ich für eine konkrete Person irgendwelche Informationen aufschreibe, ist nur einmal vorhanden, und auch die Äußerungen, die in einem Telefongespräch ausgetauscht werden, sind nicht vervielfältigt. Die Frage ist nun natürlich, wieviele Kopien es geben muß, damit ein Kommunikationsakt zur medialen Kommunikation wird. Genügt es, wenn ich den Notizzettel, auf dem etwa eine Wegbeschreibung zu meiner Wohnung fixiert ist, zehnmal fotokopiere und an meine Freunde verteile? Offenbar würden wir intuitiv den fotokopierten Notizzettel noch nicht als Medium bezeichnen, und wenn man darüber nachdenkt, weshalb nicht, dann entdeckt man, daß die Medien, die wir kennen, ein weiteres Merkmal gegenüber dem Notizzettel auszeichnet: Sie sind potentiell für jedes Mitglied derjenigen Kultur, in der der Kommunikationsakt gemacht wird, zugänglich. Jeder kann eine Kopie der Äußerung rezipieren – zumindest potentiell: er muß nur die nötigen finanziellen Mittel oder die nötige Mühe aufwenden, die die Rezeption einer bestimmten medialen Äußerung voraussetzt. Fernseh- und Hörfunkprogramme kann jeder empfangen – er muß nur das nötige Geld für ein Empfangsgerät und die Rundfunkgebühren aufwenden. Zeitungen, Zeitschriften und Bücher kann sich jeder kaufen, er muß nur den Kaufpreis aufbringen; und wenn ein Druckwerk vergriffen ist, muß er, um es einzusehen, nur die nötige Mühe aufwenden, die es ihn kostet, es in einer Bibliothek einzusehen, oder aber den Besitzer einer Kopie ausfindig machen, um es bei ihm zu rezipieren. Um uns nicht dem Vorwurf des Zynismus auszusetzen angesichts sozialer Schichten, die eben nicht die finanziellen Mittel aufbringen können, bestimmte mediale Botschaften zu rezipieren, sei noch hinzugefügt: Natürlich steuert jede Gesellschaft – ihr selbst bewußt oder unbewußt – über die finanziellen Mittel oder über die Mühe, die zur Rezeption nötig ist, den Zugang zu medialen Kommunikationsakten; häufig ist es teurer und schwieriger, Medien, in denen das vermittelt wird, was in politischen Diskursen „Herrschaftswissen" genannt wird, zu rezipieren. Wir haben deshalb gesagt: mediale Kommunikationsakte sind für jeden potentiell zugänglich: Es ist nicht schon Merkmal des Kontextes des Kommunikationsaktes selbst, schwer zugänglich zu sein, sondern nur Merkmal seines Vertriebs in der Gesellschaft. Um den Unterschied zu verdeutlichen noch ein Beispiel: Ein Lyrikband, der in einer Auflage von 200 Stück in einem Verlag erscheint, ist potentiell für jedermann zugänglich – er muß ihn nur kaufen, oder in Bibliotheken suchen, oder, wenn er vergriffen ist, einen Besitzer des Bandes recherchieren, um ihn lesen zu können. Das interne und vertrauliche Rundschreiben an die 3000 Führungskräfte eines Großkonzerns dagegen ist nicht potentiell für jedermann zugänglich: Schon das Merkmal der Vertraulichkeit schließt dies aus. Wenn dieses Rundschreiben – etwa durch Veröffentlichung in der Presse – allgemein zugänglich wird, ist ein Fehler geschehen, ein Vertrauensbruch, und damit wird das Rundschreiben natürlich Bestandteil medialer Kommunikation; wenn es jedoch nur diejenigen erreicht, für die es gedacht ist, ist es nicht medial. Ähnliches gilt etwa für firmeninterne Computernetzwerke (Ethernets oder Intranets), die eben auch potentiell nicht für jederman zugänglich sind, sondern nur für die Mitarbeiter der Firma. Wie unser Beispiel zeigt, ist also für mediale Kommunikation nicht die Zahl der Kopien entscheidend.

Luhmann schließt zweierlei aus seiner Mediendefinition aus: einerseits das Massenkopieren von Manuskripten in mittelalterlichen Schreibwerkstätten, andererseits Kommunikationsakte wie Theateraufführungen, Ausstellungen, Vorträge und Konzerte; letzteres aus den genannten Gründen zu recht, ersteres nicht. Denn wenn er schreibt, daß erst die „maschinelle Herstellung eines Produkts als Träger der Kommunikation" zur Entstehung unseres Systems der Massenmedien geführt hat, so ist das historisch vermutlich richtig, systematisch jedoch nicht. Denn auch die mittelalterlichen Schreibwerkstätten benutzten technische Hilfsmittel zum Kopieren der Kommunikationsakte, z.B. die Tinte und das Papier. Und es ist ja theoretisch durchaus eine der unsrigen ähnliche Kultur denkbar, die niemals die Druckpresse erfunden hat, in der aber sehr viele billige Arbeitskräfte handschriftlich Texte kopieren, und diese Kopien dann wie bei uns über Kiosk und Buchhandel vertrieben würden. Die Produkte der mittelalterlichen Schreibwerkstätten erfüllen also durchaus unsere Kriterien der medialen Kommunikation. Anders sieht es bei Veranstaltungen wie Theateraufführungen, Konzerten, Vorträgen etc. aus: Diese sind als Kommmunikationsakte im semiotischen Sinne singulär, sie haben keine genau gleichen Kopien. Und auch ein Kunstwerk ist in der Regel ein zwar fixierter, aber singulärer Kommunikationsakt. Wenn eine Theateraufführung dagegen vom Fernsehen aufgezeichnet und gesendet wird, wäre sie natürlich ein Akt medialer Kommunikation.

Wir können also die Bedingung für Medien, daß Kopien der Botschaft vorhanden sein müssen, dahingehend spezifizieren, daß sie gleichzeitig vorhanden sein müssen. Es ist im übrigen dabei völlig gleichgültig, ob sich diese Kopien gewissermaßen im topologischen Raum des Senders oder in dem des Empfängers „materialisieren". Im Fall von Büchern und Zeitschriften werden die Kopien beim Sender, dem Verlag, hergestellt und dann ausgeliefert; im Falle von Hörfunk und Fernsehen werden die Sendungen einmal in den Äther geschickt und materialisieren sich dann in den Empfangsgeräten. Wer mehrere Empfangsgeräte hat, kann potentiell mehrere Kopien des Kommunikationsaktes gleichzeitig rezipieren, ähnlich wie man sich auch mehrere Exemplare der gleichen Zeitschriften-Nummer kaufen kann.

Das dritte der von Luhmann erwähnten Merkmale medialer Kommunikation besagt, daß es keine Interaktion unter Anwesenden zwischen Sender und Empfänger gibt. Luhmann erwähnt zwar, daß es einige Ausnahmen gebe – wenn etwa Zuschauer ins Studio eingeladen werden –, was jedoch nichts an der grundsätzlichen Kontaktlosigkeit der Kommunikationspartner ändere.[5] Aus semiotischem Blickwinkel läßt sich das konkretisieren: Der Zuschauer im Sendestudio ist für die Dauer der Sendung nicht mehr Rezipient eines Massenmediums, sondern Teil dieser Sendung. Kommunikation, die im Studio stattfindet, ist direkte Kommunikation, die dann auf der nächsten Ebene als ein medialer Kommunikationsakt kopiert und verbreitet wird. In Zusammenhang mit diesem dritten Merkmal steht noch ein weiteres: Die Rezipienten medialer Kommunikation sind unspezifiziert.[6] Im Gegensatz zum Produzenten des Führungskräfte-Rundbriefs (etwa der Vorstandsvorsitzende) wissen weder Verlag noch Autor des Lyrik-Bandes, wer das Buch rezipieren wird. Auch wenn der Vorstandsvorsitzende nicht alle 3000 Führungskräfte seines Unternehmens persönlich kennt, könnte er sich sofort, bevor er das Rundschreiben losschickt, eine Liste der Rezipienten geben lassen. Mediale Kommunikation richtet sich also an einen nicht näher spezifizierbaren Adressatenkreis, und alle Anstrengungen von Verlagen und Sendern, ihre Zielgruppen und Zuschauerstrukturen zu erforschen, bleiben nur äußerst grobe und abstrakte Näherungswerte.

Fassen wir nochmal die Merkmale von Medien, die wir entlang der Luhmannschen Begriffsbestimmung herausgearbeitet haben, zusammen:

1. Medialer Kommunikation liegt immer ein Akt der Verstärkung und/oder Fixierung zugrunde.
2. Mediale Äußerungen sind in mehreren (meist sehr vielen) identischen Kopien gleichzeitig vorhanden.
3. Mediale Äußerungen sind potentiell für jedes Mitglied der Kultur, in der die Äußerung produziert wird, zugänglich.
4. Bei medialer Kommunikation gibt es keine direkte Interaktion unter Anwesenden zwischen Sender und Empfänger.
5. Mediale Äußerungen richten sich an eine Menge nicht näher spezifizierbarer Empfänger.

Wie unsere Beispiele gezeigt haben, genügen diese fünf Merkmale, um hinreichend scharf zwischen medialer und nicht-medialer Kommunikation zu unterscheiden.

Nachdem wir nun festgelegt haben, was wir unter „Medien“ und „medialer Kommunikation“ verstehen wollen, werden wir im nächsten Schritt einige zentrale Regularitäten von Medien, die nicht notwendig zu ihrer Begriffsbestimmung gehören, die sich aber dennoch in unserer Kultur herausgebildet haben, näher untersuchen, und zwar vor allem dahingehend, welche Auswirkungen diese Regularitäten für die mediale Kommunikation haben.

Regelmäßigkeit und Umfangskonstanz

Sehr viele Medien in unserer Kultur besitzen zwei Merkmale, die uns ganz selbstverständlich erscheinen, es aber bei genauerem Hinsehen keineswegs sind. Zum einen erscheinen sie meist regelmäßig, und zum anderen hat jede Ausgabe – mit leichten Variationen – in etwa den gleichen Umfang.
Zeitschriften und Zeitungen bringen zu ganz bestimmten Terminen neue Ausgaben heraus – täglich, wöchentlich oder monatlich –, und Fernseh- und Hörfunksender senden jeden Tag ihr Programm, meist 24 Stunden lang. Es erscheint uns als ganz natürlich, jeden Morgen unsere Tageszeitung auf dem Frühstückstisch liegen zu haben, und jeden Tag um 20.00 Uhr die „Tagesschau" einschalten zu können. Wenn wir jedoch nur einmal das Genre der Nachrichten focussieren, erscheint diese scheinbare Selbstverständlichkeit schon beinahe als Unding: Wie kommt es eigentlich, daß Tag für Tag, und jeden Tag, etwas geschieht, das als Nachricht mitteilenswert ist? Wäre es nicht sinnvoller zu warten, bis irgend etwas geschieht, das eine Nachricht rechtfertigt, um dann eine neue Ausgabe des Mediums bzw. des Medienteils zu veranstalten? Die „Tagesschau" gäbe es dann nur, wenn etwas zu berichten wäre; an allen anderen Tagen würde eben um 20.00 Uhr das Testbild ausgestrahlt werden. Derartige Formen der Nachrichtendistribution gab es beispielsweise in der frühen Neuzeit bis ins 16. Jahrhundert, als in unregelmäßig erscheinenden Flugblättern „Neuigkeiten" verbreitet wurden – sie erschienen eben immer dann, wenn etwas Mitteilenswertes geschah. Erst im 17. Jahrhundert entstanden dann die ersten regelmäßig erscheinenden Zeitungen.[7] Diese Regelmäßigkeit führte natürlich dazu, daß ein sehr viel größerer Bedarf an „Ereignissen" entstand, die kommuniziert werden konnten. Verstärkt wird dieser Bedarf heute durch die relative Umfangskonstanz der Medien: der Nachrichtenteil einer Tageszeitung hat immer in etwa den gleichen Umfang, die Fernsehnachrichten haben immer die gleiche Länge. Es muß also regelmäßig ein ganz bestimmter Raum mit Kommunikationsakten gefüllt werden, und zwar im Falle der Nachrichten mit solchen Äußerungen, die den Anspruch erheben, a) wahr zu sein (also irgend einen Teilausschnitt der „Realität" abzubilden) und b) „wichtig" zu sein, d.h. die durch sie übermittelten Inhalte werden als relevant für den Rezipienten gesehen. Dies führt dazu, daß Nachrichten eine gewisse Eigendynamik erhalten. Tag für Tag wird die gleiche Menge an (scheinbar) Mitteilenswertem über die Realität kommuniziert, und Tag für Tag wird diese Menge als gleich relevant wie die Menge vom Vortag dargestellt – zumindest auf der Präsentationsebene: täglich gibt es eine Schlagzeile, die sich als wichtigste Meldung geriert. Das bekannte Phänomen des „Sommerlochs" belegt jedoch, daß selbstverständlich nicht jeden Tag die gleiche Menge an gleich relevanten und mitteilenswerten Ereignissen stattfindet. Um den für Nachrichten vorgesehenen Raum dennoch füllen zu können, müssen also eigentlich unwichtige, im Normalfall nicht der Mitteilung werte Meldungen gebracht werden. Überhaupt ist es natürlich die Frage, wieviel von dem, was in den Medien kommuniziert wird, für den Hauptzweck von

Kommunikation, die Verständigung einer Kultur über ihr Realitätsmodell und dessen Aufrechterhaltung, überhaupt notwendig ist. Man kann nur vermuten, daß wohl nur ein kleiner Prozentsatz all dessen, was täglich auch nur in einer einzigen Tageszeitung veröffentlicht wird, diesem grundsätzlichen Zweck dient. Alles andere ist entweder überflüssig oder hat seine Funktion im Vermitteln von Spezialwissen für bestimmte Teilgruppen der Kultur, oder aber es dient der Unterhaltung. Vor einigen Jahren zum Beispiel beschäftigte ein in einem Badesee ausgesetzter Alligator und die mehrere Tage lang erfolglosen Versuche, ihn wieder einzufangen, alle deutschen Medien. Hier kann man wohl kaum sagen, daß die Kommunikation über diesen Fall der Verständigung über Realität diente oder auch nur irgend ein Spezialwissen für eine Teilgruppe der Kultur vermittelte. Die ganze Berichterstattung lieferte nichts als Unterhaltung. Der Verständigung über Realität dagegen diente sehr wohl ein sich nach dem geglückten Einfangen des Alligators aufkommender Diskurs über die Frage, ob das Halten von gefährlichen Haustieren verboten werden solle: Hier ging es direkt um juristische Regularitäten der sozialen Realität.
Die mediale Kommunikation in unserer Kultur verhält sich also zumindest was die (Teil-)Äußerungen betrifft, die im immediaten Modus stehen, nach zwei impliziten Regeln:

> (a) Es gibt in regelmäßigen Abständen (täglich, wöchentlich, monatlich) kommunikationsrelevante und kommunizierbare Äußerungen, die sich auf real gesetzte Ereignisse beziehen und als wahr gesetzt werden, also das positive Referenzpostulat besitzen, und
> (b) es gibt zu diesen festgesetzten Veröffentlichungszeitpunkten immer annähernd dieselbe Menge an solchen Äußerungen.

„Realität" – und das ist natürlich das Wissen und der Diskurs darüber, was für Realität gehalten wird – ist also durch diese Regularitäten der modernen Medien formal stark strukturiert: Der Rezipient weiß, daß er regelmäßig zu gewohnten Zeiten verläßlich das, was sich in der „Realität" seit dem letzten Erscheinungstermin des Mediums geändert hat, mitgeteilt bekommt, und er kann sich darauf verlassen, daß dies in etwa immer die gleiche Menge an Kommunikationsakten ist. Selbstverständlich ist klar, daß gerade durch das Merkmal der Umfangkonstanz nicht alle Meldungen, die an gleicher Position in einem Medium stehen (z.B. als Headline auf Seite 1 einer Tageszeitung), Tag für Tag von gleicher Relevanz sein können. Die Medien sind also redundant im Hinblick auf die Funktion zu kommunizieren, was absolut wichtig ist zu wissen für jedes Mitglied der Kultur; dafür würden vermutlich auch in unserer Kultur noch gelegentlich bei Bedarf erscheinende Nachrichtenblätter genügen. Die Medien erfüllen dagegen durch die beiden beschriebenen Regularitäten die Funktion eines semiotischen Rituals: Sie strukturieren die Realität durch fest gegebene Mengen von Äußerungen in fest gegebenen Intervallen. Und wie alle Rituale sorgen sie damit für Ordnung und Sicherheit in einer zunehmend als chaotisch und bedrohlich empfundenen Welt.[8] Nicht umsonst erschienen in der westlichen Kultur Medien erst im Laufe der Neuzeit, genauer im 17. Jahrhundert, in regelmäßigen Intervallen – zu einer Zeit also, als einerseits ein selbstbewußtes Bürgertum zu entstehen begann und damit immer mehr Menschen an der gesellschaftlichen Kommunikation und so auch an der gesellschaftlichen Konstruktion von Realität teilnehmen; im Mittelalter dagegen war diese (kulturell relevante) Kommunikation auf eine überschaubare Anzahl von Adligen und Klerikern beschränkt, während die große Masse der Bevölkerung mit direkter (face-to-face-)Kommunikation in ihrem eng beschränkten Lebensraum auskam. Andererseits wuchs natürlich in der Neuzeit – vermutlich im Zuge der Entdeckungsreisen – auch die Menge der Ereignisse an, die als kommunikationsrelevant angesehen wurden. Die zunehmende Unüberschaubarkeit der Welt – die sich als Unüberschaubarkeit der (potentiellen) Kommunikationsakte und der Kommunikationsteilnehmer manifestierte, verlangte nach einem ordnenden Ritual: dem Ritual der (Massen-)Medien.

Regelmäßigkeit und Umfangskonstanz weisen jedoch nicht nur die medialen Äußerungen im immediaten Modus, sondern auch die im mediaten auf. Der Fortsetzungsroman in der Zeitung, Fernsehserien, aber auch feste Sendeplätze für bestimmte Typen von fiktionalen Äußerungen („ZDF Montagskino“ „Das Kinowochendende auf Pro Sieben“ etc.) erfüllen ebenfalls diese Struktur, die – im Feld der Unterhaltung – der ritualisierten Schaffung von Ordnung dient. Selbst Massenmedien, die per se nicht regelmäßig erscheinen, unterliegen auf einer Metaebene einem gewissen Zwang zur Regelmäßigkeit. Dies hat einerseits ökonomische Gründe: Jeden Donnerstag müssen die Kinos mit einigen neuen Filmstarts versorgt werden, und jeder Verlag bringt im Herbst ein neues Programm heraus. Doch daß die Erwartung nach Regelmäßigkeit weit tiefer verwurzelt ist, zeigt sich etwa in der Erwartungshaltung an belletristische Autoren (oder auch an Filmregisseure, also an die Vertreter derjenigen Künste, die sich massenmedialer Verbreitungsmittel bedienen), in mehr oder weniger regelmäßigen Abständen neue „Werke“ herauszubringen. Hat jemand sieben oder acht Jahre kein neues Buch herausgebracht, wird vom „Verstummen“ des Dichters gesprochen, oder er wird von Literaturpäpsten der Faulheit geziehen.

Auf der Ebene eines einzelnen Mediums (einer Zeitung, Zeitschrift oder eines Fernsehsenders) wird also Realität durch eine immer gleichbleibende Menge von Äußerungen repräsentiert; im Gegenzug ist auf der Ebene des Gesamtsystems „Medien“ die Semiosphäre unserer Kultur durch ein ständiges Anwachsen medialer Äußerungen charakterisiert: Innerhalb einzelner Mediensparten (Print, Rundfunk, Fernsehen etc.) entstehen in den letzten Jahren immer mehr Einzelmedien in Form neuer Zeitschriften oder Fernsehsender, und in unserem Jahrhundert beschleunigt sich auch die Entstehung neuer Medien (Film, Hörfunk, Fernsehen, bis hin zum Internet). Dabei lassen sich zwei Tendenzen feststellen: Einige der neu auf den Markt gebrachten Zeitschriften oder Fernsehsender versuchen, die Erfolgsrezepte bereits bestehender Medien zu kopieren, andere wenden sich an neue oder neu gewichtete Zielgruppen, indem sie sogenannte „special interest"-Angebote machen. Dies führt zu zwei gegenläufigen Tendenzen: der zunehmenden Redundanz einerseits, und der zunehmenden Fragmentierung andererseits. Redundanz bedeutet, daß immer mehr Einzelmedien das immer gleiche kommunizieren; Fragmentierung, daß immer kleinere Gruppen mit speziellen Interessen an bestimmten Realitätsausschnitten ihre ganz auf sie zugeschnittenen Medien rezipieren. Während Redundanz die Funktion der kulturellen Realitätsaktualisierung durch mediale Kommunikation unterstützt (welche Fernsehnachrichten man auch immer ansieht, man bekommt immer die gleichen Meldungen – natürlich in verschiedenen politischen Einfärbungen), stellt die Fragmentierung potentiell eine Gefahr für sie dar. Die Wissensmengen eines Teilnehmers der Kultur, der nur Talkshows im Privatfernsehen ansieht und Yellow-Press-Druckwerke liest, und einem anderen, der ARD-Nachrichten ansieht und ZEIT und FAZ liest, überschneiden sich nur sehr partiell.

Verdopplung des Kommunikationsraums: Das Internet

Zum Abschluß dieses Kapitels über die Medien soll noch kurz auf ein Merkmal der zeitgenössischen Medienlandschaft eingegangen werden, das seit der Popularisierung des Internets Anfang der 80er Jahre virulent geworden ist.
Das Internet wird im (medialen) Diskurs über Medien in der Regel als „Medium" bezeichnet und somit qualitativ in eine Reihe gestellt mit Medien wie Zeitungen, Zeitschriften, Fernsehen und Rundfunk. In Wirklichkeit unterscheidet sich das Internet in einem wesentlichen Punkt von diesen Medien – und nicht nur durch die häufig erwähnten Merkmale der sogenannten „Multimedialität" und die Interaktivität. Zunächst einmal ist jedoch festzuhalten, daß das Internet allenfalls eine Klasse von Medien darstellt, ähnlich wie „das Fernsehen" oder „die Printmedien", und keinesfalls auf der Ebene eines Einzelmediums (wie zum Beispiel ein Fernsehsender, eine bestimmte Zeitschrift). Denn ein Einzelmedium hat immer eine bestimmte (natürliche oder juristische) Person als Sender, die für die in diesem Medium kommunizierten Äußerungen verantwortlich ist (der Betreiber des Fernsehsenders, Verlag und Redaktion einer Zeitschrift). Auch wenn die einzelnen Beiträge namentlich gekennzeichnet sind und evtl. im Impressum der Vermerk steht, die Beiträge gäben nicht unbedingt auch die Meinung der Redaktion wieder, ist doch letztere für die Selektion verantwortlich – und sie wird ja auch tatsächlich juristisch in die Pflicht genommen, wenn sie mit dieser Selektion gegen bestehende Normen verstößt. Im Internet als Ganzem existiert dagegen kein individueller Sender, sondern jede Web-Site hat letztlich den Status eines Einzelmediums. Dies mag banal klingen, ist es aber nicht, wenn man sich den derzeitigen juristischen Diskurs über problematische Inhalte (Pornographie, links- oder rechtsradikale Äußerungen) im Internet ansieht. Denn zumindest zur Zeit der Fertigstellung dieses Buches beherrscht den Diskurs die Meinung, man müsse, um solche Äußerungen zu ver-

hindern, die Service-Provider, also diejenigen, die den technischen Anschluß ans Internet herstellen, zwingen, derartige Äußerungen durch Sperren der entsprechenden Web-Sites zu unterbinden. Die Verwechslung besteht darin, daß die Provider jedoch nicht die „Sender" der publizierten Inhalte sind; „Sender" sind allenfalls die Server, auf denen das inkriminierte Dokument bereitliegt. Gegen die Provider vorzugehen, liegt auf der gleichen Ebene, als wolle man gegen den Betreiber eines Fernsehkabelnetzes (z. B. die Deutsche Telekom) vorgehen, weil ein Fernsehsender juristisch problematische Äußerungen gesendet hat.[9]

In einer ersten Annäherung ist das Internet also allenfalls eine Klasse von Medien, die alle denselben technischen Übertragungskanal benutzen, nämlich das weltumspannende Netzwerk von Computern.

Sieht man sich nun die einzelnen Äußerungen im Internet an, so fällt auf, daß sämtliche Typen von medialer Kommunikation, die wir auch von außerhalb des Internets kennen, vertreten sind: Es gibt Web-Sites, die nur aus Text bestehen (wie etwa viele Bücher), solche, die aus Text und statischen Bildern bestehen (wie eine Zeitschrift), und es gibt Web-Sites, die dem Rezipienten Audio- und Video-Dateien zum Anhören und -sehen anbieten und damit die gleichen Äußerungstypen präsentieren wie Rundfunk und Fernsehen.[10] In diesem – nicht dem üblichen Gebrauch des Wortes entsprechenden – Sinne könnte also vom Internet als einem „Multimedium" gesprochen werden: Das Internet verbreitet alle Medientypen, die auch außerhalb des Netzes existieren; das Internet bewirkt damit eine Verdopplung des Medienraumes. Dies geht bis in die Distributionsregularitäten von Medien hinein, denn auch im Internet gibt es beispielsweise Zeitschriften wie „Telepolis", die keine Print-Variante haben, aber wie eine Print-Zeitschrift in regelmäßigen Abständen erscheinen.

Im Internet werden jedoch auch Kommunikationsakte realisiert, die nicht die Kriterien für mediale Kommunikation erfüllen, sondern nur die von Verstärkung und/oder Fixierung. Der Austausch von e-Mail zwischen zwei bestimmten Kommunikationspartnern entspricht dem Typus des Austausches von Briefen oder Faxen: Einem Akt der schriftlichen Fixierung folgt einer der Verstärkung (Vergrößerung der Reichweite durch Versenden der mail über das Datennetz). Daneben kann man etwa in bestimmten Themenforen einen „Konferenzraum mieten" und sich darin zu zweit oder zu dritt „unterhalten". Dies folgt dem Typus des Telefongesprächs bzw. der Telefonkonferenz mit einem begleitenden Akt der Fixierung: denn die einzelnen Äußerungen werden von den Teilnehmern eingetippt, und der Partner antwortet darauf durch sofortiges Schreiben einer Antwort. Schließlich kann man auch Telefonimpulse über das Datennetz übertragen und so – die passende Software vorausgesetzt – über das Internet telefonieren.

Eine Zwischenstellung zwischen medialer Kommunikation und bloßer Verstärkung/Fixierung nehmen die sogenannten „Online-Chats" ein. Chats funktionieren ähnlich wie die beschriebenen Konferenzen, nur können beliebig viele Personen daran teilnehmen: Interessenten können sich jederzeit in eine Chatline einwählen, sehen, worüber gerade diskutiert wird und sich an dieser

Diskussion durch Eintippen eigener Beiträge beteiligen. Grundsätzlich ist dies also eine Kommunikation zwischen einer anonymen Menge von Individuen, an der sich jedes einzelne durch individuelle Kommunikationsakte beteiligen kann. Die meisten Chatlines geben jedoch beim Eintritt eines neuen Partners in die Diskussion eine für alle anderen sichtbare Meldung aus wie „XY hat das Forum betreten“ o.ä. „XY“ kann dabei auch ein selbstgewählter Spitzname sein. Potentiell kann also eine Liste aller zu einem bestimmten Zeitpunkt beteiligten Kommunikationspartner erstellt werden – allerdings können die Identitäten dieser Partner in der Regel nicht zu realen Individuen zurückverfolgt werden. Das Merkmal medialer Kommunikation, daß die Rezipienten unbestimmt sind, trifft hier also nur in eingeschränktem Maße zu.

Durch die Existenz nicht-medialer Kommunikationsakte im Internet kann die oben getroffene Feststellung von der Verdoppelung des Medienraumes dahingehend erweitert werden, daß das Internet potentiell eine Verdoppelung des Kommunikationsraumes darstellt, allerdings keine vollständige Verdoppelung. Denn es gibt natürlich Kommunikationstypen, die im Internet nicht repräsentierbar sind – allen voran die direkte Face-to-face-Kommunikation (die ja, wie wir gesehen haben, einen Großteil unserer Kommunikation überhaupt ausmacht). Aber auch eine (traditionelle) Theateraufführung ist beispielsweise nicht durch das Internet repräsentierbar, sondern allenfalls deren Fixierung auf Video.

Im „Metamedium“ Internet werden also zumindest all die Kommunikationstypen, die auf Verstärkung und/oder Fixierung beruhen (und das sind eben auch die Medien), und die wir von außerhalb des Internets kennen, ebenfalls realisiert. Semiotisch bedeutet diese Verdoppelung des Medienraums eine potentielle Zunahme von Redundanz und eine notwendige Zunahme von Fragmentierung. Denn die Fülle der Kommunikationsakte im Internet macht es sehr unwahrscheinlich, daß zwei Individuen auch nur annähernd die gleiche Menge an Kommunikationsakten kommunizieren. Die potentielle Zunahme von Redundanz ist zur Zeit Faktum, da z.B. die meisten Printmedien ihre Artikel zusätzlich auch noch ins Internet stellen. Dies ist jedoch kein notwendiges Merkmal des Internet, sondern nur ein mehr oder weniger zufälliges. Allerdings könnte natürlich letztendlich das Internet, wenn ein Großteil der Bevölkerung einen Anschluß besitzt, Teile des „normalen“ Medienraumes überflüssig machen: Zeitschriften, Fernseh- und Hörfunksendungen könnten nur noch über Internet verbreitet und die Varianten dieser Kommunikationstypen im „normalen“ Kommunikationsraum eingestellt werden.[11] Allerdings würde daraus noch keine fundamental neue Form der Kommunikation entstehen, denn nur die Übertragungstechniken hätten sich geändert.

Neu am Internet ist allerdings die aktive wie passive Zugänglichkeit zu medialen Äußerungen für potentiell jedes Individuum. Wer im Internet publizieren und sich damit „massenmedial“ äußern will, kann dies tun, ohne sich mit den Zugangsbeschränkungen institutioneller Medienapparate auseinandersetzen zu müssen. Das ist eine wirkliche Neuerung im Raum der Kommunikation: Es ist zu hoffen, daß diese Potentialität des Internets in Zukunft noch stärker zum Tragen kommen wird.

Anmerkungen

1 Die Autoren konnten sich in ihrer Tätigkeit als Kommunikationsberater für Unternehmen immer wieder von der Hartnäckigkeit dieser Argumentationen überzeugen.

2 Luhmann ^{2}1996, S. 9

3 Klimsa 1995, S. 18

4 Luhmann 1996, S. 10f

5 ebd.

6 Luhmann 1996, S.14, erwähnt diesen Umstand ebenfalls kurz.

7 Vgl. Modellversuch Journalisten-Weiterbildung (Hg.): Fernstudium Kommunikationswissenschaft. München ^{2}1989, Bd. 1, S. 72ff. Vgl. dazu auch Luhmann 1996, S. 53.

8 Vgl. dazu Soeffner 1992, S. 7ff. Wünsch et. al. 1996

9 Vgl. Langer, Michael: Arbeitsbeschaffungsmaßnahme für Rechtsanwälte: Deutschlands neues Multimediagesetz. Quelle: Internet: http://www.heise.de/tp/ Stand: September 1997

10 Letzters ist zwar technisch insofern noch nicht auf dem Niveau wie Fernsehen und Hörfunk (ruckeliger Empfang, lange Ladezeiten), doch dies wird sich vermutlich sehr schnell ändern. Fakt ist, daß Radio- und Fernsehsender Teile ihres Programms auch ins Internet stellen.

11 Vgl. derartige Zukunftsszenarien bei Negroponte 1995; zu gesellschaftlichen und kommunikationstheoretischen Aspekten des Internet vgl. Stoll 1995, Rushkoff 1995, Chaos Computer Club 1985.

TEIL 3: Semiotische Verfahren in der Praxis

Kürbisse für Deutschland – Analyse eines Beispiels aus der Parteien-Werbung

> *Wenn man von Kürbissen träumt, so bedeutet das eine vergebliche Hoffnung, denn obwohl diese Früchte groß sind, geben sie doch wenig Nahrung.*
> Bächtold-Stäubli: Handwörterbuch des deutschen Aberglaubens

Nachdem wir nun in die theoretischen Grundlagen einer modernen Semiotik eingeführt und einige Segmente der Kommunikationsgesellschaft aus semiotischer Sicht untersucht haben, möchten wir nun zeigen, wie ein konkreter Kommunikationsakt aus unserer Alltagswelt mit Hilfe der vorgestellten Theorie und Methodik in seinen Bedeutungsaspekten und seiner Kommunikationsstrategie interpretiert werden kann.Es geht uns dabei auch darum, den praktischen Nutzen der von uns dargelegten Methode zu demonstrieren, wenn wir nun ein Beispiel aus dem Bereich der Politik untersuchen, das unterschiedliche Äußerungsformen wie Werbung, Rede, Sachtext und unterschiedliche Medien wie Print und Internet verknüpft, und zudem auf relevante gesellschaftliche Diskurse referiert.

Die „Innovationen-Kampagne“

In der ersten Jahreshälfte 1997 war in verschiedenen deutschen Nachrichtenmagazinen und überregionalen Tageszeitungen eine auffällige Anzeigenkampagne zu sehen, die mit drei verschiedenen Motiven für eine der großen Bundestagsparteien warb. Alle drei Anzeigen waren jeweils zweiteilig – entweder auf zwei aufeinanderfolgenden ganzen Seiten in schwarz/weiß (Tageszeitungen) oder Doppelseiten farbig (Magazine)[1] – und folgten dem gleichen Schema: Teil 1 präsentierte das Motiv mit einem einfachen Aussagesatz, der allerdings auf den ersten Blick dem jeweils aktuellen kulturellen Wissen über den angesprochenen Sachverhalt zu widersprechen schien, ohne weitere Zusatzinformationen und ohne daß der „Sender“ der Anzeige identifizierbar war. Teil 2 brachte dann auf der folgenden (Doppel-)Seite das gleiche Motiv, das Signet des „Senders“ und textuelle Zusatzinformationen.

Kürbis und Wirtschaftswachstum: Teil 1 der Annonce

In Hochglanz und Farbe präsentierte eine dieser Doppelseiten einen riesigen Kürbis vor blauem Hintergrund. Quer darüber prangte ein einziger Satz: „Wir haben wieder ein starkes Wirtschaftswachstum", wobei das letzte Wort durch Fettdruck zusätzlich hervorgehoben war.

Ob eine Äußerung im mediaten oder immediaten *Modus* steht (vgl. das Kapitel: Der Modus von Äußerungen), kann durch explizite oder implizite Designatoren angezeigt werden. Das Wort „Anzeige" trennt die entsprechende Äußerung vom Nachrichtenteil einer Zeitung und expliziert, daß die betreffende Äußerung nicht den gleichen Status hat wie der redaktionelle Teil.

Durch den expliziten *Modusdesignator* „Anzeige" in der linken oberen Ecke der Doppelseite konnte die Äußerung unmittelbar als Werbung identifiziert werden. Die Frage nach der Sprechinstanz und nach dem hier annoncierten „Produkt" blieben aber zunächst offen.

Wie in allen Äußerungen, die mit *Bild-Text-Relationen* arbeiten, liefert der Textteil die Steuerungselemente und definiert in der Regel die Rahmenbedingungen für die weitere Interpretation. Der Text dieser Annonce besteht aus einem einfachen Aussagesatz: „Wir haben wieder ein starkes Wirtschaftswachstum". Man wird nun danach fragen müssen, welche Gruppe hier mit dem „Wir" gemeint ist. In Verbindung mit dem Objekt „Wirtschaftswachstum" kann es sich dabei nur um eine regionale gesellschaftlich-politische Gemeinschaft handeln: Beispielsweise um ein Bundesland, eine europäische Region oder eine Nation. Denn „Wirtschaftswachstum" ist ein volkswirtschaftlicher Begriff. Würden hier Unternehmen oder Branchen in der 1. Person Plural sprechen, müßte von wachsenden „Gewinnen", „Umsätzen" oder „Auftragsvolumen" die Rede sein. Da die Annonce in überregionalen

deutschsprachigen Printmedien erschien, ist die Bundesrepublik Deutschland ein wahrscheinliches – wenn auch nicht das einzig mögliche – Subjekt der Äußerung.
Allerdings steht die Aussage im Präsens. Das „starke Wirtschaftswachstum" wird demnach als aktuelles Phänomen gesetzt. Zum Zeitpunkt der Veröffentlichung der Annonce ist der Diskurs über den ökonomischen Zustand Deutschlands – trotz signifikant steigender Aktienkurse und Unternehmensgewinne – durch die Standortdebatte, durch mageres Wachstum des Bruttosozialprodukts, hohe Arbeitslosigkeit und Staatsverschuldung geprägt. Damit führt die Hypothese, das gesellschaftlich-politische System „Bundesrepublik Deutschland" als Subjekt des Satzes anzunehmen, zu einem Widerspruch zwischen der Bedeutung der Äußerung und dem *kulturellen Wissen*. Die Aussage enthält das temporale Lexem „wieder", womit präsupponiert wird, daß ein „starkes Wirtschaftswachstum" zu einem früheren Zeitpunkt tatsächlich einmal Merkmal des entsprechenden Systems gewesen ist und nach einer bestimmten Phase ohne ein solches Wachstum nun erneut stattfindet.
Der Textteil der Annonce wirft also eine Reihe von Fragen auf: Wer ist die Sprechinstanz? Schließt das „Wir" den Leser mit ein – was gelten könnte, wenn das Referenzsystem die Bundesrepublik Deutschland wäre, oder spricht hier eine andere Gruppe (eine Teilmenge der Deutschen, beispielsweise ein Bundesland, oder ein anderes Land?). Sollte sich die Äußerung doch auf Deutschland beziehen, wie verhält sie sich dann zu dem zeitgenössischen Diskurs über die wirtschaftliche Lage: Ist sie ironisch gemeint? Oder widerspricht sie dem Mainstream und will die Standortdiskussion als Scheindebatte entlarven?
Wenden wir uns also dem Bildmotiv der Gesamtäußerung zu, um weitere interpretatorische Folgerungen ziehen zu können. Es handelt sich dabei um die Abbildung eines einzigen, prominent hervorgehobenen Objekts: und das ist ein Kürbis.

> Die Bedeutung von Äußerungen, die auf *Bild-Text-Relationierung* basieren, wird zunächst von den Textanteilen gesteuert: Der Text liefert die semantischen Suchkriterien, nach denen der Abbildungsteil auf seine entsprechenden semantischen Implikationen hin untersucht werden kann. Semantische Durchschnittsmengen bilden wiederum die Grundlage für die weitere Interpretation des Textteils usf. Die Gesamtbedeutung der Äußerung ist also ein Produkt der wechselseitigen Semantisierung von Text und Bild.

> Derartiges *kulturelles Wissen* ist für die Interpretation jeder Äußerung von Bedeutung. In Fällen, wo das jeweils relevante Wissen nicht wie in dem hier analysierten Beispiel Bestandteil eines zeitgenössischen Diskurses ist, muß die Existenz eines solchen Wissens und seine Relevanz für die Interpretation jeweils genauer belegt werden (vgl. Kapitel: Äußerung und Realität: Die Referenz).

Wie im Kapitel: Bilder und Zeichen: Abbildungen ausführlich dargelegt, haben Abbildungen nicht per se schon Zeichenstatus. Sie können jedoch durch Ko- und Kontexte semantisiert und innerhalb einer konkreten Äußerung zu Äquizeichen werden. Bestimmte Abbildungen, die in unterschiedlichen Kontexten immer wieder auf die gleiche Art semantisiert werden, können allgemeinen Zeichenstatus erlangen.

Die Struktur von Tropen – also rhetorischen Figuren – ist in Äußerungen mit Bild-Text-Relationen häufig zu finden. Hier wird eine Metapher verwendet. Bei der Metapher teilen der „eigentliche" (substituierte) Term – hier „Wirtschaftswachstum" – und der „uneigentliche" (substituierende) Term – hier der qua Abbildung gegebene „Kürbis" – mindestens ein Merkmal: in unserem Falle die Eigenschaft außergewöhnlichen Wachstums.

Da der Kürbis bzw. seine *Abbildung* keinen Zeichenstatus besitzt und also nicht über kulturelle Kodierung intersubjektiv semantisiert ist, muß zunächst nach dem elementaren kulturellen Wissen über die Kürbispflanze gefragt werden. „Der K. wird als Gemüse, Viehfutter oder Zierpflanze angebaut. ... Der K. steht als Nahrungsmittel zw. Gurke und Melone.", informiert uns das Lexikon.[2] Kürbisse gelten nicht als besonders edle Früchte und werden in der Regel in verarbeiteter Form verzehrt. Lediglich die Kerne enthalten Öl mit hohem Vitamingehalt.
Hervorstechendste und populärste Eigenschaft des Kürbis ist allerdings sein schnelles Wachstum und seine – gemessen an anderen Gartenfrüchten – auffallende Größe. Dementsprechend ranken sich auch eine Vielzahl von Bräuchen und Geschichten jeweils um die quantitativen Aspekte des Kürbis.[3] Als Frucht ist der Kürbis demnach unter qualitativen Gesichtspunkten eher mittelmäßig, unter quantitativen dagegen herausragend. Diese Eigenschaft korreliert nun eindeutig mit der textlichen Äußerung in der Annonce: Hier ist explizit von „starkem (Wirtschafts-) Wachstum" die Rede. Die Abbildung soll also den Begriff „Wirtschaftswachstum" metaphorisch verstärken und präzisieren. Das angesprochene Wirtschaftswachstum wird also durch die Bild-Text-Verknüpfung homolog zum Wachstum des Kürbis gesetzt. Im Sinne der Sprechinstanz ist „Wirtschaftswachstum" demnach schnelles – lineares oder gar exponentielles – und quantitatives Wachstum. Genau die Art von Wirtschaftswachstum also, wie sie früher – vornehmlich in den 50er und 60er Jahren des „Wirtschaftswunders" – schon einmal existierte.
Wir haben demnach – trotz aller offenen Fragen – eine erste, rudimentäre Interpretation dieser Doppelseite, die wir Interpretation A nennen wollen:

A: Ein Land oder eine Region, als gesellschaftlich-politische Gruppe sprechend („Wir"), behauptet von sich, nach einem Übergangszustand der Stagnation, aktuell ein überdurchschnittlich hohes, quantitatives volkswirtschaftliches Wachstum zu verzeichnen, das mit früheren wirtschaftlichen Hochphasen äquivalent sei.

Nun ist der abgebildete Kürbis jedoch ungewöhnlich ausgeleuchtet, so daß der Eindruck entsteht, er glühe und strahle von innen und sende einen gelb-roten Feuerschein aus. Diese Art der Abbildung *konnotiert Wissen* über einen weiteren Brauch um den Kürbis, der hierzulande vor allem durch U.S.-amerikanische Spielfilme bekannt ist. Am Abend vor Allerheiligen feiert man in Amerika „Halloween" (eve of All Hallows Day), wobei Kürbisse ausgehöhlt, Augenschlitze und offene, scharfzähnige Mäuler ausgeschnitten und ein Licht ins Innere gestellt wird. An „Halloween" ziehen die Kinder traditionell mit solchen makabren Laternen und in skurrilen Verkleidungen von Haus zu Haus durch die Nachbarschaft, um Süßigkeiten zu erbetteln oder die Unspendablen zu erschrecken. Auch Erwachsene feiern diesen Abend auf Kostümparties in Verkleidungen aus der Horror- und Gespensterwelt. Zusätzliche Popularität erhielt „Halloween" durch John Carpenters gleichnamigen Horrorfilm und dessen Fortsetzungen.[4] Unter der Berücksichtigung dieser Konnotation wird der ursprünglichen Bedeutung von Text und Bild eine relevante Bedeutung hinzugefügt. Zwar gilt weiterhin die oben festgehaltene Basisinterpretation, allerdings wird sie durch den zitierten „Halloween-Kontext" umbewertet. Gilt unter dem zur Zeit von Anhängern neoliberaler Ökonomie dominierten Diskurs „quantitatives Wachstum" für eine Mehrheit immer noch als grundsätzlich erstrebenswert und positiv, wird es im Lichte der Halloween-Variante negativ besetzt: Ein Wirtschaftswachstum nach dem Vorbild des Kürbis erscheint als unheimlich, erschreckend, horrormäßig.

> Gibt es im *kulturellen Wissen* zu einem Komplex verschiedenen Wissensmengen (hier: Wissen über biologische Eigenschaften des Kürbis' ebenso wie über seine Verwendung in Ritualen, Bräuchen etc.) und enthält die zu interpretierende Äußerung Elemente, die eine dieser Wissensmengen zusätzlich „aktivieren" kann (in unserem Falle die Beleuchtung des Kürbis), so ist diese Wissensmenge für die Interpretation relevant.

Hieraus ergibt sich eine zweite Interpretation, die wir B nennen: Sie versieht Interpretation A mit einem wertenden Kommentar, vermittelt durch die Abbildungsebene.

B: A + „Ein solches quantitatives Wachstum ist unheimlich und unheilvoll."

Ist eine Äußerung *„ambig"*, das heißt, baut sie mindestens zwei sich widersprechende Bedeutungen auf, so kann die Interpretation sich nicht willkürlich für eine der beiden Varianten entscheiden. Vielmehr ist danach zu fragen, ob die Ambiguität auf einer höheren Ebene zu einer neuen, dritten Bedeutung führt, die den Widerspruch aufhebt, oder – ist dies nicht der Fall –, was es auf der Ebene der Gesamtäußerung und ihres Kontextes bedeutet, daß widersprüchlich kommuniziert wird.

Da die hier betrachtete Doppelseite keinerlei weitere textliche oder bildliche Zusatzinformation liefert, die entscheidbar machen würde, welche der beiden Varianten gültig sein soll, bleibt die Gesamtäußerung *ambig*. Die Basisaussage ist die Behauptung eines aktuellen Wirtschaftswachstums. Das Phänomen „quantitatives Wirtschaftswachstum" erscheint dabei einmal, unter Berücksichtigung des zeitgenössischen ökonomischen Mainstreamdiskurses, positiv bewertet, bei Aktivierung der Konnotation „Halloween" dagegen kritisch-negativ beurteilt. Bei der weiteren Interpretation der Gesamtäußerung Annonce müssen daher beide Varianten „durchgetestet" werden.

Kürbis und Wirtschaftswachstum: Teil 2 der Annonce

Teil zwei der Anzeige wiederholt exakt die Bildelemente der ersten Doppelseite.

Wieder ist der seltsam leuchtende Kürbis vor blauem Grund zu sehen. In der gleichen zentralen Position ist ein weiterer Satz in großen Typen gesetzt zu lesen: „So könnte Deutschland im Jahr 2002 aussehen." Wobei „im Jahr 2002" wiederum durch fettgedruckte Typen hervorgehoben ist.

Dieser Teil der Anzeige offenbart nun auch die Produzenteninstanz der Gesamtäußerung: Am unteren rechten Bildrand erscheinen Logo und Kürzel der Sozialdemokratischen Partei Deutschlands: Ein rotes Quadrat mit dem SPD-Schriftzug. Links daneben ist, in wesentlich kleinerer Schriftgröße, ein – gemessen an den die jeweiligen Doppelseiten beherrschenden Hauptsätzen – längerer Text.

Das SPD-Logo wird in der oberen linken Ecke der Seite wiederholt, dahinter steht „Innovationen für Deutschland".

Der zweite Teil der Kürbis-Annonce klärt also zunächst einige Fragen, die der erste aufgeworfen hat. Produzentin der Äußerung ist eine politische Partei: die SPD. Das angesprochene politisch-soziale System, für das Wirtschaftswachstum behauptet wird, ist die Bundesrepublik Deutschland. Das „Wir" im Text der ersten Seite ist damit ebenfalls identifizierbar. Es kann sich dabei nur um Angehörige – Individuen oder Gruppen – des politisch-sozialen Systems „Deutschland" handeln, die stellvertretend für das Gesamtsystem sprechen. Somit könnte die SPD auch, aber nicht notwendig, als Sprechinstanz des ersten Satzes „Wir haben wieder ein starkes Wirtschaftswachstum" in Frage kommen. Eindeutig ist die SPD allerdings die Sprechinstanz des zweiten Hauptsatzes „So könnte Deutschland im Jahr 2002 aussehen". Da dieser Satz – im Gegensatz zum indikativischen und präsentischen ersten – im Irrealis steht und auf die Zukunft verweist, handelt es sich hierbei also um eine Vorstellung. Das Adverb „so" in Verbindung mit dem Verb „aussehen" fungiert dabei als Aufforderung, eine Vergleichsgröße zu finden, die diese Vorstellung konkretisieren kann, und zwar zunächst – da „aussehen" sich auf die visuell wahrnehmbaren Eigenschaften einer Größe bezieht – auf der visuellen Ebene. Als Vergleichsgröße bietet sich selbstverständlich der Kürbis als einziges, und durch Abbildungsgröße und optischen Aufbau der Annonce prominent inszeniertes visuelles Objekt an.

Für sich genommen wäre dies eine höchst irritierende Äußerung: Deutschland könnte im Jahre 2002 aussehen wie ein Kürbis. Allerdings ist der Kürbis durch die erste Teiläußerung bereits semantisiert und fungiert im folgenden Kontext dieser Äußerung als Äquizeichen für „quantitatives/starkes Wirtschaftswachstum".

Damit wird wiederum die Bild-Text-Relation /Abbildung Kürbis/:[5] „So könnte Deutschland aussehen" zu einem Tropus, einer rhetorischen Figur – in diesem Falle einer Metonymie – mit weitreichenden semantischen Folgen. Der Begriff „Deutschland" bezeichnet ja ein komplexes System mit einer Vielzahl von Elementen, Eigenschaften und Relationen. Durch die Äquivalentsetzung „Deutschland" – /Kürbis/ wird nun allerdings ein Subsystem des Systems „Deutschland", nämlich die Wirtschaft mit der spezifischen Eigenschaft „stark

zu wachsen", als substituierender (ersetzender) Term für „Deutschland" verwendet. „Wirtschaft" ist also nach diesem Modell das hierarchiehöchste Teilsystem „Deutschlands". Es wird damit die absolute Relevanz des Wirtschaftswachstums für das System „Deutschland" implizit mitbehauptet.
Deutschland könnte also, so die Implikation, ein Staat sein, der durch das Merkmal starken Wirtschaftswachstums hinreichend beschrieben werden könnte, bzw. dessen hervorstechendste Eigenschaft im Jahr 2002 „starkes Wirtschaftswachstum" sein könnte.
Da ein solches starkes Wirtschaftswachstum, wie im Zusammenhang mit Teil 1 der Anzeige festgestellt wurde, in der zeitgenössischen Bundsrepublik eher ein Desiderat ist, ist die Vorstellung, die in Teil 2 ausgesprochen wird („So könnte..."), die einer Zustandsveränderung des Systems auf der Ebene der Wirtschaft. In diesem Sinne müßte dann die Gesamtäußerung gegen die übliche Leserichtung zeitlich rückwärts gelesen werden. Die präsentische Aussage „Wir haben wieder ..." würde demnach nach Rezeption des zweiten Teils als eine in der Zukunft potentiell sagbare re-interpretiert werden. Diese Lesart ergibt dann eine primäre Aussage der Annonce, die etwa so lauten könnte: „Wenn Deutschland im Jahre 2002 so aussieht, dann wird jedermann sagen können: ‚Wir haben wieder ein starkes Wirtschaftswachstum'."
Allerdings ist diese Lesart trotz einiger Plausibilität nicht die einzig mögliche. Um weiter interpretieren zu können, welche Bedeutungen die Annonce nachprüfbar hat, lohnt es sich, zunächst den Textteil weiter zu untersuchen. Auffällig in der Hauptzeile ist die Hervorhebung des Jahres 2002. Da die jeweiligen Hauptzeilen nur allgemeine Begriffe verwenden, ist das Auftreten einer präzisen Jahreszahl ein deutliches *Relevanz*signal. Zumal, da die angegebene Jahreszahl von der allgegenwärtigen Milleniumszahl abweicht. Da es sich hier um eine Parteienwerbung handelt, es also mit größter Wahrscheinlichkeit thematisch um deutsche Politik geht, liegt es nahe, die Jahreszahl in diesem Kontext zu interpretieren. Da die kommende Bundestagswahl unter regulären Umständen 1998 stattfindet, ist 2002 das Jahr, an dem die nächste Legislaturperiode endet. Dabei könnte es sich um eine Periode handeln, bei der die seit 1982 regierenden Parteien samt ihrem Kanzler erneut regieren oder aber um die erste neue Regierung seither, mit wahrscheinlicher Beteiligung der SPD.

> Verschiedene Elemente einer Äußerung (bestimmte Begriffe, Strukturen, Teilaussagen) sind für die Gesamtbedeutung relevanter als andere. Kritierien für die *Relevanz* eines solchen Äußerungselements sind etwa: die Rekurrenz – also das wiederholte Auftauchen eines Elements –, die Abweichung von einer impliziten Regularität der Äußerung und die Abweichung von per kulturelles Wissen Erwartbarem.

Logisch ergeben sich daraus für die Interpretation der Äußerung wiederum zwei Varianten, die beide aufgrund der Gesamtäußerung plausibel gefolgert werden können. Nennen wir die Varianten zur besseren Unterscheidung Variante „Versprechen" und Variante „Warnung".

Variante „Versprechen“ folgt dem Schema der klassischen Wahlkampfwerbung. Die SPD hat die Vision, Deutschland, wenn sie die nächste Bundestagswahl gewinnt, innerhalb von vier Jahren ein kürbismäßiges Wirtschaftswachstum zu bescheren. Und zwar durch, wie die Annonce links oben schlagwortet, „Innovationen für Deutschland“ – wobei auch hier im Gesamtkontext wiederum „Deutschland“ mit „Wirtschaft“ äquivalent gesetzt wird, denn offenkundig beziehen sich diese Innovationen de facto auf die Erzielung von Wirtschaftswachstum.

In der Variante „Versprechen“ ergibt sich dann auch klar die angesprochene rekursive Leserichtung für den Text: Im Jahre 2002 wird man dann sagen können „Wir haben wieder...“.

Ebenso kohärent läßt sich die Äußerung „SPD-Kürbis-Anzeige“ aber auch in der Variante „Warnung“ interpretieren, wobei die bei der Interpretation der ersten Doppelseite thematisierte Konnotation „Halloween“ relevant wird. Das quantitative Wachstum, für das der Kürbis steht, ist hierbei negativ bewertet. Wie gesagt sind die beiden Abbildungen des Kürbis auf beiden Doppelseiten identisch. Auch der Kürbis, der dafür steht, wie „Deutschland 2002 aussehen könnte“, leuchtet unheilvoll. Demnach steht der Kürbis zwar für Wirtschaftswachstum, aber für eines, das die SPD negativ bewertet. „So könnte Deutschland aussehen, wenn es keine Innovationen gibt, wenn alles beim alten bleibt, wenn die Regierung Kohl wiedergewählt wird!“, lautet im Modell „Warnung“ dann die Bedeutung der Äußerung. Der erste Teil ist in dieser Variante dabei als zeitgenössische Aussage zu lesen. Wie bereits erwähnt expandierten ja zum Zeitpunkt der Veröffentlichung der Annonce tatsächlich einige Bereiche der Ökonomie stark, z.B. der Aktienmarkt. Die Aussage „Wir haben wieder ein starkes Wirtschaftswachstum“ aus dem ersten Teil wird dann im Kontext der gesamten Äußerung implizit ergänzt um den Zusatz: „...aber das falsche.“

Auch in der Warnungs-Variante ergibt die Konstanz des Kürbisbildes auf beiden Seiten einen semantischen Sinn: Sie versinnbildlicht, daß sich unter der gleichen Regierung auch im neuen Jahrtausend substantiell nichts ändern wird, und daß die Bedrohung, die von einem rein quantitativen Wachstum ausgeht, bestehen bleibt.

Auch in dieser Variante besteht die bereits interpretierte Äquivalentsetzung von „Deutschland“ und /Kürbis/, d.h. gleich ob versprochen oder gewarnt wird, ist im Kontext dieser Äußerung das politisch-soziale System der Bundesrepublik durch ihren wirtschaftlichen Zustand repräsentierbar.

Die Tendenz der Annonce, Ambiguitäten[6] aufzubauen – also sich so zu äußern, daß gleichberechtigt zwei verschiedene Folgerungen aus ihr gezogen werden können, setzt sich also auch im zweiten Teil fort und wird sogar noch verstärkt.

Kürbis und Wirtschaftswachstum: Das „Kleingedruckte"

Bleibt noch das „Kleingedruckte" am Ende der Annonce, das mit seinem relativ ausführlichen Text womöglich die Auflösung dieser Mehrdeutigkeiten bringen kann:

> Noch immer gelten steigende Börsenkurse und Gewinne für Aktionäre als einzige Kriterien für eine starke Wirtschaft. Wichtiger aber ist die Schaffung neuer Arbeitsplätze und die Förderung von Umwelttechnologien.Ein solches qualitatives Wirtschaftswachstum kann nur mit fortschrittlichen Ideen erreicht werden. Mit Konzepten, wie wir sie gemeinsam mit Spitzen aus Wirtschaft, Wissenschaft und Gesellschaft am 20. und 21. Mai auf dem Kongreß „Innovationen für Deutschland" in Düsseldorf entwickeln wollen. Damit werden die gegenwärtigen Probleme nicht von heute auf morgen gelöst. Aber wir werden ein neues Denken etablieren.Die Ergebnisse des Kongresses senden wir Ihnen auf Wunsch gerne zu. Schreiben Sie an die SPD, Ollenhauerstraße 1, 53113 Bonn. Fax (0228) 532 410, e-mail: partei-vorstand@spd.de

Dieser Text expliziert einige der Aspekte, die bereits anhand der Analyse der beiden Doppelseiten deutlich wurden. Auffallend ist jedoch, daß dieser Textteil die Frage der Bewertung der Konstitution der Wirtschaft als „stark" oder „schwach" grundsätzlich problematisiert, indem er von „Kriterien" spricht, wobei er den Standpunkt der Sprechinstanz – also der SPD – als den komplexeren, umfassenderen einführt. Ob eine Wirtschaft tatsächlich „stark" ist, hängt demnach vom jeweiligen Beurteilungsmodell ab. Wirtschaftlicher Erfolg ist in der Logik des Textes nicht einfach objektiv gegeben und beobachtbar, sondern jeweils eine „Konstruktion" auf der Grundlage bestimmter (ideologischer) Prämissen. Was sich für die einen (beispielsweise Aktionäre) als „starke Wirtschaft" positiv darstellt, ist für die anderen (beispielsweise Arbeitslose) Ausdruck wirtschaftlicher Schwäche.

Dabei baut der Text – wie übrigens die Annonce insgesamt – deutlich eine Opposition zwischen dem „Alten" und dem „Neuen" auf. Die implizit gegebene Zeitschiene verläuft dabei von einer eigentlich bereits als obsolet semantisierten Vergangenheit, die aber dennoch weiter wirkt („Noch immer...") über die Gegenwart bis in eine offene Zukunft („nicht von heute auf morgen"). Während die Gegenwart „noch" von Kontinuität geprägt ist – eine bestimmte Sichtweise von „Wirtschaft" ist im Diskurs noch relevant („Kriterien ... gelten") –, soll die Zukunft mit dieser Kontinuität brechen und zu einem qualitativ anderen Zustand führen. Signifikant ist, daß dieser „neue" Zustand offengelassen wird und dezidiert als „nur" über Ideen und „neues Denken" zu erreichen beschrieben wird. Historische Transformationen des Systems „Wirtschaft" setzen in diesem Text also zwingend mentale Transformationen voraus. Damit wird aber implizit eine weitere Abgrenzung zur neoliberalen Wirtschaftstheorie betrieben, denn für diese erscheint „Wirtschaft" wiederum als ein selbstorganisierendes System, das festen, quasi naturgesetzlich gegebenen Regeln gehorcht, die durch Denken und politisches Eingreifen nicht geändert und schon gar nicht verbessert werden können.[7] Demgegenüber eröffnet das vom Text offerierte System die vorsichtige Option auf die mittelfristige Lösung gegenwärtiger „Probleme" und damit auf „Fortschritt".

Das bereits durch die Bild-Text-Relationen abgerufene Wissen über ökonomische Sachverhalte wird hier teilweise expliziert. Dabei wird die anhand der Korrelation von Wirtschaftswachstum und /Kürbis/ implizit aufgebaute Opposition zwischen quantitativem und qualitativem Wirtschaftswachstum bestätigt und relevant gesetzt. Interessanterweise unterstützt der Eingangssatz des „Kleingedruckten" die Hypothese, wonach die Headline der ersten Doppelseite „Wir haben wieder ein starkes Wirtschaftswachstum" eine zeitgenössische – und aus einer bestimmten Perspektive sogar zutreffende – Äußerung ist. Denn sollte zutreffen, daß „steigende Börsenkurse und Gewinne für Aktionäre als einzige Kriterien für eine starke Wirtschaft" gelten, dann trifft die Aussage vom starken Wachstum auf der ersten Doppelseite zum Zeitpunkt ihres Erscheinens zu. Wobei wiederum qua kulturelles Wissen über zeitgenössische politisch-ökonomische Modelle rekonstruiert werden kann, wem die angesprochenen Gewinne als „einziges Kriterium für eine starke Wirtschaft" gelten: gemeint sind offenkundig Anhänger des Neoliberalismus in der Wirtschaft und in der Regierungskoalition, namentlich der FDP. Diesem Ist-Zustand setzt die SPD ihre Definition von „qualitativem Wachstum" entgegen, das als möglicher, aber noch nicht erreichter Zustand gilt und mit „Fortschritt" korreliert wird. Als Merkmale dieses Wirtschaftsmodells gelten „Schaffung neuer Arbeitsplätze" und „Förderung von Umwelttechnologien". Steigende Gewinne und Börsenkurse werden dabei nicht ausgeschlossen, sondern integriert: Implizit sind auch sie „wichtig", die genannten Kriterien sind aber „wichtiger". Die Tendenz der Äußerung geht also dahin, das gegenwärtige System nicht zu ersetzen, sondern so zu ergänzen, daß das alte System (quantitatives Wachstum auf der Ebene der Gewinne) in ein noch zu findendes neues, komplexeres System (neue Arbeitsplätze und Technologien) integrierbar wird. Die Profiteure des gegenwärtigen Systems werden sprachlich nicht bedroht, der Text kann also weder als „wirtschaftsfeindlich" noch als „kapitalfeindlich" interpretiert werden.

Dieser Integrationslogik entspricht dann auch die eigenwillige Umsemantisierung des Begriffes „qualitatives Wachstum" durch den Text. Denn offenkundig meint „qualitativ" hier ein „Mehr" nicht nur auf einer, sondern auf verschiedenen Ebenen: „Qualitatives Wachstum" ist (primär) mehr Arbeitsplätze plus Technologieförderung plus (sekundär) steigende Kurse und Gewinne. Diese implizite Definition des Begriffs unterscheidet sich deutlich von der etablierten Bedeutung des Terminus „qualitatives Wachstum", der das Konzept der Nachhaltigkeit oder sustainability in den Vordergrund stellt.[8] Dazu paßt, daß das Kleingedruckte ausdrücklich von „Umwelttechnologien" und nicht etwa von „Umwelt" im allgemeinen oder „umweltverträglichem Wirtschaften" spricht.

Aus der Förderung von „Umwelttechnologien“ allein folgt das Ziel, eine ökologische Politik durchzusetzen, logisch nicht: theoretisch könnte es sich dabei auch primär um eine Förderung von Exportprodukten handeln. Insofern ist der Text gemäßigt oppositionell nicht nur gegenüber dem Neoliberalismus, sondern grenzt sich ebenfalls vorsichtig von der Mit-Oppositionspartei und Wahlkampfkonkurrentin DIE GRÜNEN ab. Gleichzeitig verfolgt er dabei aber auch hier eine integrative Strategie, indem er das Thema „Umwelt“ anhand des Komplexes „Technologie“ wiederum als relevant behandelt und dabei offen läßt, wie „ökologisch“ dieses noch zu denkende Konzept letztlich sein wird.

Somit setzt das „Kleingedruckte“ auf der explizit-sprachlichen Ebene der Gesamtäußerung die anhand der Interpretation der primär wahrnehmbaren Bild-Text-Elemente bereits mehrfach festgestellten Ambiguitäten fort. Die Annonce verfolgt demnach auf allen Ebenen eine Strategie des „Sowohl-als-auch“: Insofern der Begriff „qualitatives Wachstum“ im erklärenden Text durchaus primär quantitative Aspekte berücksichtigt, könnte auch die SPD-Vision für das Jahr 2002 vom „Kürbis“ repräsentiert werden. Insofern der Text andererseits die Kontinuität der bisherigen Wirtschaftspolitik des (rein) quantitativen Wachstums mit „Problemen“ und Statik korreliert, könnte der zweifach wiederholte Kürbis auch den unerwünschten Status quo repräsentieren. Sowohl die Variante „Versprechen“ als auch die Variante „Warnung“ können also weiterhin gleichberechtigt gelesen werden. Strukturell äquivalent ist die Argumentation im Hinblick auf für die SPD relevante Gruppen bzw. Wählerschichten. Sowohl wirtschaftsorientierten als auch ökologisch bewegten Rezipienten – und selbstredend auch den entsprechend differenten Flügeln innerhalb der eigenen Partei – werden Integrationsangebote gemacht (Gewinne sind mit dem Modell vereinbar, die Relevanz der Umwelt wurde mitbedacht), während man sich gleichzeitig von den entsprechenden Parteien bzw. Ideologien behutsam abzugrenzen versucht, indem auf diesen Ebenen keine expliziten Aussagen gemacht werden, sondern die Standpunkte jeweils aus den Implikationen des Textes abgeleitet werden müssen. Wie die Gesamtäußerung überhaupt – im Kontext der Parteienwerbung auffällig – auf Polemik und direkte Benennung politischer Gegner und deren Positionen durchweg verzichtet.

Dazu paßt allerdings auch das explizite Fehlen eines eigenen „Konzeptes“, das, wie der Text ausdrücklich sagt, auf dem Kongreß „Innovationen für Deutschland am 20. und 21. Mai“ – also binnen 48 Stunden! – erst entwickelt werden soll. Was als „Konzeptlosigkeit“ durchaus negativ gedeutet werden könnte, versucht der Text dabei – wiederum implizit – als „Ideologiefreiheit“ positiv aufzuladen, indem die SPD sich explizit auf ein „neues Denken“, das erst „etabliert“ werden muß, das Finden „fortschrittlicher Ideen“ und die Abwesenheit bereits fertiger Konzepte beruft.

Dies kann als der Versuch gewertet werden, eine Gegenstrategie gegen eine häufig verwendete Polemik der politischen Gegner aufzubauen: Denn ein gebräuchlicher Vorwurf von liberal-konservativer Seite gegen die Sozialdemokraten lautet, daß ihr Denken auf einer hoffnungslos veralteten und spätestens seit 1989 von der „Weltgeschichte" widerlegten Ideologie, dem Sozialismus nämlich, basiere und daß die SPD daher weder regierungs- noch zukunftsfähig sei.

Die Kürbis-Annonce versucht, diesen Vorwurf einerseits zu unterlaufen und ihn dabei gleichzeitig gegen die Regierungsparteien zu kehren: Die Gesamtäußerung signalisiert auf verschiedenen Ebenen und in verschiedenen Abstraktionsstufen die „Offenheit" der SPD. Sowohl das Kleingedruckte als auch der Irrealis der zweiten Hauptzeile („So könnte...") implizieren dies. Ganz im Gegensatz zu sozialistischen Theorien, die teleologisch argumentierten und aufgrund ihrer Basisannahmen über die Gesetzmäßigkeiten der Klassengegensätze und der Geschichte „Fortschritt" vorausdefinieren konnten, hat die SPD nach Maßgabe der Annonce überhaupt keine Ideologie, sondern reklamiert für sich lediglich das Eintreten für „Fortschritt". Links-Sein reduziert sich somit auf ein Für-das-Neue-Sein.[9] Demgegenüber werden, wie die Analyse des „Kleingedruckten" zeigt, die „etablierten" Parteien CDU und FDP implizit als Ideologen und Anhänger konzeptioneller Auslaufmodelle semantisiert, als Vertreter des alten Denkens und Garanten eines nur einer Minderheit zugute kommenden Status quo.

Der Strategie, inhaltliche „Offenheit" zu signalisieren, entspricht auf einer höheren Ebene die semantische „Offenheit" der Gesamtäußerung, die bei flüchtiger Rezeption zunächst viel Raum für Assoziationen bietet und ein überraschendes „Bild" der SPD transportiert. Bei genauerem Hinsehen allerdings mündet diese semantische Offenheit in die ambige Präsentation der beiden bevorzugten Varianten von Wahlwerbung: es wird gleichzeitig vage eine bessere Zukunft versprochen und – aus Oppositionssicht – vor dem Bestehenden gewarnt. Die Argumentation des Kleingedruckten läßt sich folgendermaßen zusammenfassen:

starke Wirtschaft A	vs	starke Wirtschaft B
implizit altes/konservatives Modell	vs	explizit fortschrittliches Modell
korreliert „Neoliberalismus"	vs	korreliert „Neues" (keine bekannte Ideologie!)
nur ein Kriterium: Gewinn	vs	mehrere Kriterien: primär Arbeit und Umwelttechnologie (nicht „Umwelt") + Gewinne
=> *eindimensionales Modell*	vs	=> *komplexeres Modell*

nur wirtschaftsfreundlich	vs	implizit: wirtschafts-, arbeits- und umweltfreundlich
rein quantitatives Wachstum	vs	explizit qualitatives Wachstum
implizit FDP, Regierungskoalition	vs	explizit SPD, Opposition
implizit „altes Denken“, alte Konzepte	vs	explizit „neues Denken“, neue Konzepte
implizit existent und etabliert	vs	nicht existent, noch zu finden
Realität	vs	Wunsch, Vision
Folge: Statik	vs	*mögliche Folge: Fortschritt*

Die Kampagne als Textkorpus: Wirtschaft – Arbeit – Familie

Jede (Einzel-)Äußerung hat selbstverständlich ihre jeweils interpretierbare Bedeutung. Wenn allerdings mehrere Äußerungen systematisch – beispielsweise als „Serie“ – miteinander verknüpft sind, dann kann es auf der Ebene dieses *Korpus* Bedeutungen und Regularitäten geben, die für die Interpretation der Einzeläußerung relevant werden, obwohl sie aus ihr allein nicht erschließbar sind.

Wie bereits erwähnt setzte sich die „Innovations-Kampagne“ der SPD aus drei Werbemotiven zusammen. Neben dem Kürbis-Motiv, das „Wirtschaftswachstum“ thematisierte, erschienen nach dem gleichen Muster Anzeigen zum Thema „Familie“ und „Arbeit“.

Es ist nun zu klären, inwieweit bestimmte Äußerungsmerkmale und Strategien, die die Analyse des Kürbis-Beispiels ergeben hat, in der Gesamtkampagne durchgängig zu finden sind, oder ob die Anzeigenserie als Ganzes wiederum Regularitäten einführt, anhand derer die Kürbisannonce weiter interpretiert werden kann.

Handschuh und Arbeit: Das zweite Kampagnenmotiv

Eine der Anzeigen aus der Serie bildet einen Arbeitshandschuh ab. Quer darüber steht nach dem bekannten Schema ein erster Hauptsatz geschrieben: „Die Zahl der Arbeitslosen ist drastisch gesunken."

Im Gegensatz zu der Behauptung über das Wirtschaftswachstum in der Kürbis-Anzeige kann hier keine Unsicherheit darüber bestehen, daß dieser Aussage – bezogen auf die aktuelle Arbeitsmarktsituation in der Bundesrepublik Deutschland – von jeder Leserin und jedem Leser, der auch nur rudimentär informiert ist, eindeutig das negative Referenzpostulat zugeordnet wird: Die Äußerung ist falsch, eine Lüge, zumal der Satz mit der Verwendung des Adverbs „drastisch" die Opposition zum zeitgenössischen Zustand nochmals bekräftigend hervorhebt. Selbst wenn in der Zeitung, in der die Annonce erscheint, eine Meldung über eine leichte Erholung auf dem Arbeitsmarkt erscheinen sollte, bleibt somit ein klarer Widerspruch bestehen.

Bei der Betrachtung der Bild-Text-Relation fällt auf, daß wiederum ein uneigentlicher Zeichengebrauch, ein sogenannter Tropus, den Kommunikationsstil der Anzeige bestimmt. Lag beim Kürbis ein metaphorischer Zeichengebrauch vor, so handelt es sich beim Arbeitshandschuh um eine *Metonymie*. Nicht eine gemeinsame Eigenschaft, wie das „Wachstum" bei Kürbis und Wirtschaft, bildet den semantischen Durchschnitt, sondern hier wird ein Objekt aus dem Bereich der Arbeitswelt – der

> Bei der *Metonymie* (wörtlich: „Umbenennung") wird der eigentliche (substituierte) Term durch einen „uneigentlichen" (substituierenden) ersetzt, der mit ihm in einem Verhältnis

wie „Inhalt:Gefäß“, „Ursache: Wirkung“, „Produkt: Produzent“ oder „Werkzeug: Tätigkeit“ steht. In unserem Falle wird der gesamte Komplex der „Erwerbsarbeit“ durch das Hilfsmittel „Arbeitshandschuh“ repräsentiert.

Schutzhandschuh – stellvertretend für den gesamten Bereich der Erwerbsarbeit präsentiert. Diese rhetorische Entscheidung und die Wahl genau dieses Objekts hat nun wiederum weitreichende semantische Konsequenzen für die Gesamtäußerung. Denn mit dem Schutzhandschuh wird ein ganz bestimmter Typus von (Erwerbs-)Arbeit konnotiert: Hier wird nämlich „Arbeit“ dezidiert durch „Handarbeit“ repräsentiert; und hierbei wiederum derjenige Typus von Handarbeit, der eben eines solchen Handschuhs bedarf, also „zupackende“ Tätigkeiten in traditioneller Industrie und traditionellem Handwerk, wobei der Handschuh signifikanterweise so abgebildet ist, als stecke eine zugreifende Hand in ihm. (Läge er beispielsweise leer und schlaff da, könnte sich, ähnlich der „Halloween-Variante“ beim Kürbis, eine negative Konnotation und damit ein zu interpretierender Widerspruch zwischen Text- und Bildelement ergeben. In der vorliegenden Variante dagegen sind beide Ebenen kohärent.)

Der Zustand, in dem die Aussage „Die Zahl der Arbeitslosen ist drastisch gesunken“ Gültigkeit beanspruchen könnte, ist demnach als einer semantisiert, in dem beispielsweise Maurer und Automonteure in großer Zahl (wieder) beschäftigt sind. Damit wird von der Bild-Text-Ebene her also das Modell des klassischen „Arbeiters“ – im Gegensatz zum Angestellten – evoziert und aparterweise auch ein Segment der Arbeitswelt, in der Frauen (zumindest in Westdeutschland) traditionell kaum vorkamen und -kommen. Teil 1 der Anzeige bietet also im wahrsten Sinne des Wortes das Bild einer traditionellen – und konservativen Arbeitsgesellschaft. Von seiner Gesamtaussage her wäre es beispielsweise eine zutreffende, elliptische Beschreibung der Erhardtschen Wirtschaftswundergesellschaft.

Beim Umblättern bietet sich das aufgrund des Schemas erwartbare Bild: Anders als beim Kürbis ergibt sich hier keine ambige Lesart der Gesamtäußerung. Die Anzeige mit dem Handschuh konstruiert durchgängig die Variante „Versprechen“ („So könnte Deutschland ... aussehen“). Die Aussage in Teil 1 (drastisch gesunkene Arbeitslosigkeit) ist nach Rezeption der zweiten Seite als auf das Jahr 2002 bezogene re-interpretierbar. („In fünf Jahren wird man dies als Deutscher womöglich sagen können.“) Aufgrund der Interpretation von Teil 1 kann die Hauptaussage des zweiten Teils etwa so zusammengefaßt werden: „In fünf Jahren, nach einer Legislaturperiode mit einer SPD-Regierung, könnte Deutschland die gegenwärtige Arbeitslosigkeit völlig überwunden haben und wieder eine quasi-vollbeschäftigte Arbeitsgesellschaft sein (wie zu den guten alten Wirtschaftswunderzeiten).“

Wie verhält sich nun das „Kleingedruckte" dieser Annonce zum Hauptteil?

> Wer Millionen beschäftigungslosen Menschen eine Perspektive geben will, darf Deutschland nicht durch Lohnkürzungen und Sozialabbau in einen aussichtslosen Konkurrenzkampf mit Billiglohnländern führen. Vielmehr gilt es, sich wieder auf die Stärken unseres Landes zu besinnen. Zum Beispiel durch die Schaffung neuer Märkte, die Entwicklung neuer Produkte und die Förderung zukunftsweisender Technologien. Wie dieses konkret umszusetzen ist, das wollen wir gemeinsam mit Spitzen aus Wirtschaft, Wissenschaft und Gesellschaft am 20. und 21. Mai auf dem Kongreß „Innovationen für Deutschland" in Düsseldorf erarbeiten. Damit wird das Problem der Arbeitslosigkeit nicht von heute auf morgen gelöst. Aber wir werden ein neues Denken etablieren. Die Ergebnisse des Kongresses senden wir Ihnen auf Wunsch gerne zu. Schreiben Sie an die SPD, Ollenhauerstraße 1, 53113 Bonn. Fax (0228) 532 410, e-mail: parteivorstand@spd.de

Der Eingangssatz zielt, deutlicher noch als bei der Kürbis-Anzeige, wiederum ohne sie explizit zu nennen, auf Regierungskoalition und (Teile der) Wirtschaft und deren aktuelle Politik: „Lohnkürzungen und Sozialabbau" sind Schlagworte dafür. Deren Begründung für derartige Maßnahmen – Stichwort „Anpassung an die Globalisierung von Wirtschaft und Märkten" – wird dabei als Wissen abgerufen und gleichzeitig als falsch und nicht-zukunftsfähig bewertet („aussichtsloser Konkurrenzkampf mit Billiglohnländern"). Gleichzeitig wird ein Gegenentwurf vorgestellt, der – ähnlich wie im Beispiel „Kürbis" – durch das Wort „wieder" nochmals einen bestimmten Geschichtsverlauf impliziert: Einem Zustand A, der dadurch gekennzeichnet ist, daß „unser Land" sich seiner „Stärken“ bewußt war oder sie zumindest nutzte, folgte ein Zustand B, der bis in die Gegenwart hineinreicht. Man ist „sich“ dieser Stärken nicht mehr bewußt, die Deutschen haben ihre Stärken vergessen oder verdrängt. Darauf kann – hört man auf die SPD – eine Rückbesinnung, eine erneute Bewußtwerdung dieser Stärken kommen, die dann die Option auf eine Wiederkehr des als ursprünglich gesetzten Zustands eröffnet. Im Jahre 2002 könnte Deutschland einen Zustand A' erreichen und wieder so aussehen wie in der Zeit A. *Präsupponiert* wird demnach eine Konstanz dieser „Stärken“ der Deutschen/Deutschlands. Deutsche Stärken sind also in dem von der SPD geäußerten Verständnis überhistorisch gegebene Stärken, und deutsche Schwächeperioden in der Logik des Textes jeweils nur Probleme des deutschen Selbst-Bewußtseins.

Unter einer Präsupposition versteht man diejenige Menge von – sprachlogischen, semantischen und pragmatischen – Voraussetzungen, die unausgesprochen gelten müssen, damit die jeweilige Äußerungen innerhalb der Kultur überhaupt als sinnvoll gelten kann. So präsupponiert die Äußerung: „Chris hat ein Kind geboren“, daß das Individuum Chris eine Frau ist.

Damit werden – genau wie im Beispiel „Kürbis“ – politisch-soziale Probleme und ihre Lösung wieder im mentalen Bereich festgemacht.

Allerdings wird die Argumentation in der Folge zirkulär: Denn das „Sich-Besinnen“ soll wiederum durch konkrete, problemlösende Operationen erfolgen: „Zum Beispiel durch Schaffung neuer Märkte...“. Darüber, wie diese „Besinnung durch die Tat“ zu bewerkstelligen ist, wird dann wiederum auf dem zweitägigen Kongreß nachgedacht, sagt der Text, wenn man ihn genau liest.

Die „Stärken“ Deutschlands liegen dieser Argumentation nach darin, „Neues“ zu schaffen. Demnach ist die SPD in der Welt ihres Textes insofern vorbildlich „deutsch“, als sie damit beginnt, „Neues“ – „Innovationen“ – zu „erarbeiten“.

Dieses „Neue“, das die SPD „etablieren“ will, ist allerdings insofern ein „restauratives Neues“, als es die Funktion hat, einen alten, historisch vergangenen Zustand so oder ähnlich „wieder“ herzustellen. Was das Kleingedruckte sagt, wird auf der Ebene der Gesamtäußerung noch eindringlicher formuliert: Innovationen sind dazu da, daß es wieder so wird wie früher!

Kinder und Einkommen: der letzte Teil der Serie

Diese merkwürdige Verknüpfung von „Innovation" mit Konservativität und Restauration ist in der dritten Anzeige der Serie noch augenfälliger. Hier geht es um das Thema „Familie".

„Die Einkommen der Familien sind gestiegen.", lautet der Hauptsatz des ersten Teils. Auch hier wieder wird die Mehrheit der Rezipienten aufgrund des Wissens über aktuelle Statistiken oder aus eigener Erfahrung der Äußerung zunächst das Referenzpostulat „negativ" zuordnen. „Falsch" ist die Äußerung allerding nur bezogen auf die aktuelle Realität(skonzeption), nicht bezogen auf die Relation zwischen Text und Bild. Die beiden abgebildeten Mädchen sehen nämlich gesund und „gepflegt" aus und blicken den Betrachter recht vergnügt an. Die Text-Bild-Relation impliziert demnach eine positive Rückkoppelung zwischen „gestiegenem Familieneinkommen" und dem Wohlbefinden der Kinder, oder anders ausgedrückt: das Erscheinungsbild von Kindern wird hier als Indikator für den finanziellen Spielraum der Familie gesetzt.

Bei der *Synekdoche* stehen ersetzter und ersetzender Ausdruck in der Relation „Teil:-Ganzes" oder „Ganzes:Teil". Ein Satz wie „Der Italiener singt gern" ist ein typisches Beispiel für diesen Tropus.

Die Betrachtung der Bildebene ergibt wieder die Verwendung eines Tropus: diesmal handelt es sich allerdings um eine *Synekdoche*: ein Teil der Elementmenge „Familie", die in der Minimalvariante als „Kleinfamilie" mindestens aus Vater + Mutter + 1...n Kindern besteht, repräsentiert hier das Gesamtsystem „Familie". Erneut ergeben sich aus der gewählten rhetorischen Strategie der Äußerung relevante semantische Folgen. Wenn es nämlich dezidiert die Kinder sind, die die gesamte Familie repräsentieren, und wenn deren Wohlergehen der einzige dargestellte und indikatorische Faktor für das Einkommen der Familie ist – ein Einkommen, das andererseits von nur einer Teilgruppe der Familie, nämlich Vater und/oder Mutter erzielt wird –, dann wird damit implizit etwas über die Relevanz der einzelnen Familienmitglieder und die Funktion des Systems „Familie“ ausgesagt. „Familie“, so die Botschaft, „ist primär für die Aufzucht und das Wohlergehen von Kindern da, für die nächste Generation, die es gut, wenn möglich sogar besser haben soll als die Elterngeneration.“ Die Alternative zu diesem Typus von Botschaft ist nun selbstverständlich nicht, die Kinder oder deren Wohlergehen im Zusammenhang mit „Familie“ für irrelevant zu erklären. Allerdings wäre immerhin eine Thematisierung von „Familie“ denkbar gewesen, in der es um das gleichberechtigte Wohlergehen aller Mitglieder und die individuelle Selbstverwirklichung von Frau, Mann und Kindern im Rahmen des Systems „Familie“ geht. Im Vergleich zu einem derartigen, im zeitgenössischen Diskurs über „Familie“ durchaus existenten Verständnis von Familie ist nun das von der SPD-Werbung implizierte Modell lediglich die Reproduktion eines konservativen Familienbegriffs, der seine Wurzeln im 19. Jahrhundert hat.

Genau dieses Modell wird in der Anzeige aber im zweiten Teil als Option für das nächste Jahrtausend angeboten.

Dem entspricht, daß im Kleingedruckten diesmal – außer in der immer wiederkehrenden Kongreß-Ankündigung – nicht von „Neuem" die Rede ist. Von allen Texten ist dieser vielmehr am nächsten an der üblichen Wahlkampfsprache: „Jetzt muß alles getan werden... schnell umsetzen...", was dann allerdings nicht zu den standardisierten Aussagen über den Innovationskongreß paßt. Es wundert dann auch wenig, daß im Programm des Innovationskongreßes das Thema „Familie" keine Rolle spielte.

> Familienpolitik darf auch in schwierigen Zeiten nicht zum Randthema werden. Denn die wirtschaftliche und gesellschaftliche Situation der Familien hat sich in den letzten Jahren deutlich verschlechtert. Jetzt muß alles dafür getan werden, daß sich Eltern nicht mehr um die Ausbildungschancen ihrer Kinder sorgen müssen. Junge Paare dürfen nicht mehr vor die Alternative Kinder oder Beruf gestellt werden. Und Familien dürfen im Vergleich zu kinderlosen Paaren nicht finanziell benachteiligt werden.Wie diese Ziele schnell und effektiv umzusetzen sind, das wollen wir gemeinsam mit Spitzen aus Wirtschaft, Wissenschaft und Gesellschaft am 20. und 21. Mai auf dem Kongreß „Innovationen für Deutschland" in Düsseldorf erarbeiten. Damit werden die gegenwärtigen Probleme nicht von heute auf morgen gelöst. Aber wir werden ein neues Denken etablieren. Die Ergebnisse des Kongresses senden wir Ihnen auf Wunsch gerne zu. Schreiben Sie an die SPD, Ollenhauerstraße 1, 53113 Bonn. Fax (0228) 532 410, e-mail: parteivorstand@spd.de

Zusammenfassung der Interpretation

Auf der Ebene des Anzeigenkorpus ergeben sich klare Regularitäten für die Lesart der Einzeläußerungen:

1. Einführung und spezifische Semantisierung bestimmter Themenkomplexe durch tropische Bild-Text-Relationierung.

In Teil 1 wird jeweils eine bestimmte Thematik eingeführt – Wirtschaft/Wirtschaftswachstum, Arbeit/Arbeitslosigkeit, Familie/Familieneinkommen – das durch tropische Bild-Text-Relationierung (Metapher, Metonymie, Synekdoche) spezifiziert wird. Wirtschaftswachstum erscheint als quantitatives, exponentielles Wachstum, indem genau diese Eigenschaft des Kürbis mit dem Begriff korreliert ist. Arbeitsplätze werden als traditionelle Industriearbeitsplätze definiert, indem ein Objekt aus genau diesem Feld der Erwerbsarbeit, der Arbeitshandschuh, die gesamte Arbeitswelt substituieren kann, Familie wird ausschließlich durch Kinder repräsentiert, auf deren Wohlergehen dann die Relevanz des gestiegenen Familieneinkommens projiziert wird.

2. Aufladung des Bildelements zum Äquizeichen.
Durch diese Relationierung wird die jeweilige Abbildung im Kontext der Annonce zum Äquizeichen: Die jeweilige Abbildung erhält eine spezifische Bedeutung im Rahmen genau dieser Äußerung.

3. Konstruktion einer Äußerung mit negativem Referenzpostulat in Teil 1.
Während Bild und Text jeweils kohärent aufeinander bezogen werden (denkbar wäre ja auch eine Strategie, die semantische Differenzen zwischen Bild und Text nutzt, um eine komplexe Äußerung zu konstruieren), ruft die jeweils im Präsens stehende Gesamtäußerung des ersten Teiles aktuelles Wissen über den eingeführten Gegenstandsbereich ab, das der Bedeutung der Äußerung widerspricht. Der Rezipient hat also nur die Möglichkeit, der Äußerung das Referenzpostulat „negativ“ zuzuschreiben oder nach Indikatoren zu suchen, die diese Äußerung als eine nicht direkt auf die Realitätskonzeption zu beziehende, uneigentliche interpretierbar macht.

4. Re-Interpretationsangebot für die Äußerung 1 durch Verwendung des Irrealis in Teil 2.
Diese Suche nach Indikatoren wird auf der folgenden Seite zum Erfolg geführt: Das Bildelement aus Teil 1 wird identisch reproduziert und transportiert damit die in Teil 1 zugeordnete Bedeutung. Der Haupttext von Teil 2 semantisiert den in 1 behaupteten Zustand als einen in der Zukunft möglichen. Durch Re-Interpretation kann der Widerspruch der ersten Aussage zur zeitgenössischen Realität befriedigend aufgelöst werden: Teil 1 kann nun als eine Aussage gelesen werden, die in der Zukunft das positive Referenzpostulat haben könnte. Damit erhält die Gesamtäußerung das positive (Ja, könnte sein) oder neutrale (Könnte so oder anders kommen) – und nur bei systematischen Pessimisten (Unmöglich!) das negative Referenzpostulat.

5. Aufbau eines impliziten Geschichts- und Transformationsmodells „Restauration“.
Diese Verknüpfung der beiden Teile führt eine zeitliche Dimension in die Äußerung ein. Eine Behauptung, für die zum gegenwärtigen Zeitpunkt t das negative Referenzpostulat gilt, könnte in Zukunft „richtig“ und angemessen sein.
Zusätzlich wird von der Gesamtäußerung jeweils kulturelles Wissen über historisch zurückliegende, aber (zumindest mental) immer noch relevante gesellschaftliche Phasen und/oder Zustände aktiviert, die als positiv, erstrebenswert oder gar „ideal“ semantisiert werden. Diese Phasen werden dabei mit dem für das Jahr 2002 angestrebten Zustand äquivalent gesetzt.
Der erwünschte und für möglich gehaltene Geschichtsverlauf folgt also jeweils dem Schema:

t_{-1}	*vs*	t_0	*vs*	t_1
Vergangenheit		Gegenwart		Zukunft
positiver Zustand A		negativer Zustand non A		positiver Zustand A'[10]
damals traf Aussage 1 zu		heute trifft Aussage 1 nicht zu		Aussage 1 könnte (wieder) zutreffen
(Wirtschaftswunderzeit)	vs	(Ära Kohl)	vs	(SPD-Regierung?)
└─────		≈		─────┘

6. Umsemantisierung des „Neuen".
Indem die Anzeigenserie jeweils ein restauratives Geschichtsmodell vertritt, gleichzeitig jedoch rekurrent das „Neue" relevant setzt („Innovationen für Deutschland", „fortschrittliche Ideen", „neues Denken"), semantisiert sie jenes „Neue" grundsätzlich um. Das „Neue" hat in dieser Logik jeweils die Funktion, das „gute Alte" bzw. einen ihm äquivalenten Zustand wiederherzustellen. „Neues", „Innovationen" werden also nicht als grundsätzliche Erneuerung des Gesamtsystems gedacht. Es geht also bei den Innovationen der SPD nicht um neue Werte, neue gesellschaftliche Konstruktionen, um eine tiefgreifende Systemtransformation. Das „Neue" bezieht sich vielmehr lediglich auf die Mittel, die zur Wiederherstellung bereits bekannter, traditioneller Werte, Lebens-, Arbeits- und Wirtschaftsformen benötigt werden. Damit jedoch ist der Fortschritts- und Innovationsbegriff der SPD, wie er in dieser Kampagne zum Ausdruck kommt, äquivalent zu dem, den beispielsweise die CSU in Bayern politisch propagiert.

Die Strategie dieser Annonce im Hinblick auf den Rezipienten sieht also wie folgt aus: Der Leser blättert, bleibt an der auffälligen Anzeige hängen und liest die entsprechende Behauptung vom aktuell starken Wirtschaftswachstum, den drastisch gesunkenen Arbeitslosenzahlen oder den gestiegenen Familieneinkommen. Er wird irritiert sein und sich sagen, das stimme doch garnicht. Er wird neugierig sein zu erfahren, wer denn solchen Blödsinn verzapfe, und weiterblättern, um nun festzustellen, daß es sich bei diesen positiven Behauptungen jeweils um eine Vision der SPD handelt, die, wenn man sie nur wählt, Innovationen durchsetzt, die dazu führen, daß die Deutschen in vier Jahren wesentlich besser dastehen.

Die Betrachtung der gesamten Anzeigenkampagne ergibt also Regularitäten, die hinsichtlich des „Kürbis-Beispiels" die Variante A und „Versprechen" dominant

setzen. Dennoch bleibt die Analyse der „Kürbis-Anzeige" und ihrer Ambiguität korrekt und schwingt auch bei der Rezeption der übrigen Annoncen immer mit. Nicht umsonst erzielte diese Annonce der Serie die höchste Aufmerksamkeit in der Öffentlichkeit und den Medien, ist sie doch die mit Abstand eigenständigste, semantisch komplexeste und „raffinierteste" der Serie. Gleich wie man zu den aus ihr intersubjektiv rekonstruierten Inhalten stehen mag, beweist der „Kürbis", wie eine Anzeigenwerbung rhetorische und semiotische Mittel einsetzen kann, um nicht nur bloße Aufmerksamkeit und Irritationen zu erzielen (was vielen sogenannten „Kreativen" ja immer noch als hinreichendes Erfolgskriterium gilt), sondern auch mit relativ geringem quantitativen Zeicheneinsatz komplexe diskursive Kommunikationsstrukturen zu schaffen.
Ob nun die hier nachgewiesenen Inhalte des „Kürbis" und des gesamten Anzeigenkorpus von der Agentur und der Auftraggeberin SPD so oder ähnlich tatsächlich intendiert waren, steht allerdings auf einem völlig anderen Blatt.
Sehen wir uns also nun weitere Ko-Texte und Kommunikationsstrategien zur „Innovations-Kampagne" der SPD an, um herauszufinden, in welcher Beziehung die Anzeigen zu weiteren Äußerungen der SPD im Umfeld der Innovations-Frage stehen.

Die Kongreßmaterialien

Im Fall der klassischen Werbung wäre mit dem Schalten der Anzeigen und der Rezeption durch die Leser der entsprechenden Publikationen zunächst der Akt der Kommunikation im engeren Sinn abgeschlossen. Ein Großteil der Produktwerbung zielt eben darauf, bei den Rezipienten ein zunächst nur partiell kommunikatives Verhalten auszulösen, nämlich den Kauf des beworbenen Produkts. Insofern die SPD-Kampagne auch vorgezogene Wahlwerbung für die Bundestagswahl 1998 ist, versucht sie ebenfalls ein Verhalten auszulösen, das in diesem Fall in sehr reduziertem Umfang kommunikativ ist: Nämlich im Herbst 1998 an der „richtigen" Stelle ein Kreuz zu machen. Doch die Anzeigen der Kampagne machen darüber hinaus auch noch ein explizites weiteres Kommunikationsangebot: „Die Ergebnisse des Kongresses senden wir Ihnen auf Wunsch gerne zu". Es folgen Postanschrift, Faxnummer und e-Mail-Adresse.
Nahm man dieses Angebot an – und wir haben dies wenige Tage nach Ende des Kongresses in Form einer e-Mail mit der Bitte um die Zusendung der Ergebnisse getan, bekam man folgendes per Post zugeschickt:

Redetexte von Gerhard Schröder, Rudolf Scharping, Johannes Rau, Heide Simonis, Wolfgang Clement und Oscar Lafontaine, gedruckt auf Papier des „Presseservice der SPD", versehen mit dem Datum „21. Mai 1997" und mit der Unterzeile „Mitteilung für die Presse". Zusätzlich ist auf dem Titelblatt zu jeder einzelnen Rede der Satz zu lesen „Es gilt das gesprochene Wort".

Eine 43seitige Broschüre mit dem Titel „Manifest Innovationen für Deutschland. Düsseldorf, 20./21. Mai 1997". Als Verfasser dieser Broschüre werden auf dem Titelblatt die SPD-Politiker Lafontaine, Clement, Rau, Scharping, Schröder, Simonis, Stolpe, Voscherau und Wulf-Mathies genannt (und zwar in dieser Reihenfolge).
Ein vierseitiges Blatt mit dem Titel „Innovationen für Deutschland. Unser Konzept im Überblick".

Schon der erste oberflächliche Blick auf dieses Material wirft eine Reihe von Fragen auf bezüglich dessen, was die SPD mit dieser Zusendung kommunizieren will, und vor allem, wem sie es kommunizieren will:

Man hatte um die „Ergebnisse" des Kongresses gebeten. Was man bekam, waren jedoch die Texte der auf diesem Kongreß gehaltenen Reden, und zwar ausgegeben am zweiten Tag des Kongresses, sowie eine Lang- und eine Kurzfassung eines „Manifests", das ebenfalls schon während des zweitägigen Kongresses verteilt wurde.11 Was man bekommen hat, waren also nicht die „Ergebnisse", sondern allenfalls der Input. Man fragt sich: „Was ist nun mit den Ergebnissen?"
Da die Reden auf Presse-Papier gedruckt sind und mit der Zeile „Mitteilung für die Presse" versehen sind, stellt sich die Frage, wer eigentlich die Adressaten des Kommunikationsaktes, der im Versenden dieser Texte besteht, sind.
Das Titelblatt jedes Redetextes enthält den Satz „Es gilt das gesprochene Wort". Dieser Satz enthält zwei Implikationen: (a) Die Texte sind keine Transkripte der tatsächlich gehaltenen Reden, sondern schon vor dem Kongreß produzierte Entwürfe, und (b) es könnte sein, daß die tatsächlich gehaltenen Reden von den gedruckten Texten abweichen, evtl. sogar in erheblichem Ausmaß; klargestellt wird durch den Satz, daß die gedruckte Fassung in einem solchen Fall „ungültig" werde. Was aber – da niemand, der nicht den Kongreß selbst besucht hat, die Existenz solcher Abweichungen überprüfen kann -, soll man nun mit den zugeschickten Texten anfangen, die potentiell alle ungültig sind? Die Kurzfassung des Manifests trägt den Untertitel „Unser Konzept im Überblick". Es lag also während des Kongresses schon ein Papier vor, das explizit als „Konzept" bezeichnet wurde. In den Texten der Annoncen wurde dagegen behauptet, ein Konzept wolle man erst während des Kongresses entwickeln. Wie ist dieser Widerspruch zu interpretieren?
Ebenfalls im Text der Annoncen wird angekündigt, man wolle ein solches Konzept „gemeinsam mit den Spitzen aus Wirtschaft, Wissenschaft und Gesellschaft" entwickeln. Zugeschickt hat man uns aber nur die Reden führender SPD-Politiker. Hat die Auseinandersetzung mit den erwähnten „Spitzen" nun stattgefunden oder nicht? Wie haben sie auf die Äußerungen der SPD-Politiker reagiert?

Die Tatsache, daß diese Fragen entstehen, weist darauf hin, daß irgend etwas in unserer Kommunikation mit der SPD[2] nicht stimmt. Denn was uns die SPD durch die Zusendung der Materialien kommuniziert hat, war nicht das, was wir aufgrund der Präsuppositionen der Äußerung erwarten mußten – und zwar noch gar nicht auf einer inhaltlichen Ebene (wenn etwa die inhaltlichen Ergebnisse des Kongresses nicht dem entsprechen würden, was wir aufgrund unseres kulturellen Wissens von der SPD erwarten), sondern rein auf der formalen Ebene. Vergleichbar wäre das, was geschehen ist, etwa mit einer Folge von Kommunikationsakten, in der uns jemand fragt, ob wir ein Stück Kuchen haben wollen, wir diese Frage bejahen und man uns daraufhin eine Scheibe Rindfleisch bringt. Das Fleisch mag als solches gut, ja sogar exzellent sein – es ist nur nicht das, was wir aufgrund der vorausgehenden Kommunikationsakte zu Recht erwarten durften – ein Stück Kuchen.

Der zweite Kommunikationsakt der SPD (der erste waren die Texte der Annoncen) hat also unsere berechtigten Erwartungen nicht erfüllt. Der Kommunikationsfehler liegt also auf Seiten der SPD – denn wir haben ja nichts getan, als die ursprünglich gestellte Frage zu bejahen. Dieser Fehler hätte leicht vermieden werden können, wenn der Text der Annoncen etwa gelautet hätte „Die Redemanuskripte und das Manifest zu diesem Kongreß senden wir Ihnen gerne zu"; die Ankündigung hätte dann dem entsprochen, was man fähig und willens ist, weiter zu kommunizieren. Denn letztlich bewirkt dieser Kommunikationsfehler, daß ein Versprechen gebrochen wurde; und das kann in diesem konkreten Fall fatale Folgen haben: In unserer Kultur gibt es eine Annahme innerhalb des kulturellen Wissens, daß Versprechungen von Politikern und politischen Parteien nur bedingt zu trauen sei; man nimmt häufig an, solche Versprechungen würden nur gemacht, um die Wahl zu gewinnen, und nicht in der Absicht, sie auch zu halten. Der Kommunikationsfehler, der ein gebrochenes Versprechen beinhaltet, kommuniziert nun auf einer Metaebene, daß diese Annahme im kulturellen Wissen zutreffend sei: Politikern ist nicht zu trauen. Da diese implizite Aussage gerade von einer politischen Partei kommuniziert wird, kann man natürlich annehmen, daß sie nicht absichtlich gemacht wurde. Es ist ein Fehler, der ihr unterlaufen ist, und der dazu führt, daß genau das Gegenteil von dem kommuniziert wurde, was Vertreter der Partei vermutlich auf explizite Nachfrage kommunizieren würden.

> Ein „gebrochenes Versprechen" ist semiotisch beschreibbar als eine Äußerung, der aufgrund späterer Äußerungen und/oder nicht-semiotischer Handlungen nachträglich das negative Referenzpostulat zugeordnet werden muß.

Solche Fehler geschehen häufig gerade in großen Organisationen und Unternehmen, wo viele Personen an Kommunikationsakten beteiligt sind und gleichzeitig in verschiedenen Medien kommuniziert wird. Denn obwohl in unserer sogenannten „Kommunikationsgesellschaft" ständig von der Notwendigkeit effizienter Kommunikation gesprochen wird und die meisten Organisationen und Unternehmen über ganze Stäbe von Mitarbeitern verfügen, die sich nur um die Kommunikation kümmern, fehlt doch in der Regel das nötige praktisch-theoretische Rüstzeug, um Kommunikation effizient zu gestalten und Fehler zu vermeiden. Vor allem fehlt häufig das Bewußtsein dafür, daß alle Kommunikationsakte eines Senders (und das kann eben sowohl eine Einzelperson als auch eine Organisation sein) in ihrer Gesamtheit nach Maßgabe des Kommunikationszieles widerspruchfrei sein müssen. In der Regel sind die Verantwortlichkeiten für Werbung, Pressearbeit und sonstige Kommunikationsakte auf verschiedene Personen aufgeteilt, und es fehlt ein kompetentes Kommunikationsmanagement, das diese Kommunikationsakte abstimmt. Wie wir gezeigt haben, hätte eine semiotische Analyse aller Kommunikationsakte der SPD zu dem Thema „Innovationen für Deutschland" den beschriebenen Fehler vermeidbar gemacht.

Mancher Leser mag nun einwenden, daß dieser Kommunikationsfehler eine quantité négligeable sei, denn einerseits werden nur wenige Rezipienten der Annonce das darin versprochene Material angefordert haben, und von diesen wenigen nur ein Bruchteil die reflexive Mühe darauf verwendet haben, wie wir es getan haben, weil es eben unser Beruf ist und wir gerade ein Buch über Semiotik schreiben. Letzteres mag richtig sein – doch man darf die Tatsache nicht vernachlässigen, daß Kommunikationsinhalte immer ankommen, auch wenn sich der Rezipient darüber keine bewußte Rechenschaft ablegt.[3] Er wird vielleicht nur enttäuscht sein, ohne weiter darüber nachzudenken. Aber das Kommunikationsverhalten der SPD hat bei ihm Enttäuschung ausgelöst, und das ist es, was als Resultat der Kommunikation bleibt. Und wenn dieser Enttäuschte nun zufällig ein Diskursführer in einem relevanten Diskurs unserer Kultur ist, kann sich diese Enttäuschung auf anderen Ebenen fatal auswirken, indem er beispielsweise die SPD aufgrund seiner Enttäuschung in ganz anderen Kontexten schärfer kritisiert, als er dies sonst getan hätte.

Neben diesem zentralen Fehler weist die Kommunikation der SPD jedoch noch weitere auf: Durch die Aussage „Es gilt das gesprochene Wort" auf den Redemanuskripten und den beschriebenen, sich daraus ergebenden Folgerungen wird etwas kommuniziert, was potentiell schon obsolet ist; denn es könnte ja sein, daß die gehaltenen Reden stark von der gedruckten Fassung abweichen. Der Rezipient weiß daher gar nicht, wie er diese Texte einschätzen soll. Erschwerend kommt hinzu, daß er im Nachhinein auch gar nicht nachprüfen kann, ob es Abweichungen gibt.

Der Satz „Es gilt das gesprochene Wort" hat presserechtliche Hintergründe: Es ist die Aufforderung an die Journalisten, Berichte über den Kongreß nicht auf die gedruckten Texte zu stützen, sondern den Kongreß wirklich zu besuchen und das „gesprochene Wort" zu zitieren. Diese Aufforderung kann sich jedoch nicht an den Interessenten aus der Bevölkerung richten, der nach dem Kongreß die Ergebnisse bestellt. Daß die Reden in der gleichen Form – der der Pressemitteilung – an Presse und „Normalbürger" verschickt wurden, ist der Fehler der Adressatenverwechslung: Es wird nicht differenziert zwischen verschiedenen Zielgruppen; wichtig ist der SPD die Presse, nicht der „Normalbürger".

Man kann also auch im zweiten Kommunikationsakt der SPD, der im Verschicken der angeforderten Materialien besteht, Widersprüchlichkeiten und Ambivalenzen in der hier geübten Kommunikationsstrategie der SPD erkennen – ähnlich, wie wir sie schon aus der Annoncenserie interpretiert haben. Das kommunikative Verhalten bestätigt also auch hier, was als Annahme über die

SPD im kulturellen Wissen gespeichert ist: Daß die Partei zum gegenwärtigen Zeitpunkt nicht genau weiß, was sie will.

Der Internetauftritt

Doch gehen wir noch einen Schritt weiter in der Analyse dieses Kommunikationsbeispiels. Auf den zugeschickten Unterlagen ist die World-Wide-Web-Adresse der SPD angegeben.[4] Vielleicht, so hofft der Rezipient, sind dort weitergehende Informationen zum Innovationskongreß zu finden. Tatsächlich gibt es auf der Homepage ein Link mit diesem Titel; dort findet man folgendes Verzeichnis:

Innovationen für Deutschland

Wir sind bereit.

[Image]Manifest „Innovationen für Deutschland"
[Image]Download des Manifestes

[Image]Innovationskongreß der SPD am 20./21. Mai 1997
[Image]Reden vom Innovationskongress
[Image]Download der Reden
[Image]Bilder vom Innovationskongress
[Image]Oskar Lafontaine zum Innovationskongreß
[Image]Programmablauf des Kongresses

[Image]Kampagnenmaterial
[Image]Hintergründe der Kampagne
[Image]Anzeigen
[Image]Plakate
[Image]Bestellung von Kampagnenmaterial
[Image]Quellen zum Begriff "Innovation" (FES)
[Image]Informationen der SPD-Bundestagsfraktion

[Image]Kontakt (Anregungen, Fragen)
[Image]per email: innovation@spd.de

Was zunächst auffällt ist, daß das „Kampagnenmaterial" (gemeint ist die Werbekampagne, die wir bereits ausführlich interpretiert haben) mit seinen Unterpunkten mehr Raum in diesem Index einnimmt als der Kongreß selbst; des weiteren ist signifikant, daß das Manifest „Innovationen für Deutschland" als eigener Gliederungspunkt geführt wird und nicht dem Kongreß zugeordnet wird. Letzteres verstärkt die schon anhand des zugesandten Materials gemachte

Beobachtung, das dieses Manifest eben kein „Ergebnis" des Kongresses ist, sondern eine eigenständige Publikation im Rahmen des Themenfeldes „Innovation".
Die Tatsache, daß das Kampagnenmaterial in der Internetseite der SPD einen derart großen Raum einnimmt, läßt mehrere Schlußfolgerungen bezüglich der kommunikativen Relevanz der Beziehung von Kampagne und Kongreß zu. Zunächst kann wohl aus der Gewichtung geschlossen werden, daß der SPD als Sender diejenigen Kommunikationsakte, die die Kampagne ausmachen, mindestens ebenso wichtig sind wie diejenigen, die den Kongreß repräsentieren. Das ist erst einmal auffällig: Denn wenn die Kampagne den Kongreß bewerben sollte, dann hat sie ab dem Termin, an dem er stattfindet, ihren Zweck erfüllt und ist von da an überflüssig. Wie der Text der Anzeigen belegt, wollten die Anzeigen jedoch offenbar nicht zum Besuch der Veranstaltung anregen (es fehlt ein Appell, sich anzumelden), sondern explizit zum Bestellen der „Ergebnisse". Doch auch in diesem Fall wäre das Erscheinen der Anzeigen im Internet überflüssig: Denn von der gleichen Web-Seite, von der aus die Anzeigen aufgerufen werden können, kann auch genau das Material (und noch ein wenig mehr), wie das, das uns als „Ergebnisse" zugesandt worden war, aufgerufen und heruntergeladen werden, wie der oben abgedruckte Index zeigt. Der Besucher dieser Web-Site hat also gewissermaßen schon die „Ergebnisse" zur Hand – er muß nicht noch durch Anzeigen zu ihrer Bestellung aufgefordert werden. Die Tatsache, daß die Kampagne dennoch derart breit in der Internet-Seite der SPD präsent ist, kann also nur bedeuten, daß ihre kommunikative Funktion nicht in der Bewerbung des Kongresses und seiner Ergebnisse besteht, sondern mit ihr andere Ziele erreicht werden sollen. Da also nicht das „Produkt" (der Kongreß) im Mittelpunkt steht, bleibt als Alternative nur noch, daß mit der Kampagne „Imagewerbung" für die SPD gemacht werden soll – und das bedeutet im Fall einer politischen Partei letztlich Wahlkampfwerbung. Unterstützt wird diese Interpretation auch durch die bereits beschriebene Referenz auf Legislaturperioden (durch die Teiläußerung „im Jahr 2002").

Hintergründe zur Innovations-Kampagne der SPD.

Der Kampagnenstart.

Zum jetzigen Zeitpunkt, eineinhalb Jahre vor der Bundestagswahl, wird kaum jemand Werbung von der SPD erwartet haben.
Insofern ist es ungewöhnlich, daß eine Partei so früh vor der Wahl mit Themen für sich wirbt. Das übergreifende Thema zum Kampagnenstart ist das Thema „Innovationen für Deutschland", das die SPD im Rahmen ihres Kongresses am 20./21.05. in Düsseldorf auch programmatisch aufgreifen wird.

Der Slogan.

Der Slogan „Wir sind bereit.“ soll den Menschen in Deutschland signalisieren, daß die SPD sowohl programmatisch wie personell die besseren, klareren und zukunftsorientierteren Antworten auf die zentralen Fragen der bundesdeutschen Politik besitzt und im Herbst 1998 die Regierungsverantwortung in Bonn übernehmen will.
Der Slogan signalisiert den Willen zur Macht. Die Themen und Inhalte der Kampagne dokumentieren, daß wir eine verantwortungsvolle und zukunftsorientierte Politik machen wollen. Der Innovationskongreß ist dabei ein erster wichtiger Schritt. Er ist Startsignal für eine richtungsweisende Debatte und wird deutlich machen, daß die SPD mit konstruktiven Ansätzen Antworten auf die ökonomischen, qualifikatorischen, technologischen und sozialen Probleme gibt.[...]

Die Anzeigenmotive.

Die Anzeigen richten sich gezielt an Meinungsführermedien wie Stern, Spiegel, Focus, FAZ, Süddeutsche Zeitung und Zeit.
Die Anzeigen arbeiten mit einer mehrseitigen Mechanik, die auf der ersten Doppelseite mit einer zunächst verblüffenden Aussage beginnt, da sie im Gegensatz zur gegenwärtigen gesellschaftlichen Situation steht. Die Auflösung dieses Satzes erfolgt auf der nächsten Doppelseite. Hier erfährt der Leser, daß es die SPD ist, die bis zum Jahr 2002, also in vier Jahren Regierungsverantwortung, Entscheidendes im Land verändern wird.
Neu für Parteienwerbung in Deutschland ist auch bei den Anzeigen ihre ungewöhnlich symbolische Verdichtung der Themen. Neu sind die hierfür verwendeten Symbole. Ein großer, saftiger Kürbis stellt ein starkes Wirtschaftswachstum dar. Ein ungewöhnlich und modern fotografierter, zupackender Arbeitshandschuh symbolisiert Arbeit. Zwei glückliche Mädchen symbolisieren eine sichere Zukunft für die Familien.

In den Anzeigentexten gibt es keine bekannte Oppositionsrhetorik, sondern konstruktive Vorstellungen der SPD über die Veränderungsnotwendigkeiten für die Zukunft Deutschlands.

Sehen wir uns das im Internet bereitgestellte Material zur Kampagne einmal genauer an. Zunächst gibt es einen Text über die „Hintergründe der Kampagne“: Schon im ersten Absatz wird die obige Interpretation bestätigt: Es geht um den Wahlkampf 1998, und es geht darum, möglichst frühzeitig mit Werbung präsent zu sein. Das Thema „Innovationen für Deutschland“ wird als „Thema des Kampagnenstarts“ bezeichnet; da es ja Thema dieser konkreten Kampagne ist, die wir beschrieben haben, bedeutet dies, daß sie nur ein erstes Glied einer größer angelegten Kampagne ist, die sich offenbar bis zur Wahl hinziehen soll. Auch die Erklärungen zum Slogan „Wir sind bereit“ („Wille zur Macht“) verdeutlichen, daß es um die Bundestagswahl geht.

Liegt keine explizite Formulierung der *Intention* vor, kann der Rezipient zunächst nur darüber spekulieren, was der Produzent einer Äußerung jenseits der aus ihr semiotisch folgerbaren Bedeutungen mitteilen und bewirken wollte. Solche Intentionen zu rekonstruieren bedarf es zusätzlicher kommunikativer Akte. Eine *explizite Intention* ist eine Äußerung, in der ein Sender bezüglich einer seiner anderen Äußerungen ausführt, warum er diese (so) gemacht hat. (In der verbalen Kommunikation werden solche expliziten Intentionen meist durch Floskeln wie „Was ich gemeint habe...“, „Was ich damit sagen wollte...“ eingeleitet.) Widersprüche zwischen der Bedeutung einer Äußerung und einer dazu explizit geäußerten Intention sind ihrerseits interpretierbar.

Interessant vor dem Hintergrund unserer Interpretation sind nun die Ausführungen zu den Anzeigenmotiven. Der Text macht eindeutig klar, daß der Sender dieser Kommunikationsakte, die SPD, diejenige Variante intendierte, die wir als Versprechensvariante bezeichnet haben: Die SPD will nach vier Jahren Regierungsverantwortung das Land dahingehend verändern, daß die Aussagen auf der ersten Seite der jeweiligen Kampagne zutreffen. Wie wir gezeigt haben, funktioniert diese Versprechensvariante bei den Motiven „Arbeit“ und „Familie“ auch relativ eindeutig im Sinne dieser expliziten Intention (wenn man jetzt einmal von der genauen inhaltlichen Auffüllung dieser Versprechen absieht, bei denen man erst aus weiteren Kommunikationsakten interpretieren müßte, ob sie so, wie sie aus den Anzeigen hervorgehen, wirklich mit explizierbaren Intentionen des Senders übereinstimmen). Nicht eindeutig dagegen wird die Intention im Falle des Kürbis-Motivs kommuniziert, wie wir gesehen haben. Neben der Versprechens-Variante wird hier noch die – laut den formulierten Intentionen – nicht intendierte Warnungs-Variante mitkommuniziert. Wie wir gesehen haben, macht dies die Gesamtäußerung der Kürbis-Anzeige ambig – und das bedeutet, daß in dieser Äußerung widersprüchliche Inhalte kommuniziert werden. Derartige Widersprüche können natürlich in ganz bestimmten Kontexten, zum Beispiel in künstlerischen Äußerungen, durchaus sinnvoll sein; zu interpretieren wäre dann jeweils auf einer Metaebene, weshalb der Text eine Welt konstruiert, in der derartige Widersprüche auftreten können.[15] In einer Äußerung, die als Werbeanzeige im immediaten Modus steht, wird dagegen ein bestehender Widerspruch zum Problem. In einer Wahlkampfanzeige wie der vorliegenden wird sie darüberhinaus auch noch aus pragmatischen Gründen der Kommunikation zum Problem: Denn eine politische Partei startet eine derartige Kampagne ja, weil sie möglichst klar darstellen will, was von ihr zu erwarten ist – und der Text „Hintergründe der Kampagne“ belegt ja, daß dies tatsächlich die Intention der SPD war. Der Vergleich der Interpretation der Anzeige mit den formulierten Intentionen des Senders offenbart also einen weiteren Kommunikationsfehler: Neben dem intendierten wird zusätzlich noch etwas nicht-intendiertes, im schlechtesten Falle unerwünschtes mitkommuniziert. Zustande kommt dies durch die beschriebenen kulturellen Semantisierungen des Kürbis („Halloween") und die Relation der Abbildung zum Text; offenbar sind diese Merkmale des Äquizeichens /Abbildung leuchtender Kürbis/ und der Beziehung dieser Abbildung zum Text nicht genügend reflektiert worden – wie auch der Hintergrund-Text zeigt: Hier ist nur von einem „großen, saftigen Kürbis" die Rede. Was vor allem nicht bedacht wurde, ist, daß scheinbar rein ästhetische Qualitäten – wie der Kürbis beleuchtet und fotografiert ist – in komplexen Äußerungen (vor allem also in solchen, die mehrere Zeichensysteme benutzen) häufig auch semantisch sind. Daß der abgebildete Kürbis eben aussieht wie ein Halloween-Kürbis, ist den Produzenten entgangen, vermutlich weil sie dies als rein ästhetische Kategorie ohne Semantik angesehen hatten. Ästhetische Qualitäten werden im „Hintergrund"-Text ja auch explizit besonders hervorgehoben („ein ungewöhnlich und modern fotografierter Arbeitshandschuh"). Derartige Kommunikationsfehler kommen in komplexen Äußerungen wie der Werbung oder der Unternehmenskommunikation relativ häufig vor; Ursache ist wohl, wie schon oben betont, das häufig fehlende theoretisch-praktische Rüstzeug, Äußerungen auf ihre Stringenz zu überprüfen.

Um noch einem möglichen Mißverständnis vorzubeugen: Durch die Existenz des Textes „Hintergründe der Kampagne" – also durch eine Formulierung der Intentionen des Senders – ist die Ambiguität der Kürbis-Anzeige keinswegs „aufgehoben". Denn auch wenn nun klar ist, was der Produzent der Äußerung kommunizieren wollte und was nicht – kommuniziert hat er das Nicht-Gewollte dennoch. Die Formulierung der Intentionen ist darüber hinaus ja auch nicht Bestandteil der Äußerung, sondern nur wenigen Rezipienten, nämlich denen, die einen Internet-Zugang besitzen und sich die Mühe machen, die SPD-Homepage aufzurufen, zugänglich.

In einem weiteren Link der Internetsite können alle drei Anzeigenmotive aufgerufen werden, und es besteht sogar die Möglichkeit, sie in drei verschiedenen Datenformaten als Grafiken auf die Festplatte des Computers herunterzuladen. Für diese Funktion waren wir sehr dankbar – durch sie war es uns möglich, ohne große Mühe ihre Abbildungen in unser Manuskript zu integrieren. Die Frage ist nur: Für wen ist diese Funktion eigentlich gedacht – denn die paar Semiotiker und Kommunikationstheoretiker, die über die SPD-Kampagne schreiben, rechtfertigen doch wohl kaum diesen Aufwand. Da für alle anderen Nutzer ein Herunterladen der Anzeigen sinnlos ist, kann nur gefolgert werden, daß diese Funktion nur dazu dient, den Stellenwert der Kampagne innerhalb der Internet-Kommunikation der SPD zu erhöhen – was sich mit der Beobachtung trifft, daß die Kampagne schon rein formal einen großen Raum innerhalb des Themas „Innovationen für Deutschland" einnimmt. Der Kommunikationsakt, der in der Internet-Site zum Thema „Innovationen für Deutschland" besteht, läßt damit den Schluß zu, daß es der SPD mindestens ebensosehr um den Diskurs über die Kampagne wie über die Inhalte ihres Innovationsprogramms geht.[16]

Die restlichen Links zum Kampagnenmaterial – man kann Plakate herunterladen, Kampagnenmaterial bestellen, eine Bibliotheksliste zum Thema „Innovation" aufrufen und sich unter dem Punkt „Informationen der SPD-

Bundestagsfraktion“ eine Fehlermeldung abholen (dieses Link wurde also offenbar gar nicht programmiert) – wollen wir der Kürze halber beiseitelassen und uns nun der zweiten Hälfte des Internetangebots zuwenden. Hier können neben dem Manifest die gleichen Reden, die man zugesandt bekommen hat, aufgerufen werden, und zusätzlich noch die des derzeitigen DGB-Vorsitzenden Dieter Schulte, des derzeitigen Präsidenten der Deutschen Forschungsgemeinschaft Wolfgang Frühwald und des Berliner Philosophieprofessors Richard Schröder. Unter dem Punkt „Download der Reden“ erhält man allerdings wieder nur die Politiker-Reden, und es fehlt hier sogar die von Rudolf Scharping. „Bilder vom Innovationskongreß“ zeigen verschiedene Politiker am Rednerpult, ein kurzer Text von Oskar Lafontaine führt in den Kongreß ein, und schließlich kann man sich noch den Programmablauf der Veranstaltung ansehen. Dieser Ablauf zeigt, daß tatsächlich relativ viele Personen neben den Politikern, deren Reden man bekommen hat, am Kongreß als Referenten und Diskutanten teilgenommen haben: die in den Annoncen angekündigten „Spitzen aus Wirtschaft, Wissenschaft und Gesellschaft“. Nun würde es natürlich interessieren, was diese zu den Vorschlägen der SPD zu sagen haben – doch darüber wird nichts mitgeteilt (mit Ausnahme der erwähnten Reden von Schulte, Frühwald und R. Schröder).
Des weiteren fallen an diesem Programm folgende Punkte auf:

Die Vertreter der Wirtschaft stammen ausschließlich aus den Bereichen Elektronik, Computertechnologie und Finanzdienstleistungen;
Ein Großteil der Vertreter der Wissenschaft stammt aus der Politik- und Wirtschaftswissenschaft;
Der Bereich der Ökologie ist nur mit einem einzigen Vertreter, Ernst Ulrich von Weizsäcker vom Wuppertal-Institut für Klima, Umwelt und Energie, präsent;
An gesellschaftlichen Verbänden ist die Deutsche Forschungsgemeinschaft, der DGB, die Bundesvereinigung der Deutschen Arbeitgeberverbände und der Rat der Evangelischen Kirche Deutschlands (EKD) vertreten; es fehlen Verbände aus dem alternativen Sektor, wie es vielleicht im Falle der SPD qua kulturelles Wissen erwartbar gewesen wäre;
In einem Diskussionsforum mit dem Titel „Innovationsprozesse und sozialstaatliche Aufgaben“ sind ein Publizist, ein Vertreter der Deutschen Telekom AG, ein Vertreter der Bundesvereinigung der Deutschen Arbeitgeberverbände, der SPD-Bundesgeschäftsführer, ein Vertreter der IG Metall und der Beauftragte des Rates der EKD für Fragen der Arbeitslosigkeit. Hier fällt auf: Es fehlen weitgehend Vertreter von Betroffenen-Verbänden; diejenigen, die allenfalls als solche bezeichnet werden könnten, sind auf Arbeitsmarktpolitik spezialisiert (IG Metall, EKD-Arbeitslosenbeauftragter). Die gesamte Zusammensetzung des Forums läßt vermuten, daß Sozialpolitik hier in erster Linie als Arbeitsmarktpolitik gesehen wird.

Das Programm des Kongresses spezifiziert also die drei in der Werbekampagne gleichberechtigt behandelten Themenbereiche (Wirtschaftspolitik, Arbeitsmarktpolitik und Familienpolitik) in ganz spezifischer Weise: Die beiden ersten Themen sind absolut dominant, Familienpolitik als solche taucht weder als Titel einer Diskussionsrunde noch durch ausgewiesene Vertreter auf, und die Sozialpolitik, zu der sie zu rechnen wäre, geht wie gesagt nur auf die Arbeitsmarktpolitik ein. Die Kommunikationsakte der Werbekampagne geben also in ihren Themen nicht genau das wieder, was tatsächlich im Kongreß behandelt wurde. Des weiteren unterrepräsentiert, sowohl von den Titeln der Diskussionsforen als auch von den Vertretern her, sind Diskurse, die im kulturellen Wissen mit „Zukunft" und „Erneuerung/Innovation" korreliert sind – wie zum Beispiel der ökologische Diskurs, auf den ja – mit dem Wort „Umwelttechnologien" – in der Kürbis-Anzeige explizit Bezug genommen wird.

Der schwerwiegendste Widerspruch zu den Ankündigungen der Annoncen ist aber der, daß in der nachträglichen Kommunikation der SPD über den Innovationskongreß nichts darüber zu erfahren ist, was in den Diskussionsforen und Podiumsdiskussionen des Kongresses geschah: Denn hier saßen ja wirklich – wenn man so will – die „Spitzen aus Wirtschaft, Wissenschaft und Gesellschaft", mit denen zusammen die SPD laut Annoncentext ihr neues Konzept entwickeln wollte.[17] Auch was im Internet kommuniziert wird, ist im wesentlichen der Input von SPD-Politikern und der SPD. Wenn man annimmt, daß die SPD genau das kommuniziert, was ihr wichtig ist zu kommunizieren, dann kann man aus der beschriebenen Tatsache interpretieren, daß es ihr bei dem Kongreß und den sich darauf beziehenden Kommunikationsakten nicht darum ging, ein neues Konzept zu entwickeln, sondern ihre eigenen Vorstellungen zum Thema, wie sie im „Manifest" und in den Reden der Politiker niedergelegt sind, zu publizieren. Damit widersprechen sich die in den Kommunikationsakten „Annoncen" explizit formulierte Absicht und die kommunikative Einlösung dieser Absicht, wie sie implizit aus der Art der Kommunikation erschließbar ist. Aus dem Kontext des gesamten kommunikativen Verhaltens der SPD kann man daher eine Teiläußerung der Annoncentexte weiter interpretieren: Die Äußerung, die beinhaltet, man habe die Absicht, gemeinsam mit den „Spitzen" ein neues Konzept zu entwickeln, hat das negative Referenzpostulat. Es ist dabei im übrigen für die Interpretation der Kommunikationsakte gleichgültig, welche realen Gründe man für die Nicht-Kommunikation der Ergebnisse der Diskussionsforen annehmen mag, solange diese vom Sender nicht explizit kommuniziert werden. Wenn in einem kurzen Text im Internet oder in einem Anschreiben bei dem zugesandten Material irgend eine Begründung für das Fehlen geliefert worden wäre, dann würde die Interpretation natürlich anders aussehen. So könnte zum Beispiel entweder mitgeteilt werden, man habe es noch nicht geschafft, die Ergebnisse der Diskussionen redaktionell zu bearbeiten, aber Interessenten bekommen sie ab dem und dem Datum zugeschickt, oder aber es könnte gesagt werden, daß die Diskussionen leider nichts gebracht hätten und daher nicht kommuniziert würden. Aus solchen Begründungen wäre zu schließen, daß die SPD zumindest zum Zeitpunkt der Veröffentlichung der Annoncen tatsächlich die Absicht gehabt hatte, ein Konzept zusammen mit den „Spitzen" zu entwickeln und es auch zu kommunizieren – der in Frage stehende Textteil der Annoncen hätte damit das positive Referenzpostulat.

Das völlige Fehlen einer Äußerung, die auf den Widerspruch zwischen Ankündigung und nachfolgender Kommunikation eingeht, läßt dagegen nur den bereits gezogenen Schluß zu, daß die SPD nie die Absicht hatte, ihre Ankündigung wahr zu machen. Solche „unaufgeklärten" expliziten oder, wie in unserem Fall, impliziten Widersprüche zwischen Kommunikationsakten eines Senders wirken sich immer fatal für den Sender aus: Denn der Rezipient, der ja zunächst immer annehmen muß, daß Äußerungen im immediaten Modus das positive Referenzpostulat haben[18], wird dadurch natürlich auch gegenüber anderen Äußerungen dieses Senders mißtrauisch. Das Scheitern von Kommunikation liegt häufig an derartigen Kommunikationsfehlern, die auf einer impliziten Ebene liegen und erst durch Interpretation explizierbar sind, denn sie werden meist vom Sender gar nicht als Fehler erkannt. Seine Wirkung übt ein solcher Fehler dennoch aus, wie wir schon oben im Zusammenhang mit dem falschen Versprechen, die „Ergebnisse" des Kongresses zu veröffentlichen, ausgeführt haben.

Ein letzter Punkt zu diesem Thema betrifft die Benutzung des Metamediums „Internet" für einen Teil der Kommunikationsakte der SPD. Sowohl unter dem Indexpunkt „Oskar Lafontaine zum Innovationskongreß" als auch in einer Vorbemerkung zum gedruckten „Manifest" wird zu einem „breiten Dialog mit allen" aufgefordert.[19] Das Internet böte nun hervorragende und technisch leicht zu realisierende Möglichkeiten, diesen Dialog zumindest mit einem Teil der Bevölkerung, den Internet-Benutzern, zu führen. Es könnte etwa ein Newsreader innerhalb der SPD-Site eingerichtet werden, in den alle Reaktionen, die per E-Mail eingehen sowie evtl. Antworten von SPD-Politikern gestellt würden; oder es könnte eine mailing-list begründet werden, die der Interessent abonnieren kann und dann per E-Mail alle Diskussionsbeiträge zugeschickt bekommt und auch selbst wieder auf diese reagieren kann. Die einzige Reaktionsmöglichkeit für den, der die SPD-Site aufruft, besteht im Senden einer e-Mail; er kann sich jedoch nicht über den Gesamtstand der Diskussion informieren. Dies entspricht also einer elektronischen Form von „Leserbriefen" – wie der gesamte Internetauftritt der SPD zum Thema „Innovation" nach dem Vorbild der Printmedien funktioniert. Das zeigt sich schon an den Inhalten. Im großen und ganzen sind nur Inhalte im Internet verfügbar, die auch in gedruckter Form vorliegen: Manifest, Reden, Anzeigen und Plakate. Ähnliches ist im übrigen häufig zu beobachten: Zeitungen stellen die gleichen Artikel, die auch gedruckt vorliegen, ins Internet, Fernseh- und Radiosender ihre Sendungen, und Unternehmen Informations- und Werbematerialien, die es auch in Prospektform gibt. Dagegen ist zunächst gar nichts zu sagen; meist bleibt es jedoch dabei, und die darüber hinausgehenden Möglichkeiten des Internets, wie eben Interaktivität und die kostengünstige und schnelle Publikation von Texten, werden nicht genutzt. Das liegt sicherlich auch daran, daß das Internet – vor allem in seiner populären Form des World Wide Web – noch ein sehr junges Medium ist und in

Organisationen und Unternehmen zu wenig darüber nachgedacht wird, wie die spezifischen Möglichkeiten des Internet für die eigene Kommunikationsstrategie genutzt werden können. Im Falle der SPD – und ähnliches wäre natürlich auch für andere Internet-Kommunikationen zeigbar – ist der Verzicht auf diese Möglichkeiten wiederum interpretierbar im Hinblick auf die hinter den Äußerungen stehende Kommunikationsstrategie: Da ja sogar im Internet selbst zum „breiten Dialog" und – innerhalb des auch im Internet verfügbaren Manifests – zur „breiten Diskussion" aufgerufen wird, fragt sich der Benutzer natürlich zu Recht, warum diese Diskussion nicht auch innerhalb der Internet-Site der SPD stattfindet. Das Fehlen eines Diskussionsforums ist wieder in die gleiche Richtung interpretierbar, wie die oben aufgeführten Widersprüche: Es wird etwas angekündigt, aber nicht eingelöst. Man muß also annehmen, daß die SPD keinen wirklichen Dialog über ihre Thesen will. Der Widerspruch rührt in diesem Fall daher, daß die Internet-Kommunikation der SPD die spezifischen Regularitäten dieses Mediums nicht ernstnimmt, aus denen sich auch die Erwartungen des Rezipienten an Kommunikationsakte, die mit Hilfe dieses Mediums gemacht werden, speisen. Solche Regularitäten gibt es bei jedem Medientypus. Ein als „Informationsbroschüre" bezeichnetes Druckwerk, in dem nur Bilder zu finden sind, verstößt gegen die Regel, daß „Information" in unserer Kultur zu einem wesentlichen Teil aus sprachlichen Äußerungen zu bestehen hat. Eine Fernsehsendung etwa, die als „Spielfilm" angekündigt ist, in der aber eineinhalb Stunden lang nur ein Erzähler in einem Ohrensessel sitzend eine Geschichte erzählt, würde gegen die Regel verstoßen, daß „Spielfilme" eine abgefilmte Spielhandlung besitzen müssen.[20] Ebenso ist von einer Äußerung, die als „Web-Site" bezeichnet ist, ein gewisses Maß an Interaktivität zu erwarten. Für mediale Kommunikation ist es also von großer Bedeutung, die Regularitäten des Mediums, für das man sich entscheidet, zu kennen und ernstzunehmen – da bei einem Verstoß dagegen eben Interpretationen wie die über die Diskussions-Unwilligkeit der SPD herauskommen können.

Wir wollen zum Abschluß unseres Beispiels noch auf einige Äußerungen eingehen, die nicht von der SPD produziert wurden, sondern Kotexte zu deren Äußerungen darstellen: Zeitungsberichte zu Kampagne und Innovationskongreß. Sie sollen als Beleg dafür dienen, wie die Kommunikationsakte der SPD in der Semiosphäre ankamen, wie die expliziten und impliziten Inhalte dieser Akte verstanden und wahrgenommen wurden. Am Tag nach Beendigung des Kongresses, am 22. Mai 97, erschien in der „Süddeutschen Zeitung" ein halbseitiger Bericht von Christoph Schwennicke, übertitelt „Ich will so bleiben, wie ich bin. Die SPD möchte sich zur Vorkämpferin für Innovation und Einfallsreichtum stylen, doch vorerst sind nur die Sprüche flott." Allein diese Überschrift macht schon deutlich, mit welchen Implikationen die Kommunikationsakte der SPD zumindest bei dem betreffenden Journalisten ankamen (wobei noch zu betonen ist, daß die SZ in der Regel als links-liberales Blatt gilt und der SPD im Grunde eher wohlwollend gegenübersteht):

Der Autor stellt den Kongreß in den Kontext der Werbung; denn „Ich will so bleiben, wie ich bin“ ist ein Slogan für die Marke „Du darfst“, die fettarme Lebensmittel vertreibt.
Zudem impliziert dieser Satz, daß die SPD sich offenbar so darstellt, als ob sie sich nicht verändern wolle – was natürlich genau dem expliziten Ziel, Innovationen auf allen gesellschaftlichen Ebenen zu initiieren, also auch bei der Partei selbst, widerspricht.
Das Verbum „stylen“ in der Unterüberschrift impliziert, daß Schwennicke offenbar der SPD unterstellt, sie wolle die Vorkämpferrolle für Innovation nicht wirklich übernehmen, sondern nur diesen Anschein erwecken; denn „Styling“ bezieht sich nur auf die Oberflächenebene und nicht auf die Ebene der Inhalte.
„...doch vorerst sind nur die Sprüche flott“: Dies zielt in die gleiche Richtung; nur die Sprechakte sind evtl. innovativ, nicht die darunterliegenden Inhalte.

Allein schon die Überschrift bestätigt also, daß offenbar die Kommunikationsakte der SPD tendenziell als problematisch empfunden wurden; die Kommunikationsfehler, die wir analysiert haben, haben offenbar ihre Wirkung getan.
Im Text des Artikels wird von den drei Anzeigenmotiven genau auf das eingegangen, das, wie wir gezeigt haben, ambige Inhalte kommuniziert: Das Kürbismotiv wird als „etwas rätselhafte Anzeige“ bezeichnet. Ansonsten geht Schwennicke auch noch auf einige Widersprüche zwischen den Reden der einzelnen Politiker ein: „Aufbruch, Moderne, aber wie? Spätestens bei der Rede von Oskar Lafontaine wird deutlich, daß sich die Spitzen der Partei darüber nicht abschließend einig sind.“ Es folgen einige Beispiele für Widersprüche zwischen den einzelnen Reden. Die SPD hat auf dem Kongreß durch die Kommunikationsakte der Spitzenpolitiker also einerseits die im kulturellen Wissen präsente Meinung, innerhalb der SPD gebe es keinen Konsens, bestätigt, andererseits aber auch die im Kleingedruckten der Anzeigen implizierte Präsupposition, sie habe kein Konzept. Insofern geben die Anzeigen also den „wahren“ Zustand der SPD (nach Maßgabe der Realitätskonstruktion der Kultur durch kulturelles Wissen) wieder, und zwar einen Zustand, der negativ bewertet wird.
Gegen Ende des Artikels wird noch ein Jungunternehmer zitiert, der als „Vorbild für Innovation“ zum Kongreß eingeladen war. Er zeigte sich enttäuscht, bei ihm blieb „der Eindruck, denen nur beim Image geholfen zu haben“. Und Schwennicke schließt als letzten Satz seines Artikels an: „Damit könnte er den Zweck der Veranstaltung ziemlich genau begriffen haben.“ Der gesamte Kongreß wird also als Äußerung im Kontext der Werbung gesehen; diese Sichtweise wird auch durch unsere interpretatorischen Folgerungen gestützt, daß durch die Kommunikationsakte der SPD vermittelt wird, es gehe ihr gar nicht um „Ergebnisse“ oder um einen „breiten Dialog“.
Daß es bei der Kampagne in Wirklichkeit nicht um Werbung für den Innovationskongress, sondern um Wahlkampfwerbung geht, hat das Fachblatt der deutschen Werbebranche, „werben & verkaufen“ unter dem Titel „SPD schon im

Startloch" behauptet: „Vordergründig sollte die Kampagne für den soeben zu Ende gegangenen SPD-Kongreß „Innovationen für Deutschland" werben... Obwohl man in der Bonner SPD-Zentrale den Werbeauftritt nicht als Wahlkampf-Auftakt verstanden wissen will, trägt die Kampagne bereits die Handschrift von KNSK/BBDO. Die Hamburger Agentur hatte Anfang des Jahres den Zuschlag für den Bundestagswahlkampf der Sozialdemokraten erhalten."[21] Zudem wird die stellvertretende Pressesprecherin der SPD, Mechthild Reith, mit dem Satz zitiert „Die Kampagne ist in aller Munde und ein voller Erfolg." Dies macht ebenfalls deutlich, daß es sich um Imagewerbung handelt („es wird darüber geredet") – denn der Erfolg einer Werbung für den Kongreß oder seine Ergebnisse hätte letztlich in Aussagen kulminieren müssen wie „Wir haben schon 500 Anmeldungen", „Viele Menschen wollen mit uns in den Dialog treten". Ob die Kampagne und der Kongreß als Imagewerbung wirklich funktionieren, muß auf dem Hintergrund unserer Analyse natürlich zweifelhaft bleiben. Denn daß darüber geredet wird, bedeutet ja noch nicht, daß positiv darüber geredet wird.

Ebenfalls in der „Süddeutschen Zeitung" erschien am 9. Juni 1997 ein kurzer Artikel über die Reaktionen der Parteibasis auf die Kampagne unter dem Titel „Genosse Kürbiskopf". Aufhänger war ein Kaffekränzchen mit Kürbisbowle, das das SPD-Bürgerbüro im Münchner Stadtteil Untersendling veranstaltete. Der Artikel beginnt mit einer Referenz auf das Kürbismotiv der Kampagne: „Ein riesiger Kürbis wirft seine Schatten über die Bundesrepublik. Ein wahres Monstrum wächst und wächst da heran, böse und bedrohlich wirken die Narben, die sich in die Haut dieses sonst so friedlichen Gemüses gegraben haben. ‚So könnte Deutschland im Jahre 2002 aussehen' will uns die SPD auf großformatigen Plakaten und Zeitungsanzeigen mit Kürbismotiv weismachen...". Hier wurde also eindeutig die Variante „Bedrohung" rezipiert, wenn auch nicht die sich daraus ergebenden Folgerungen gezogen wurden. Eines der Parteimitglieder, so der Artikel weiter, sei „ziemlich perplex" gewesen, als er das Motiv zum ersten mal sah. „Erst habe ich mir gedacht, was hat die SPD mit einem Kürbis zu tun? Dann habe ich mir gesagt: Nix. Dann aber ist mir die politische Botschaft klar geworden. Der Kürbis steht für Wirtschaftswachstum. Und das kann nur mit fortschrittlichen Ideen erreicht werden, die natürlich nur die SPD bietet." Hier wird die Variante „Versprechen" aktiviert und fast wörtlich die explizite Intention der SPD zitiert – ebenfalls, ohne weitere Folgerungen daraus zu ziehen. Der Artikel zeigt zweierlei: Zum einen, daß beide Varianten der Bedeutung der Kürbis-Anzeigen wahrgenommen wurden, die eine von der Verfasserin des Artikels, die andere von dem SPD-Mitglied – und das ist ein Beleg dafür, daß tatsächliche beide Varianten kommuniziert wurden. Zum anderen zeigt er, daß bei ambigen Äußerungen der Kontext des Rezipienten dafür entscheidend ist, welche Variante er dominant setzt: Das SPD-Mitglied möchte natürlich, daß seine Partei nur positiv Bewertetes kommuniziert, und aktiviert daher die Variante „Versprechen", die unvoreingenommene bis kritische Journalistin dagegen die Variante „Bedrohung". Daß diese Variante auch noch von anderen wahrgenommen wurde, belegt eine Karikatur von Heinz Birg, die am 23. 5.97 in der „Süddeutschen Zeitung" erschien, und die wir dem Leser als ikonisches „Schlußwort" unserer Analyse nicht vorenthalten wollen.

Deutschland 2002. Karikatur von Heinz Birg in der „Süddeutschen Zeitung" vom 23.05.1997.

Anmerkungen

1 Die Anzeigen erschienen in Medien wie „stern“, „Der Spiegel“, „Focus“, „Die Zeit“, „Frankfurter Allgemeine Zeitung“ und „Süddeutsche Zeitung“.

2 Brockhaus dtv 1984

3 Vgl. dazu Bächtold-Stäubli 1987 unter dem Stichwort „Kürbis“

4 Halloween. (dt.: Halloween – Die Nacht des Grauens) USA, 1978 Regie: John Carpenter)

5 Die Zitation von Abbildungen wird im folgenden durch Schrägstriche angezeigt: /Abbildung/.

6 Titzmann 1977, S. 246f

7 Exemplarisch wird diese ökonomische Ideologie von den sogenannten Neoklassikern der Chicagoer Schule vertreten, wie sie bereits um 1960 von dem späteren Nobelpreisträger für Ökonomie, Friedrich August von Hayek, propagiert wurde. Horst Afheldt faßt das neoklassische Credo wie folgt kritisch zusammen: „Marktwirtschaft pur ... ist die einzig wahre Marktwirtschaft (Hayek) und damit ... die am schnellsten wachsende Wirtschaftsform. Die Einführung jedes zusätzlichen Kriteriums (wie soziale Gerechtigkeit oder Umweltschonung) in einen Optimierungsprozeß wirtschaftlichen Wachstums verhindert, daß sich die Lösung beim Wachstumsmaximum einstellt. Ein Staat mit einem von allen nicht-ökonomischen Kriterien befreiten Markt liegt deshalb im weltweiten Wettbewerb vorn.“ Afheldt 1997. S. 53f

8 „Unter dem Begriff qualitatives Wachstum versteht man eine nach bestimmten Kriterien gesteuerte oder beeinflußte wirtschaftliche Entwicklung. Qualitatives Wachstums bedeutet in diesem Sinne, daß sich die Ressourcenproduktivität ständig erhöht. Die durch Wachstum erzielte Erhöhung der Leistungen einer Volkswirtschaft müssen mit immer geringeren Vorleistungen an nicht erneuerbaren Ressourcen und an Umweltbelastung erzielt werden. Gleichzeitig ist sicherzustellen, daß die nachwachsenden Rohstoffe nur insoweit genutzt werden, als sie sich unter Bedingungen bestehender Kultur- und Nutzlandschaften ständig erneuern lassen. Oder aber sie müssen durch Bestandteile des künstlichen Kapitalstocks ersetzt werden können, die identischen Nutzen stiften.“
Quelle: Internet: http://www.afta-bw.de/afta/tna/naarb.html Stand: August 1997

9 Zum Stellenwert des „Neuen“ in unserer Kultur vgl. Müller/Sottong 1993, 178ff

10 Diese Struktur des Restaurationsmodells entspricht den Geschichtsmodellen konservativer Autoren im Geschichtsroman des 19. Jahrhunderts. vgl. Sottong, 1992

11 Die letztere Information geht zwar nicht aus dem zugesandten Material hervor, sondern aus einem im Internet abrufbaren Manuskript der Kongreßrede von Wolfgang Frühwald.

12 Da wir nicht wissen, welche konkrete Person innerhalb der Organisation „SPD“ für die diversen Kommunikationsakte (die Annoncen, die Materialien) verantwortlich ist, betrachten wir „die SPD“ als kollektiven Sprecher.

13 Vgl. die zitierten Pressereaktionen am Ende dieses Kapitels

14 http://www.spd.de

15 Ähnliche Strategien haben wir ja bei der Interpretation des Gedichts von Paul Wühr beschrieben.

16 Viele Reaktionen auf Kongreß und Kampagne – man vergleiche die Pressere-

aktionen am Ende des Kapitels – haben diese Gewichtung auch so wahrgenommen.

17 Über die Podiumsdiskussionen findet man übrigens auch über drei Monate nach Ende des Kongresses noch nichts im Internet; falls eine Dokumentation der Diskussionen geplant gewesen wäre, hätte man also reichlich Zeit dazu gehabt, sie zumindest in Zusammenfassungen ins Netz zu stellen.

18 Vgl. die Ausführungen im Kapitel „Referenz" dieses Buches

19 Lafontaine: „Die SPD will den Dialog mit allen, die an einer neuen Innovationspolitik interessiert sind."; Manifest S. 2: „Wir hoffen auf eine breite Diskussion und auch auf konkrete Anregungen und Vorschläge zu unserem Manifest."

20 Natürlich kann es solche Äußerungen in künstlerischen Kontexten geben; sie wären dann aber keine normale mediale Kommunikation mehr, sondern eine künstlerische Meta-Kommunikation über Medien.

21 werben und verkaufen 21/97, 23.5.1997.

Schlußbemerkung

In der Kommunikations- und Informationsgesellschaft hängt vom „Gelingen“ bestimmter Kommunikationsakte nicht wenig ab: unsere Gesellschaft befindet sich in einer Phase bedeutender Veränderungen und für uns alle steht viel auf dem Spiel – nicht allein ökonomisch, sondern mehr noch ökologisch, sozial und kulturell. In dieser Situation hängt viel davon ab, ob es uns gelingt, eine wirkliche Verständigung über die relevanten Fragen der Gegenwart herzustellen und die gegebenen Kommunikationsmittel sinnvoll und effizient zu nutzen. Dies bedeutet auch eine Kommunikationsverantwortung aller Beteiligten, Rezipienten wie Produzenten.

Die Stärke struktural-semiotischer Verfahren offenbart sich am deutlichsten bei der Analyse komplexer Äußerungen, wie wir bei der Analyse der Partei-Kampagne gezeigt haben. Dieses Beispiel macht auch deutlich, daß komplexe Äußerungen, die verschiedene Zeichensysteme und Medien benutzen, durch intuitiven Zeichengebrauch allein nicht mehr beherrschbar sind.

Ein elementares semiotisches Rüstzeug ist sowohl für Rezipienten als auch für Produzenten komplexer Äußerungen relevant: Für erstere nicht nur deshalb, weil dadurch das Vergnügen an der Rezeption komplexer Äußerungen steigt – ob für die Literaturfreunde oder die Konsumenten von Werbespots – , sondern auch, weil es auf dem Weg zur „Wissensgesellschaft“ immer wichtiger wird, Botschaften genauer entziffern und hinterfragen zu können. Für die Produzenten, weil damit unnötige Kommunikationsfehler vermieden werden können.

Beispiele dafür, daß semiotische Methoden ein mächtiges Werkzeug zum genauen Verstehen komplexer Äußerungen verschiedenster Provenienz sind, existieren nicht nur im wissenschaftlichen Bereich, etwa bei Textinterpretation in Literatur- und Medienwissenschaften, bei der Rekonstruktion von historischen oder zeitgenössischen Diskursen und Denksystemen[1]. Auch in praktischen Zusammenhängen werden sie bereits problemlösend eingesetzt: in der medizinischen Diagnostik und Anamnese[2] ebenso wie in der Unternehmens- und Werbeberatung[3]. Andere Bereiche werden folgen.

Anmerkungen

1 vgl. z.B. Titzmann 1984, Müller 1991, Sottong 1992,

2 vgl.Wernz 1993, Wernz/Sottong 1994, Sottong/Wernz 1996

3 vgl. Karmasin 1993

Literaturverzeichnis

Afheldt, Horst: „Wohlstand für niemand? Ökonomische und soziale Risiken der Globalisierung von Produkt-, Dienstleistungs- und Arbeitsmärkten für Deutschland und Europa." In: Bayerische Hypotheken- und Wechsel-Bank AG (Hg.): Globalisierung der Wirtschaft und gesellschaftlicher Strukturwandel: Chancen und Risiken für Deutschland und Europa. Dokumentation 1. Kempfenhausener Gespräche II. München. 1997. S. 48-62

Austin, John L.: Zur Theorie der Sprechakte. Stuttgart: Reclam (RUB 09396) 1972

Barthes, Roland: Die Sprache der Mode. Frankfurt a.M.: Suhrkamp (es 01318) 1984

Baudrillard, Jean: Der symbolische Tausch und der Tod. München: Matthes & Seitz 1982

Bechtold-Stäubli, Hanns (Hg.): Handwörterbuch des deutschen Aberglaubens. Nachdruck der Ausgabe Berlin und Leipzig. 1932. Berlin, New York: De Gruyter 1987

Bentele, Günter/Bystrina, Ivan: Semiotik. Grundlagen und Probleme. Stuttgart, Berlin, Köln, Mainz: Kohlhammer 1978

Berendt, Joachim Ernst: Das große Jazzbuch.Von New Orleans bis Jazz Rock. Frankfurt a.M.: Fischer 1982

Bourdieu, Pierre: Die feinen Unterschiede. Kritik der gesellschaftlichen Urteilskraft. Frankfurt a.M.: Suhrkamp (stw 658) ^{6}1993

Brinker, Klaus/Sager, Sven F: Linguistische Gesprächsanalyse. Eine Einführung. Berlin: Erich Schmidt (Grundlagen der Germanistik, Bd. 30) ^{2}1996

Bühler, Karl: Sprachtheorie. Die Darstellungsform der Sprache. Stuttgart: Fischer 1965

Bußmann, Hadumot: Lexikon der Sprachwissenschaft. Stuttgart: Kröner 1983

Chaos Computer Club/Jürgen Wieckmann (Hg.): Das Chaos Computer Buch. Hacking made in Germany. Reinbek: Rowohlt 1988

Chomsky, Noam: Aspekte der Syntx-Theorie. Frankfurt a.M.: Suhrkamp (stw 42) ^{3}1983

Danto, Arthur C.: Die Verklärung des Gewöhnlichen. Eine Philosophie der Kunst. Frankfurt/Main: Suhrkamp (stw 957) 1991

Diederichsen, Diedrich: „The kids are not allright." In: SPEX 11/92, Köln 1992, S. 28-34

Diederichsen, Diedrich: Freiheit macht arm. Das Leben nach Rock'n'Roll 1990-93. Köln: Kiepenheuer & Witsch 1993

dtv Brockhaus Lexikon. 20 Bde. München: dtv 1984

Dubois, Jaques, u.a.: Allgemeine Rhetorik. München: Fink (UTB 128) 1974

Eco, Umberto: Einführung in die Semiotik. München: Fink (UTB 105) 1972

Eco, Umberto: Semiotik und Philosophie der Sprache. München: Fink 1985

Farin, Klaus: Jugendkulturen zwischen Kommerz und Politik. Hrsg. v. d. Landeszentrale für politische Bildung, Thüringen. Erfurt 1997

Fischer-Lichte, Erika: Semiotik des Theaters. 3 Bde. Tübingen: Narr 1983

Gardner, Howard: Der ungeschulte Kopf. Wie Kinder denken. Stuttgart: Klett-Cotta 1993

Glasersfeld, Ernst von: Wissen, Sprache und Wirklichkeit. Braunschweig: Vieweg 1987

Goodman, Nelson: Weisen der Welterzeugung. Frankfurt a.M.: Suhrkamp (stw 863) 1990

Goodman, Nelson: Sprachen der Kunst. Ein Ansatz zu einer Symboltheorie. Frankfurt a.M.: Suhrkamp 1973

Günther, Arnold: Zeichen und Fiktion. Zeitschrift für Semiotik. Band 9, Heft 1-2. Tübingen 1987

Helbig, Gerhard.: Geschichte der neueren Sprachwissenschaft. München 1971

Heupel, Carl: Taschenwörterbuch der Linguistik. München: List 1975

Karbusicky, Vladimir: „Zeichen und Musik." In: Zeitschrift für Semiotik, Bd. 9, H. 3-4, Tübingen 1987. S. 227-249

Karmasin, Helene. Produkte als Botschaften. Wien: Ueberreuter 1993

Klaus, Georg: Semiotik und Erkenntnistheorie. München: Fink ^{4}1973

Klimsa, Paul: Multimedia. Anwendungen, Tools und Techniken. Reinbek: Rowohlt 1995

Lotman, Jurij M.: Die Struktur literarischer Texte. München: Fink (UTB 103) 1972

Lotman, Jurij M.: „Über die Semiosphäre". In: Zeitschrift für Semiotik, Bd. 12, H. 4, Tübingen 1990. S. 287 - 305

Luhmann, Niklas: Die Realität der Massenmedien. Opladen: Westdeutscher Verlag ^{2}1996

Marcus, Greil: Lipstick Traces. Von dada bis Punk – kulturelle Avantgarden und ihre Wege aus dem 20. Jahrhundert. Hamburg: Rogner & Bernhard bei Zweitausendeins 1992

Maturana Humberto R./Varela Francisco J.: Der Baum der Erkenntnis. Die biologischen Wurzeln des menschlichen Erkennens. München: Goldmann 1987

Modellversuch Journalisten-Weiterbildung (Hg.): Fernstudium Kommunikationswissenschaft. Bd. 1, München: Ölschläger ^{2}1989,

Müller, Florian und Müller, Michael: „Macht Markt Sinn?" In: Müller, Florian und Müller, Michael (Hg.): Markt und Sinn. Dominiert der Markt unsere Werte? Frankfurt/New York: Campus 1996. S. 7-15

Müller, Michael: Erotik und solitäre Existenz. Funktionen der Textreferenz in Arno Schmidts Trilogie „Nobodaddy's Kinder". München: Friedl Brehm Verlag 1989

Müller, Michael: „Die Grenzen des Einzelzeichens in bildlichen Zeichensystemen". In: Kodikas/Code Vol. 17, No. 1-4, Tübingen: Narr 1994. S.219-231

Müller, Michael: Philosophie und Anthropologie der Spätaufklärung. Der Romanzyklus Friedrich Maximilian Klingers. Passau: Wissenschaftsverlag Richard Rothe 1992

Müller, Michael und Sottong, Hermann: Der symbolische Rausch und der Kode. Zeichenfunktionen und ihre Neutralisierung. Tübingen: Stauffenburg 1993

Neckel, Sighard: Die Macht der Unterscheidung. Beutezüge durch den modernen Alltag. Frankfurt a.M.: Fischer 1993

Negroponte, Nicholas: Total digital. Die Welt zwischen 0 und 1 oder Die Zukunft der Kommunikation. München: Bertelsmann 1995

Neisser, Ulric: Kognition und Wirklichkeit. Prinzipien und Implikationen der kognitiven Psychologie. Stuttgart: Klett-Cotta 1979

Ogden, C.K. und Richards, I.A.: Die Bedeutung der Bedeutung. Frankfurt/Main 1974

Rushkof, Douglas: Media Virus. Die geheimen Verführungen in der Multi-Media-Welt. Frankfurt a.M.: Eichhorn 1995

Peirce, Charles S.: Phänomen und Logik der Zeichen. Frankfurt a.M.: Suhrkamp (stw 415) 1983

Piaget, Jean und Inhelder, Bärbel: Die Psychologie des Kindes. München: dtv [2]1987

Pöppel, Ernst: Grenzen des Bewußtseins. Über Wirklichkeit und Welterfahrung. München: dtv 1987

Saussure, Ferdinand de: Grundfragen der Allgemeinen Sprachwissenschaft. Berlin: de Gruyter [2]1967

Schulte-Sasse, Jochen und Werner, Renate: Einführung in die Literaturwissenschaft. München: Fink (UTB 640) 1977

Schulze, Gerhard: „Gehen ohne Grund. Eine Skizze zur Kulturgeschichte des Denkens". In: Kuhlmann A. (Hg.): Philosophische Ansichten der Kultur der Moderne. Frankfurt: Fischer 1994. S. 79-130

Schwitzke, Heinz: Das Hörspiel. Geschichte und Dramturgie. Köln, Berlin 1963

Searle, John R.: Sprechakte. Frankfurt a.M. (stw 00458) 1984

Searle John R.: Die Konstruktion der gesellschaftlichen Wirklichkeit. Reinbek: Rowohlt (rororo enzyklopädie 55587) [9]1997

Soeffner, Hans Georg: Die Ordnung der Rituale. Die Auslegung des Alltags 2. Frankfurt a.M.: Suhrkamp (stw 993) 1992

Sonesson, Göran: „Die Semiotik des Bildes. Zum Forschungsstand Anfang der 90er Jahre." In: Zeitschrift für Semiotik, Bd. 15, Heft 1-2. Tübingen: Stauffenburg 1993. S. 127-160

Sontag, Susan: Camp. Ein Versuch über Nijinsky, Sexfilme, Rosenkavalier, Jugendstillampen, David Bowie, Caravaggio, De Gaulle, Greta Garbo, Jesus, Oscar Wilde, Rokokokirchen - und mehr! München: Popa 1987

Sottong, Hermann/Müller, Michael: „Sprache und Bildlichkeit. Transformationen bei der Bühnenrealisation von Dramentexten". In: Hess-Lüttich, Ernest W.B./Posner, Roland (Hg.): Code-Wechsel: Texte im Medienvergleich. Opladen: Westdeutscher Verlag 1990. S. 55-92

Sottong, Hermann: Transformation und Reaktion. Historisches Erzählen von der Goethezeit zum Realismus. München: Fink 1992

Sottong, Hermann und Wernz, Corinna: „Zur Bedeutung individuellen Zeiterlebens und der Konstruktion von Zeit für die Psychotherapie in forensischen Institutionen." In: Forensische Psychiatrie und Psychotherapie. Werkstattschriften. 3. Jg., Heft 1. Lengerich, Berlin, Riga 1996'

Stoll, Clifford: Die Wüste Internet. Geisterfahrten auf der Datenautobahn. Frankfurt a.M.: S. Fischer 1996

Thürlemann, Felix: Vom Bild zum Raum. Beiträge zu einer semiotischen Kunstwissenschaft. Köln: DuMont 1990

Titzmann, Michael: Strukturale Textanalyse. Theorie und Praxis der Interpretation. München: Fink (UTB 582) 1977

Titzmann, Michael: „Friedrich Maximilian Klingers Romane und die Philosophie der (Spät-) Aufklärung". In: Zimmermann, Harro (Hg.): Der deutsche Roman der Spätaufklärung. Heidelberg: Carl Winter 1990, S. 242-284

Titzmann, Michael: Vorwort zu Müller/Sottong: Der symbolische Rausch und der Kode. Zeichenfunktionen und ihre Neutralisierung.Tübingen: Stauffenburg 1993

Titzmann, Michael: „Literatursemiotik" In: Posner, Roland (Hg.): Handbuch der Semiotik. Bd. 3, Berlin, New York: de Gruyter 1998

Trabant, Jürgen: Zeichen des Menschen. Elemente der Semiotik. Frankfurt a.M.: Fischer 1989

Wahrig: Deutsches Wörterbuch. Gütersloh/München: Bertelsmann Lexikon Verlag 1986

Watzlawick, Paul: Wie wirklich ist die Wirklichkeit? Wahn – Täuschung – Verstehen. München: Piper 1976

Watzlawick, Paul (Hg.): Die erfundene Wirklichkeit. Wie wissen wir, was wir zu wissen glauben? Beiträge zum Konstruktivismus. München: Piper 1981

werben und verkaufen 21/97, München 1997

Wernz, Corinna/Sottong, Hermann: „Das Verstehen eines Patienten beginnt mit dem Verstehen seiner Äußerungen. Ansätze zu einer Interdisziplinarität von textanalytischen und psychotherapeutischen Interpretationsverfahren." In: Rotter, Frank (Hg.): Psychiatrie, Psychotherapie und Recht. Diskurse und vergleichende Perspektiven. Frankfurt/Main, Berlin, Bern, New York, Paris, Wien: Lang 1993

Wickler, Wolfgang: Die Biologie der zehn Gebote. München: Piper ²1977

Wühr, Paul: Sage. Ein Gedicht. München: Renner 1988

Wünsch, Marianne/Decker, Jan-Oliver/Krah, Hans: Das Wertesystem der Familienserien im Fernsehen. Kiel: Unabhängige Landesanstalt für das Rundfunkwesen (Themen, Thesen, Theorien 9) 1996

Wunderlich, Dieter: Grundlagen der Linguistik. Reinbek: Rowohlt 1974